KB136383

우정사업본부 · 우체국 · 지방우정청 **우정 9급 계리직 공무원 시험 대비**

계리직 공무원

한국사
(상용한자 포함)

◀ 문제집 ▶

단원별 문제집

SD에듀

(주)시대고시기획

계리직 가이드

우정사업본부에서 하는 사업은?

우정사업본부(지방우정청)는 과학기술정보통신부 소속기관으로, 핵심 업무인 우편물의 접수·운송·배달과 같은 우정사업을 비롯하여 우체국 보험 등 금융 관련 사업에 관한 정책을 수립하고 집행하는 일을 담당합니다.

우 편

예 금

보 험

계리직 공무원이 하는 일은?

계리직 공무원의 직무는 우체국 금융업무, 회계업무, 현업창구업무, 현금수납 등 각종 계산관리업무와 우편통계관련업무입니다.

우체국 금융업무

회계업무

현업창구업무

계산관리업무

우편통계관련업무

계리직 공무원을 선호하는 이유는?

하나. 시험 부담 DOWN

계리직 공무원의 필기시험 과목은 한국사, 우편상식, 금융상식, 컴퓨터일반 4과목으로 타 직렬에 비하여 비교적 시험과목이 적어 수험생들에게 인기 있는 직렬 중 하나입니다.

둘. 업무 만족도 UP

계리직은 대부분 발령이 거주지 안에서 이루어지므로 거주지 이전의 부담이 적습니다. 또한 업무 특성상 명절 기간 등을 제외하고는 야근을 하는 일이 드물어 업무 만족도가 높은 편입니다.

시험 가이드

주관처

우정사업본부 및 지방우정청

응시자격

학력·경력	제한 없음
응시연령	만 18세 이상
결격사유	다음에 해당하는 자는 응시할 수 없음 ① 「국가공무원법」 제33조의 결격사유에 해당되는 자 ② 「국가공무원법」 제74조(정년)에 해당되는 자 ③ 「공무원임용시험령」 등 관계법령에 의하여 응시자격을 정지당한 자(판단 　기준일 : 면접시험 최종예정일)
구분모집 응시대상자	① 장애인 구분모집 응시대상자 　「장애인복지법 시행령」 제2조의 규정에 의한 장애인 및 「국가유공자 등 　예우 및 지원에 관한 법률 시행령」 제14조 제3항의 규정에 의한 상이등 　급 기준에 해당하는 자 ② 저소득층 구분모집 응시대상자 　「국민기초생활보장법」에 따른 수급자 또는 「한부모가족지원법」에 따른 　보호대상자에 해당하는 자로서, 급여 실시가 결정되어 원서접수마감일 　현재까지 계속해서 수급한 자
거주지역 제한	공고일 현재 모집대상 권역에 주민등록이 되어 있어야 응시할 수 있음

시험과목 및 시험시간

시험과목	① 한국사(상용한자 포함) ② 우편상식 ③ 금융상식 ④ 컴퓨터일반(기초영어 포함)
문항 수	과목당 20문항 ※ 상용한자는 한국사에, 기초영어는 컴퓨터일반에 각 2문항씩 포함하여 　출제됨
시험시간	80분(문항당 1분 기준, 과목별 20분)

※ 필기시험에서 과락(40점 미만) 과목이 있을 경우 불합격 처리됨
※ 상세 시험 내용은 시행처의 최신 공고를 확인해 주세요.

시험 총평 및 통계

총평

우정사업본부에 따르면 2021년 3월 20일에 치뤄진 우정 9급 계리직 필기시험은 지원자 24,364명 중 16,046명이 응시하여 65.9%의 응시율을 기록했다고 합니다. 이는 지난 2019년 공채 시험(59.4%)보다 6.5%p 상승한 수치입니다. 이에 따라 2021년 331명을 선발하는 이번 시험 경쟁률은 당초 73.6대 1에서 48.5대 1로 하락하게 됐습니다.

또한 시험 난이도는 높았다는 수험생들의 평이 많았습니다. 2021년의 합격선은 일반 모집의 경우 전국 평균이 63.51점을 기록했으며, 이는 역대급으로 어려웠다는 평가를 받았던 2019년의 57.96점보다 대략 5점 이상 올라갔습니다. 다만 80점 내외의 합격선을 보였던 2018년 이전의 합격선보다는 여전히 20점 가량 낮은 편입니다.

지역별로는 경인지역이 96.9%로 가장 경쟁률이 높았으며, 강원우정청이 19.8%로 가장 낮았습니다. 다만 합격선은 경쟁률과 달리 서울, 경인 우정청이 68.33으로 가장 높았고, 전남이 52.77로 가장 낮았습니다.

또한 계리직 시험은 2022년 5월 시행되는 시험부터는 필기시험 과목이 변경됩니다. 2021년까지 계리직 시험은 '한국사', '컴퓨터일반', '우편 및 금융상식'으로 3과목이었는데, 기존의 '우편 및 금융상식' 과목이 '우편상식', '금융상식'으로 분리돼 총 4과목 80문항으로 진행됩니다.

우편 및 금융상식 과목이 분리되고 문항이 늘어나 배점이 늘어난 만큼 2022년에 치러지는 시험에서는 우편상식과 금융상식에 대한 세밀하고 꼼꼼한 준비가 필요합니다.

2022년 1월에 공개된 우편상식, 금융상식 학습자료에서는 이전에 공개되었던 학습자료보다 우편상식 부분이 대거 보강이 되었고, 금융상식 과목에서도 보험 등에서 많은 변화가 있었습니다. 이전의 학습자료로 공부하셨던 수험생이라면 비교적 짧은 시간이지만 새로 보강된 학습자료 부분을 빠르게 파악하여, 달라진 부분을 학습하셔야 합니다.

또한 기존의 문제들은 달라진 학습자료를 반영하지 못한 부분들도 많으니 최신 학습자료에 맞춰 개편한 문제들로 학습해야 잘못된 자료로 공부하는 혼선을 줄일 수 있습니다.

2021년 계리직 지역별 지원자 및 응시율

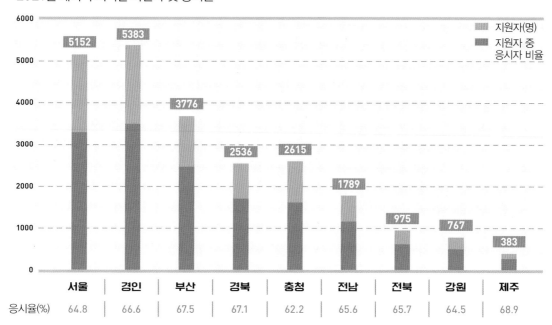

	서울	경인	부산	경북	충청	전남	전북	강원	제주
응시율(%)	64.8	66.6	67.5	67.1	62.2	65.6	65.7	64.5	68.9

2021년 계리직 시험 지역별 합격선 및 경쟁률

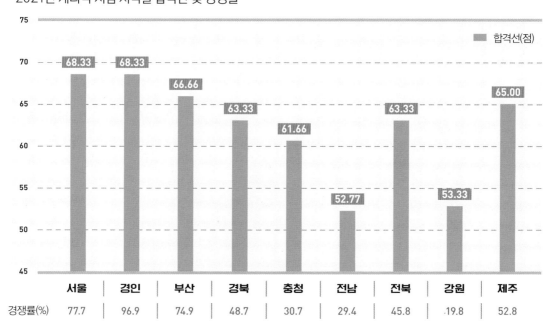

	서울	경인	부산	경북	충청	전남	전북	강원	제주
경쟁률(%)	77.7	96.9	74.9	48.7	30.7	29.4	45.8	19.8	52.8

한국사

단 원	2021	2019	2018	2016	2014	2012	2010	2008	합 계
선사 시대 문화와 국가의 형성	1	2	–	2	1	1	1	1	9
고대 사회	3	4	3	3	2	3	2	2	22
중세 사회	3	4	4	3	2	4	4	4	28
근세 사회	2	3	1	2	5	3	1	3	20
근대 사회의 태동기	3	1	3	2	3	1	3	3	19
근대 사회의 진전기	2	2	1	2	3	2	5	1	18
일제 강점기	3	1	5	2	1	3	1	2	18
현대 사회	1	1	1	2	1	1	1	2	10

출제
TOP 3

1
중세 사회

2
고대 사회

3
근세 사회

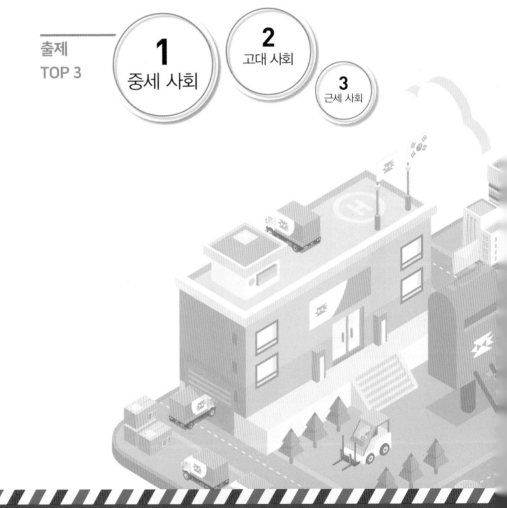

한국사

한국사는 우정서기보(계리직) 시험 과목 중 수험생들에게 가장 익숙한 과목이자 고득점을 위한 전략 과목입니다.

계리직 한국사의 경우 다른 직렬의 시험에서는 출제되지 않는 '우정 한국사' 영역이 출제되기 때문에 시대적 흐름 파악은 물론 우정청과 관련된 사건 및 인물에도 초점을 맞추어 학습해야 합니다.

한국사는 큰 틀에서 보면 하나의 커다란 이야기입니다. 시대별 공통점과 차이점을 비교하여 정리하고 한국사의 각종 사건들을 테마별·시대별로 나누어 인과 관계를 이해한다면, 보다 효율적인 학습이 가능합니다.

학습 포인트

하나.
한국사의 전체적인 흐름 파악은 물론 우정청과 관련된 역사적 사건과 인물들의 특징을 꼼꼼히 파악하여야 합니다.

둘.
고득점을 위해서는 한국사의 각종 사건을 테마별, 시대별로 나누고 비교·연계하여 암기하는 연습을 하여야 합니다.

셋.
기출된 사료를 정리하여 반복 학습하고 제시된 자료에서 핵심 단어를 찾는 연습을 통해 생소한 자료에 대한 적응력을 키우도록 합니다.

CONTENTS

목차

단원별 문제편

04   CHAPTER 1 한국사의 바른 이해

10   CHAPTER 2 선사 시대와 국가의 형성

22   CHAPTER 3 통치 구조와 정치 활동

59   CHAPTER 4 경제 구조와 경제 생활

91   CHAPTER 5 사회 구조와 사회 생활

118   CHAPTER 6 민족 문화의 발달

160   CHAPTER 7 근현대사의 흐름

196   CHAPTER 8 상용한자

부록 최신기출문제

202   2021년 기출문제

216   2019년 기출문제

계리직
한국사

단원별 예상문제

CHAPTER 01   한국사의 바른 이해

CHAPTER 02   선사 시대와 국가의 형성

CHAPTER 03   통치 구조와 정치 활동

CHAPTER 04   경제 구조와 경제 생활

CHAPTER 05   사회 구조와 사회 생활

CHAPTER 06   민족 문화의 발달

CHAPTER 07   근현대사의 흐름

CHAPTER 08   상용한자

단원별 예상문제

한국사의 바른 이해

| STEP1 | 역사 학습의 목적

01 다음 밑줄 친 부분에 대한 설명으로 옳은 것은?

> 인류 생활의 ⊙ 과거에 일어난 수많은 사실(事實) 모두가 역사는 아니다. 역사란 지나간 사실들 가운데 그
> 야말로 역사적 의미가 있는 사실들 즉, ⓒ '사실(史實)'만을 뽑아 만든 것이라고 말할 수 있으며, 나아가 그
> 사실이 가지고 있는 ⓒ 역사적 '진실'이 확인될 때 비로소 과거의 한 사건은 '역사'로서 자격을 갖추게 된다.

① ⊙은 역사를 연구하는 재료인 사료(史料)라고 한다.
② ⓒ은 역사가의 주관적 견해가 개입하게 된다.
③ ⓒ은 헤겔(G. F. Hegel)의 '객관적 역사'에 관한 것이다.
④ 이 글은 마르크스(K. Marx)의 '역사 발전 법칙'에 대한 언급이다.

> ⊙ 객관적 의미의 역사, ⓒ · ⓒ 주관적 의미의 역사와 관계된 내용이다.
> ① 사료(史料)란 역사학자에 의해서 선택된 사실(史實)을 말하므로 사실(事實)이 아니다. 이는 주관적 의미의 역사와 관
>   계가 있다.
> ③ '객관적 역사'의 중요성을 강조한 사람은 랑케(Ranke)이고, 헤겔(Hegel)은 주관적 인식을 바탕으로 한 역사 이야기
>   를 강조하였다.
> ④ 제시된 자료는 역사의 의미에 대한 내용이므로 마르크스(K. Marx)의 '역사 발전 법칙'과는 무관하다.
>
> 답 ②

02 역사의 의미에 대한 설명으로 옳지 않은 것은?

① 역사는 '사실로서의 역사'와 '기록으로서의 역사' 두 측면이 있다.
② '사실로서의 역사'는 과거 사실의 객관적 복원을 강조하였다. 따라서 역사가의 주관적 요소는 배제된다.
③ '모든 역사는 현재의 역사이다.'라는 말은 상대주의 사관에 입각한 것이다.
④ '사실로서의 역사'를 강조하는 역사가는 자신의 현재 시점에 따라 역사를 연구하므로 시대마다 새롭게 쓰일 수 있다.

> **해설** 역사가의 가치관 같은 주관적 요소가 가미되는 주관적 의미의 역사는 '기록으로서의 역사'에 대한 설명이다.
>
> 답 ④

03 다음은 역사의 본질에 대한 견해이다. 이와 일치하는 활동은?

> 모든 역사는 현대의 역사로서 과거와 현재의 끊임없는 대화이다.

① 청계천 복원 공사에서 발견된 유물을 박물관으로 옮겼다.
② 재개발 현장에서 선사 시대의 유적과 유물이 발견되었으나 공사 진행상 학술 조사를 생략한 채 공사를 진행시켰다.
③ 아차산 고구려 산성 유적은 5세기 고구려 팽창과 관련이 있다는 보고서가 제출되었다.
④ 한강변 재건축 현장에서 움집터가 발견되자 관련 법규에 따라 전문가에게 조사를 의뢰하였다.

> **해설** 제시된 자료와 ③은 주관적 의미의 역사와 관련된 내용이고, ① · ② · ④는 객관적 의미의 역사와 관련된 내용이다.
>
> 답 ③

04 밑줄 친 ㉠과 ㉡의 의미에 해당하는 내용으로 옳지 <u>않은</u> 것은?

> 역사란, 동양에서는 시대, 세대, 왕조 등이 하나하나 순서를 따라가는 것으로, '과거에 있었던 사실'이나 '인간이 과거에 행한 것'을 역(歷)으로 보았고, 활쏘기에 있어 옆에서 적중한 수를 계산 기록하는 사람을 가리키는 말로서, '기록을 관장하는 사람' 또는 '기록한다'는 의미를 사(史)로 보았다. 서양에서는 역사를 독일어의 'Geschichte'라는 '과거에서 일어난 일'과 그리스어의 'Historia'라는 말의 '탐구' 또는 '탐구를 통해 획득한 지식'이라는 의미로 해석하였다. 역사의 의미로는 ㉠ 객관적 사실에 의한 역사로 시간상 현재에 이르기까지 일어났던 모든 과거 사건으로부터 자기 자신을 숨기거나 제3자적 입장으로 서술하는 방식의 역사와 ㉡ 과거 사실을 토대로 역사가가 이를 조사하고 연구하여 주관적으로 재구성하여 서술 과정에서 필연적으로 역사가의 사관(史觀)과 같은 주관적 요소가 개입되는 주관적 의미의 역사가 있다.

① ㉠은 과거 사건만을 나열하여 밝히는 객관적 의미의 역사로 사실로서의 역사에 해당한다.
② ㉡은 사실을 바탕으로 역사가에 의해 선택되어 서술된 주관적 의미의 기록으로서의 역사에 해당한다.
③ 일제 강점기의 이병도와 손진태 등에 의해 이루어진 실증주의 사학은 ㉡의 역사를 계승하였다.
④ 랑케에 의해 강조된 역사 서술은 ㉠의 서술 방식으로 서술되었다.

> **해설** ㉠은 사실로서의 역사(객관적 의미의 역사), ㉡은 기록으로서의 역사(주관적 의미의 역사)의 내용이다.
> ③ 일제 강점기의 이병도와 손진태 등에 의해 이루어진 실증주의 사학은 랑케가 주장한 ㉠의 객관적 의미의 역사인 사실로서의 역사를 계승한 것이다.
>
> **사실로서의 역사(객관으로서의 역사) – 랑케(L. Ranke)**
> • 객관적 사실로서, 시간적으로 현재에 이르기까지 일어났던 모든 과거의 사건을 의미한다.
> • 한국의 실증주의 사학이 이를 계승함 → '제3자적 입장', '자기 자신을 숨기고'
>
> **기록으로서의 역사(주관으로서의 역사)**
> 역사란, 과거 사실을 토대로 역사를 서술하는 역사가에 의해 기록된 것을 말한다. 역사가들이 특별한 의미가 있다고 가치를 부여하여 선택한 사실에 한정된다.
>
> 답 ③

05 다음 자료를 통해 추론할 수 있는 역사 서술의 특징과 맥락이 같은 사례를 〈보기〉에서 모두 고른 것은?

> 부여는 장성의 북쪽에 있으며 현도에서 천 리쯤 떨어져 있다. … 사람들의 체격은 매우 크고 성품이 강직 용맹하며 근엄 후덕해서 다른 나라를 노략질하지 않았다. 고구려는 요동의 동쪽 천리에 있다. … 좋은 밭이 없어서 힘들여 일구어도 배를 채우기에는 부족하였다. 사람들의 성품은 흉악하고 급해서 노략질하기를 좋아했다.
>
> – 「삼국지 위지 동이전」

보기
> ㉠ 김부식의 「삼국사기」는 불교 관련 기사가 거의 없다.
> ㉡ 「고려사」는 우왕을 부정적으로 기록하였다.
> ㉢ 한백겸의 「동국지리지」는 문헌고증에 입각한 객관적인 역사 연구를 추구하였다.
> ㉣ 사마천의 「사기」는 기전체로서 역사를 본기, 세가, 지, 열전, 연표 등으로 나누어 설명하였다.

① ㉠, ㉡   ② ㉠, ㉢
③ ㉡, ㉢   ④ ㉢, ㉣

해설
제시된 자료는 「삼국지 위지 동이전」의 발해와 부여에 관한 설명이다. 자료의 내용에서 「삼국지 위지 동이전」의 저자는 당시의 중국과 우호관계에 있던 부여 사람에 대해서는 긍정적으로 서술하고, 중국의 요동지방으로 진출하고자 활발한 정복 활동을 전개한 고구려에 대해서는 부정적으로 서술하였다. 제시된 자료를 통하여 역사 서술에 있어서 편찬자의 주관이 강하게 반영되고 있음을 추론할 수 있다.
㉠ 김부식은 「삼국사기」를 저술함에 있어 의도적으로 불교 관련 기사를 배제하였다.
㉡ 「고려사」는 조선 왕조의 입장에서 서술된 역사서로서 우왕과 창왕을 신돈의 자식으로 기록하였다.
㉢ 「동국지리지」는 문헌의 고증에 근거하여 역사서를 서술하여 편찬자의 주관성과는 연관성이 없다.
㉣ 「사기」의 기전체 서술은 역사를 제왕의 정치와 행적에 따라 서술한 '본기', 제후들에 관한 기록인 '세가', 연대표인 '연표', 여러 위인들에 관한 기록인 '열전', 문화·제도에 관한 서술인 '지' 등으로 분류·서술한 것으로서 편찬자의 주관성과는 연관성이 없다

답 ①

| STEP2 | 한국사와 세계사

01 역사 이해의 두 가지 측면 중 세계사적 보편성에 해당되지 않는 것을 모두 고른 것은?

> ㉠ 인류는 자유와 평등, 민주와 평화를 공통된 가치로 추구하여 왔다.
> ㉡ 고유한 언어와 풍속, 종교, 예술, 사회제도 등이 지역에 따라 다양하게 발달하였다.
> ㉢ 전 세계 인류는 국가와 민족을 초월하여 공통적인 이상을 추구해 왔다.
> ㉣ 우리 민족은 국가와 부모에 대한 충효를 중시하고 두레, 계, 향도 등 공동체적 전통을 발전시켜 왔다.

① ㉠, ㉢
② ㉡, ㉢
③ ㉡, ㉣
④ ㉢, ㉣

> **해설** 인류가 추구하는 자유, 평등, 박애, 평화, 행복 등은 세계사적 보편성에 속하는 개념이다. 그러나 지역에 따른 고유한 언어와 풍속 등은 지역적 특수성에 속하는 개념이다. 특히 동아시아의 같은 유교 문화권에 속하는 중국이나 일본과 달리 우리 민족이 발전시킨 충과 효의 개념은 우리 문화가 지닌 독자성을 의미하는 것이다.
>
> 답 ③

02 세계화는 세계사 발전에 기여하는 것이라고 볼 때 세계화 시대의 역사 학습 태도로 옳지 <u>않은</u> 것은?

① 전통 문화를 고수한다.
② 민족 주체성을 견지해야 한다.
③ 개방적 민족주의를 수용한다.
④ 진취적 역사 정신을 갖는다.

> **해설** 세계화 시대의 바른 역사 학습 태도는 ② · ③ · ④와 역사의 보편성과 특수성을 조화시키는 것이다.
>
> 답 ①

03 우리 역사의 특수성을 보여주는 설명을 모두 고른 것은?

> ㉠ 선사 시대는 구석기, 신석기, 청동기 시대 순으로 발전하였다.
> ㉡ 고대 사회의 불교는 현세 구복적으로 호국적인 성향이 있었다.
> ㉢ 조선 시대 농촌 사회에서는 두레, 계와 같은 공동체 조직이 발달하였다.
> ㉣ 전근대 사회에서 신분제 사회가 형성되었다.

① ㉠, ㉡ 　　　　　　　　　　② ㉠, ㉣
③ ㉡, ㉢ 　　　　　　　　　　④ ㉢, ㉣

세계사적인 보편성과 우리 민족의 특수성의 성격을 구분하는 문제이다. 자유와 평등, 세계평화 등은 인류의 공통된 가치로서 보편성에 속하고, 불교의 현세 구복적 성격과 향도·계·두레 등은 민족의 특수성에 해당한다.

답 ③

더 알아보기 ➕

한국사의 보편성과 특수성

보편성	특수성
비파형동검	세형동검
한자	한글, 이두, 향찰
유학[인(仁)]	유학[충(忠)·효(孝)·의(義)]
대승불교, 소승불교	호국적, 현세 구복적
도자기	상감청자
자연석굴	인공석굴(석굴암)
음악	아악(궁중제례음악)
공동체 조직	향도·계·두레

02 선사 시대와 국가의 형성

| STEP1 | 선사 시대의 전개

01 선사 시대의 유적과 유물에 대한 설명으로 옳지 <u>않은</u> 것은?

① 부산 동삼동 패총에서는 원산지가 일본으로 추정이 되고 있는 흑요석과 함께 조개껍데기 등이 출토되었다.

② 평남 온천 궁산리에서는 빗살무늬 토기 출토와 함께 뼈바늘이 발견되어 원시적 수공업이 발전하였음을 입증하였다.

③ 함북 웅기군 서포항 유적에서는 강아지와 뱀 그리고 여성 조각상이 출토되어 토테미즘과 함께 여성 숭배 사상도 엿볼 수 있다.

④ 평남 덕천 승리산 동굴에서는 우리나라 최초의 인골이 발견되었는데, 어린아이의 뼈도 출토되어 이름을 '역포아이'라 불렀다.

> 해설 평남 덕천 승리산 유적에서 우리나라 최초의 인골이 발견된 것은 맞지만, '역포아이'가 발견된 곳은 평양 대현동 유적이다. 이와 함께 충북 청원 두루봉 동굴에서도 어린아이 유골이 발견되었는데, 이를 통해 구석기인들의 장례 문화를 확인할 수 있었고, 발견자 김흥수 씨의 이름을 따서 '흥수아이'라 하였다.
>
> 답 ④

02 다음 유적에서 살았던 사람들의 생활에 대한 설명으로 옳은 것은?

> • 종성 동관진   • 연천 전곡리
> • 웅기 굴포리   • 제주 빌레못

① 막집 등에 살면서 뗀석기를 이용하여 식량을 사냥하였다.
② 가락바퀴로 실을 뽑고 뼈바늘로 옷을 만들어 입었다.
③ 잉여생산물을 둘러싸고 부족 사이에 전쟁이 벌어졌다.
④ 반달돌칼을 사용하여 곡식을 수확하였다.

> **해설** 제시문은 구석기 시대의 유적이다.
> ② 직조 기술은 신석기 시대이다.
> ③ · ④ 청동기 시대이다.
>
> 답 ①

03 신석기 시대에 새롭게 나타난 사회 변동의 특징이라고 할 수 <u>없는</u> 것은?

① 기원전 8,000년경부터 돌을 갈아서 여러 가지 형태의 간석기를 만들어 사용하였다.
② 조, 피, 수수 등 잡곡류를 경작하였다.
③ 가락바퀴와 뼈바늘을 이용한 원시적인 수공업이 이루어졌다.
④ 지배와 피지배의 관계가 발생하지 않은 평등한 공동체 사회였다.

> **해설** 신석기 시대는 구석기 시대와 같이 연장자나 경험이 많은 지도자가 자기 부족을 대표하는 평등한 공동체 사회를 형성하고 있었다.
> ① 신석기 시대의 간석기는 구석기 시대의 뗀석기보다 더욱 발전한 도구이다.
> ② 신석기 시대 후기부터 농경이 시작되어 생산경제가 나타났다.
> ③ 신석기 시대부터 직조 기술이 이루어졌다.
>
> 답 ④

04 구석기 시대와 신석기 시대를 비교한 것으로 옳지 <u>않은</u> 것은?

	구석기 시대	신석기 시대
①	무리를 지어 이동 생활	강가나 바닷가에서 생활
②	평등 사회	모계중심의 평등 사회
③	슴베찌르개 등 석기 사용	청동제 농기구 사용
④	주술적 의미의 예술 활동	원시 신앙의 등장

해설 신석기 시대에도 청동제 농기구는 없었으며 돌괭이, 돌삽, 돌낫 등 간석기를 사용하였다.

답 ③

더 알아보기 ➕

우리나라의 선사 시대

구분	구석기 시대(약 70만 년 전)	중석기 시대(약 1만 년 전)	신석기 시대(BC 8000년경)
유물	• 사냥도구(주먹도끼, 찍개, 팔매돌) • 조리 도구(긁개, 밀개) • 골각기	잔석기 (이음 도구, 슴베찌르개)	• 간석기(돌괭이, 돌보습 등 농기구) • 토기(이른 민무늬 토기, 덧무늬 토기, 눌러 찍기문 토기, 빗살무늬 토기)
경제	약탈 경제(사냥, 채집, 어로)	식물 채취, 물고기 잡이	• 생산 경제(농경ㆍ목축 시작) • 원시 수공업(가락바퀴, 뼈바늘)
사회	• 이동 생활 • 가족 단위ㆍ무리 사회 • 주술적 의미(고래, 물고기 조각)	–	• 정착 생활, 족외혼 • 씨족 단위ㆍ부족 사회 • 원시 신앙 발생(애니미즘, 샤머니즘)
유적	동굴, 바위 그늘, 막집(전국 분포)	• 통영 상노대도 조개더미 • 평양 만달리 • 거창 임불리	움집(강가와 해안)

더 알아보기 ➕

신석기혁명
1. 농경의 시작 : 일부 퇴적 지역
   (1) 후기에는 농격과 목축을 시작
   (2) 소규모로 경작
   (3) 농경이 주산업이 아니었음
2. 재배된 작물 : 조, 피, 수수(좁쌀)

05 선사 시대에 대한 다음 설명으로 옳지 <u>않은</u> 것은?

① 신석기 시대는 구석기 시대와 같은 평등한 사회였다.

② 웅기 굴포리 유적은 구석기 시대에 사용되었던 뗀석기가 발견되었다.

③ 신석기 시대에 지배자가 죽으면 많은 사람들을 함께 묻었다.

④ 불에 탄 쌀이 여주 흔암리, 부여 송국리 유적에서 발견되었다.

> 해설
>
> 청동기 시대에는 농경의 발달로 벼농사가 시작되었고, 무기가 발전하여 전쟁이 시작되면서 계급이 발생하게 되어 막강한 권력과 경제력을 가진 지배자인 군장이 등장하였다.
>
> ① 신석기 시대는 구석기 시대와 같은 평등한 사회였다.
>
> ② 웅기 굴포리 유적은 구석기 최초의 연구지로 뗀석기인 밀개·격지·찍개·긁개 등이 발굴되었다.
>
> ④ 평북 의주 미송리 동굴, 경기 여주 흔암리, 충남 부여 송국리, 울산 검단리 등의 지역에서는 청동기 시대의 집터나 고인돌, 돌널무덤, 혹은 돌무지무덤 등이 발견되었는데, 이곳에서 청동기 시대의 유물이 출토되었다.
>
> 답 ③

06 신석기 시대의 거주지에 해당하는 설명으로 옳지 <u>않은</u> 것은?

① 집자리 바닥의 형태가 원형이나 모가 둥근 방형이었다.

② 중앙에 화덕을 두었다.

③ 출입문 옆에 저장 구덩이를 두었다.

④ 따로 저장 구덩이를 설치하거나 한쪽 벽면을 돌출시켜 만들었다.

> 해설
>
> 신석기 시대의 집터는 움집 자리로 원형이나 모서리가 둥근 네모꼴이다. 또 취사와 난방을 위한 화덕을 중앙에 설치하였고, 출입문 옆에 저장 구덩이를 만들어 식량이나 도구를 저장하였다.
>
> ④ 저장 구덩이를 따로 설치하거나 한쪽 벽면에 돌출시켜 만든 시기는 청동기·초기 철기 시대이다.
>
> 답 ④

07 선사 시대에 다음과 같은 변화가 나타나게 된 계기로 옳은 것은?

> • 토기의 제작
> • 움집의 일반화
> • 애니미즘, 토테미즘의 출현

① 농경과 정착 생활의 시작
② 활발한 정복전쟁
③ 계급의 분화
④ 철제 농기구의 사용

 해설 농경과 정착 생활의 시작으로 곡식을 저장하기 위한 토기를 제작하고 움집이 일반화되었으며, 풍년을 기원하는 원시 신앙이 발생하였다.

답 ①

| STEP2 | 국가의 형성

01 다음 중 청동기 시대에 대한 설명으로 옳은 것을 모두 고른 것은?

> ㉠ 반달 돌칼을 농경에 이용하였다.
> ㉡ 정착 생활과 농경 생활이 시작되었다.
> ㉢ 시체를 가족 공동 무덤에 안치하였다.
> ㉣ 세력이 강한 자가 주변의 약소 부족을 통합하고 공납을 요구하였다.

① ㉠, ㉡
② ㉠, ㉣
③ ㉡, ㉢
④ ㉡, ㉣

 해설 ㉡ 신석기 시대
㉢ 철기 시대

답 ②

02 **청동기 · 초기 철기 시대에 해당하는 역사적 사실이 <u>아닌</u> 것은?**

① 청동기가 의기(儀器)화되었고 세형동검 · 잔무늬 거울 등이 제작되었다.

② 돌도끼, 홈자귀, 반달 돌칼 등 간석기가 다수 제작되어 사용되었다.

③ 중국과 교류가 활발해짐에 따라 한반도 남단에까지 한자가 사용되었다.

④ 덧무늬 토기, 이른 민무늬 토기 등 다양한 간토기를 사용하였다.

해설 덧무늬 토기, 이른 민무늬 토기 등은 신석기 시대의 토기이다.

답 ④

더 알아보기 ➕

청동기 시대와 철기 시대 비교

구분	청동기 시대(기원전 10세기경)	철기 시대(기원전 4세기경)
유물	• 청동기(비파형동검, 거친무늬 거울) • 간석기(반달 돌칼, 바퀴날 도끼) • 민무늬 토기, 미송리식 토기, 붉은간토기	• 철제 농기구 · 무기 • 한반도의 독자적인 청동기 문화 (세형동검, 잔무늬 거울, 거푸집) • 토기 다양화(검은간토기, 덧띠 토기)
경제	농경과 목축 발달(벼, 보리, 콩)	• 경제 기반 확대 • 중국 교역 시작(명도전 · 반량전 · 오수전, 붓)
사회	• 계급과 빈부차 발생(군장 사회) • 전문 분업 발생 • 선민사상	• 연맹 국가 발전(부족장>왕) • 제정 분리(소도 − 천군) • 바위 그림[울주 반구대 암각화, 고령 양전동 알터 바위그림(고령 장기리 암각화)]
유적	• 움집(장방형, 4~8명 거주) • 무덤(고인돌, 돌널무덤, 돌무지무덤)	• 지상 가옥(배산임수 · 밀집 취락 형성) • 무덤(널무덤, 독무덤)

03 고조선에 대한 설명으로 옳지 <u>않은</u> 것은?

① 위만조선은 한 무제의 침입에 맞서 1차 접전(패수접전)을 치러 대승을 거두었다.

② 왕검성이 함락된 이후 준왕은 남쪽 진국(辰國)으로 내려가 한왕(韓王)으로 자처하였다.

③ 단군은 주변 부족을 통합하는 과정에서 자신의 조상을 하늘과 연결시키는 천손 사상의 선민사상을 내세웠다.

④ 비파형 동검, 잔무늬 거울, 미송리식 토기, 북방식(탁자식) 고인돌은 고조선의 세력 범위를 알려주는 유물이다.

> **해설**
>
> 잔무늬 거울은 세형동검(한국식 동검), 거푸집과 함께 초기 철기에 제작되어 한반도의 독자적인 청동기 문화를 입증해주는 유물이다. 고조선의 세력 범위와 일치하는 유물은 청동기시대에 제작된 비파형 동검, 거친무늬 거울, 미송리식 토기(청천강 이북), 북방식(탁자식) 고인돌이 대표적이다. 특히 비파형 동검은 요령, 만주와 한반도 전역에서 주로 출토가 되었다.
>
> **청동기시대의 유물**
> - 토기 : 민무늬 토기(팽이형 토기, 가장 일반적 토기), 미송리식 토기, 송국리식 토기
> - 비파형 동검, 거친무늬 거울, 고인돌[북방(탁자식), 남방(바둑판식)], 돌널무덤
>
> 답 ④

04 삼한 사회에 존재했던 소도를 통하여 알 수 있는 사실로 옳지 <u>않은</u> 것은?

① 삼한 사회는 제정 일치 사회였다.

② 소도는 신·구 세력의 완충지 역할을 하였다.

③ 천군은 농경과 종교에 대한 의례를 주관하였다.

④ 소도에는 정치적 군장의 세력이 미치지 못하였다.

> **해설**
>
> 소도는 군장의 세력이 미치지 못하는 곳으로 죄인이라도 도망을 하여 이곳에 숨으면 잡아가지 못하였다. 이러한 제사장의 존재에서 고대 신앙의 변화와 제정의 분리를 엿볼 수 있다.
>
> 답 ①

05 다음과 같은 사실이 있었던 이후 나타난 고조선의 변화로 옳은 것은?

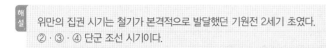

> 진 · 한 교체기에 위만으로 대표되는 유이민 세력이 고조선으로 침투하였다.

① 철기 문화가 본격적으로 발달하였다.
② 중국의 연(燕)과 요하를 경계로 대립하였다.
③ 강력한 왕이 등장하여 왕위를 세습하였다.
④ 상, 대부, 장군 등의 관직을 두었다.

> **해설** 위만의 집권 시기는 철기가 본격적으로 발달했던 기원전 2세기 초였다.
> ② · ③ · ④ 단군 조선 시기이다.
>
> 답 ①

더 알아보기➕

고조선과 위만조선

단군과 고조선(BC 2333)	위만의 집권(BC 194)
• 청동기 문화 배경 • 왕위 세습(기원전 3세기경 부왕, 준왕 등장) • 관직 정비(상, 대부, 장군) • 요령 지방 – 한반도 영토 확장 • 중국(연)과 대립	• 철기 문화의 본격 수용 • 활발한 정복 사업 • 농업 · 상공업 발달 • 중계 무역 성장 • 한의 침략 · 멸망(BC 108) → 한 군현 설치

06 다음 중 고조선의 세력 범위가 요동반도에서 한반도에 걸쳐 있었음을 알게 해주는 유물을 모두 고른 것은?

> ㉠ 조개 껍데기 가면   ㉡ 거친무늬 거울
> ㉢ 비파형동검   ㉣ 미송리식 토기

① ㉠, ㉡   ② ㉡, ㉢
③ ㉠, ㉡, ㉢   ④ ㉡, ㉢, ㉣

> **해설** 고조선의 세력 범위는 거친무늬 거울, 비파형동검, 미송리식 토기 등 청동기 시대의 예술품과 대체로 일치한다. 조개 껍데기 가면은 신석기 시대의 예술품이다.
>
> 답 ④

07 삼한에 대한 설명으로 옳은 것은?

① 읍군이나 삼로라는 군장이 자기 부족을 지배했다.

② 5부족 연맹체를 토대로 발전했다.

③ 목지국 지배자가 전체를 주도했다.

④ 서옥제라는 풍습이 있었다.

 ① 옥저와 동예, ② · ④ 고구려에 대한 설명이다.

답 ③

더 알아보기 ⊕

여러 나라의 성장

구분	부여	고구려	옥저	동예	삼한
위치	송화강 유역	졸본 지방	함경도 해안	강원 북부 해안	한강 이남
정치	5부족 연맹체 (사출도)	5부족 연맹체 (제가회의)	왕 없음 (군장 지배)		연맹 국가 (목지국)
군장	마가, 우가 저가, 구가	상가, 고추가, 대로, 패자, 사자, 조의	읍군, 삼로		신지, 견지 읍차, 부례
경제	농경 · 목축	약탈 경제(부경)	농경, 어업	농경, 방직 기술 발달	벼농사(저수지)
	말, 주옥, 모피	토지 척박-양식 부족	어물, 소금	단궁 · 과하마 · 반어피	철(변한)
제천 행사	영고(12월)	동맹(10월), 국동대혈	-	무천(10월)	수릿날(5월) 계절제(10월)
혼인	형사취수제	데릴사위제(서옥제), 형사취수제	민며느리제	족외혼	군혼
기타	순장, 1책12법 흰옷, 우제점복	무예 숭상, 점복	골장제(가족 공동묘), 쌀 항아리	책화	제정분리(소도) 귀틀집, 두레

08 다음 제시문의 (가), (나) 국가에 대한 설명으로 옳은 것은?

> (가) 대군장이 없고 한(漢) 시대 이래로 후(侯) · 읍군(邑君) · 삼로라는 관직이 있어 하호(下戶)를 다스렸다.
> …(중략)… 해마다 10월이면 하늘에 제사를 지내는데 밤낮으로 술 마시며 노래 부르고 춤추니 이를 무천(舞天)이라고 한다.
>
> (나) 구릉과 넓은 못이 많아서 동이 지역 중에서 가장 넓고 평탄한 곳이다. 토질은 오곡을 가꾸기에는 알맞지만, 과일은 생산되지 않았다. …(중략)… 형벌은 엄하고 각박하여 살인자는 사형에 처하고 그 가족은 노비로 삼았다. 도둑질을 하면 12배로 변상케 하였다.

① (가)에는 해산물이 풍부하였고 처녀를 미리 신랑 집에 데려다놓고 살다가 뒤에 며느리로 삼는 민며느리제가 있었다.

② (가)에서는 다른 부족의 생활권을 침범하면 책화라고 하여 노비, 소, 말로 변상하게 하였다.

③ (나)에서는 왕 아래에 상가, 고추가 등의 대가들이 있었으며, 각기 사자, 조의, 선인 등 관리를 거느렸다.

④ (나)에서는 10월에 동맹이라는 제천행사를 치르고, 아울러 왕과 신하들이 국동대혈에 모여 함께 제사를 지냈다.

> **해설**
>
> (가)에서 '무천', '하호를 다스렸다.'를 보았을 때 이는 동예이다.
> (나)에서 '살인자는 사형에 처하고 그 가족은 노비로 삼았다', '도둑질을 하면 12배로 변상케 하였다'는 점으로 미루어 볼 때, 부여이다.
> ② 책화는 동예의 특성 중 하나이다.
> ① 옥저에 대한 설명이다.
> ③ · ④ 고구려에 대한 설명이다.
>
> 답 ②

더 알아보기➕

부여의 법률과 풍습

법률	• 살인자는 사형에 처하고 그 가족을 데려다 노비로 삼음 • 남의 물건을 훔친 자는 물건 값의 12배 배상 • 간음한 자는 사형에 처함 • 투기가 심한 부인은 사형에 처하고 시체를 가져가려고 할 때에는 소와 말을 바쳐야 함
풍습	• 순장 : 주인이 죽으면 노비를 함께 땅에 매장 • 영고 : 12월의 제천행사가 있어 하늘에 제사하고 가무를 즐기며 죄수를 풀어줌 • 우제점법 : 소를 잡아 발톱을 말려 두었다가 전쟁 시에는 구멍에 금을 내어 길흉을 점침 • 형사취수제 : 형이 죽으면 형의 아우가 형수를 아내로 맞이함

09 백제 건국의 주도 세력이 부여 · 고구려계의 이주민 집단이었음을 말해주는 근거로 옳지 <u>않은</u> 것은?

① 백제 왕족의 성이 부여씨이다.
② 영산강 유역의 마한 소국들을 정복하였다.
③ 건국신화에서 비류와 온조가 주몽의 아들이라고 하였다.
④ 한강 유역의 초기 백제 무덤은 압록강 유역의 고구려식 무덤 양식을 이은 것이다.

4세기 근초고왕 때 백제의 정복 전쟁에 대한 내용으로, 정복 전쟁을 했다는 사실을 통해 백제 건국 세력이 부여 · 고구려계의 이주민 집단이었다는 사실을 알 수는 없다.
① · ③ · ④ 백제 왕족의 성씨인 부여씨가 고구려 계통이라는 점, 비류와 온조가 주몽의 아들이라고 한 점, 고구려의 장군총과 백제의 석촌동 고분이 같은 형태의 무덤 양식(돌무지무덤)이라는 점은 백제 건국의 주도 세력이 부여 · 고구려계의 이주민 집단이었음을 말해주는 근거가 된다.

답 ②

10 고조선의 8조 금법에 대한 설명으로 옳지 <u>않은</u> 것은?

① 살인을 한 자는 사형에 처한다.
② 남에게 상처를 입힌 자는 노비로 삼는다.
③ 금법은 고조선 사회상을 아는 데 중요한 자료가 된다.
④ 사회질서 유지와 지배 세력 강화의 목적을 가진다.

8조 금법(「한서 지리지」)은 개인의 재산과 생명을 보호하는 원시적 보복법의 원리가 작용한 법률이다.
• 사람을 죽인 자는 사형에 처한다.
• 상처를 입힌 자는 곡물로 배상한다.
• 남의 물건을 훔친 자는 노비로 삼는다.

답 ②

더 알아보기 ✚

고조선의 8조 금법

살인자 → 사형	개인 생명 중시
상해자 → 곡물 배상	농경 사회, 노동력 중시
절도자 → 노비화, 돈 배상	사유 재산 보호, 노비가 존재하는 계급사회, 화폐 사용
여자의 정절 중시	가부장적 가족제도 확립

11 다음은 선사 시대의 사회 변화를 설명한 것이다. 이러한 변화로 인하여 나타난 결과로 옳은 것은?

> • 농경 기구의 발달로 잉여 생산이 증가하였다.
> • 농업 생산물은 개인이나 가족의 소유로 할 수 있었다.

① 움집 생활 가능
② 원시 신앙 출현
③ 빈부의 격차 발생
④ 평등한 씨족 생활

> 해설 청동기 시대에는 생산 증가에 따른 잉여 생산의 축적과 사적 소유로 인해 빈부 차이가 발생했다.
>
> 답 ③

12 다음에 소개된 초기 국가에 대한 설명으로 옳은 것을 〈보기〉에서 모두 고른 것은?

> 이 나라는 큰 산과 깊은 골짜기가 많고 평원과 연못이 없어서 계곡을 따라 살며, 골짜기 물을 식수로 마셨다. 좋은 밭이 없어서 힘들여 일구어도 배를 채우기는 부족하였다. 사람들의 성품은 흉악하고, 급해서 노략질하기를 좋아하였다.

> 보기
> ㉠ 10월에는 동맹이라는 제천행사를 치르고, 왕과 신하들은 국동대혈에 모여 제사를 지냈다.
> ㉡ 씨족적인 전통을 보여주는 족외혼과 책화의 풍습이 있었다.
> ㉢ 벼농사와 수리 시설이 발달하고 공동체적인 전통을 보여주는 두레 조직이 있었다.
> ㉣ 중대한 범죄자가 있으면 제가회의를 통해 사형에 처하고, 그 가족은 노비로 삼게 하였다.

① ㉠, ㉡
② ㉡, ㉢
③ ㉠, ㉣
④ ㉢, ㉣

> 해설 제시문은 고구려에 관한 「삼국지 위지 동이전」의 기록이다. 고구려는 동가강 유역의 졸본 지방에서 출발하였다. 이 지역은 자연환경이 척박했기 때문에 고구려는 처음부터 주변 민족을 정복하면서 국가 발전을 이루게 되어 형벌이 엄격하였다.
> ㉡ 동예에 관한 설명이다.
> ㉢ 삼한에 관한 설명이다.
>
> 답 ③

안심Touch

통치 구조와 정치 활동

| STEP1 | 고대의 정치

01 다음의 유적들이 공통적으로 연관된 사건으로 옳은 것은?

> • 청원 남성골 유적
> • 연천 호로고루성터
> • 서울 광진구 아차산 보루 유적

① 나당동맹 파기 이후 신라와 당나라의 갈등
② 근초고왕대 백제의 영역 팽창
③ 나제동맹 파기 이후 신라와 백제의 갈등
④ 고구려의 남진과 한강 유역 지배의 변천상

 세 곳 모두 고구려와 관련된 유적들이다. 장수왕은 영토가 넓어지자 남진정책을 적극적으로 추진해 백제와 신라를 압박하였다. 이에 백제와 신라가 나제동맹을 맺어 대항했고, 고구려는 백제와의 전쟁에서 승리하고 한강 유역을 차지함으로써 삼국간의 항쟁에서 주도권을 잡게 되었다.

答 ④

02 고대국가의 성립과 발전에 대한 설명으로 옳지 <u>않은</u> 것은?

① 고대국가 중 고구려가 가장 먼저 국가 체제를 정비하였다.
② 백제는 고구려 계통의 유이민 세력이 금강 유역의 토착 세력을 융합하면서 건국되었다.
③ 신라는 사로국에서 출발하여, 내물왕 때 김씨가 왕위를 세습하였다.
④ 가야 지역에는 철의 생산이 풍부하였고, 중계 무역을 통해 번성하였다.

> **해설** 백제는 고구려 계통의 유이민 세력과 한강 유역의 토착 세력이 융합하면서 건국되었다. 고구려 계통의 유이민 유입은 초기 백제의 대표적 고분군인 서울 석촌동 고분(고구려 양식)을 통해서도 알 수 있다.
>
> 답 ②

더 알아보기 ➕

삼국의 성립

구분	건국 집단	왕	중앙 집권 국가 기반
고구려	부여계 유이민+압록강 유역 토착민	태조왕	• 옥저 복속, 낙랑 압박 • 고씨의 왕위 세습
백제	고구려계 유이민+한강 유역 토착민	고이왕	• 한 군현과 항쟁, 한강 유역 장악 • 율령 반포, 관등제 정비, 관복제 도입
신라	유이민 집단(박 · 석 · 김)+경주 토착 세력 → 국가 발전의 지연	내물왕	• 낙동강 유역 진출, 왜구 격퇴(호우명 그릇) • 김씨 왕위 세습, 마립간(대군장) 왕호 사용
가야	• 낙동강 하류의 변한 지역 → 6가야 연맹 • 농경 문화, 철 생산, 중계 무역(낙랑, 왜)	미상	• 금관 가야 멸망(532), 대가야 멸망(562) • 중앙 집권 국가로 성장 한계

03 발해에 대한 설명으로 가장 옳은 것은?

① 발해는 영락이라는 독자적인 연호를 사용하였다.
② 발해의 지식인들은 신라인과 당의 빈공과의 수석을 두고 경쟁하기도 하였다.
③ 발해는 돌궐과 적대적 관계를 유지하였다.
④ 신라와 발해의 교류는 원활하게 이루어졌다.

> **해설** ① 영락은 광개토대왕이 사용한 연호이다. 발해는 중국과 대등한 지위에 있음을 알리기 위해 인안(무왕), 대흥(문왕) 등의 독자적인 연호를 사용하였다.
> ③ 발해는 신라를 견제하기 위해 돌궐 · 일본 등과 연결하여 동북아시아에서 세력 균형을 유지하였다.
> ④ 발해는 신라를 견제하였기 때문에 원활하게 교류가 이루어지지는 않았으나, 문왕 때 신라와 상설 교통로(신라도)를 개설하는 등 관계를 개선하기 위해 노력한 바 있다.
>
> 답 ②

04 가야가 고대 집권 국가로 발전하지 못한 이유로 옳은 것은?

① 문화 수준이 백제와 신라에 비하여 뒤처졌기 때문이다.

② 백제와 신라에 둘러싸여 국제적으로 완전히 고립되었기 때문이다.

③ 토착 세력이 약하고 해변으로 들어온 유이민 세력이 강했기 때문이다.

④ 백제와 신라의 압력을 받으면서 불안한 정치 상황이 지속되었기 때문이다.

> **해설** 가야는 삼국의 각축 속에서 중앙 집권화를 이루지 못한 채 연맹 국가 단계에서 해체되었다.
>
> ② 가야는 3세기경 풍부한 철 생산을 바탕으로 지리적 이점을 활용하여 낙랑·대방·예·큐슈 지방을 연결하는 해상 중계 무역이 활발하게 이루어졌다.
>
> 답 ④

05 우리나라의 고대국가 성립과정에 대한 설명으로 옳지 <u>않은</u> 것은?

① 고구려는 태조왕 때 이르러 왕위의 부자상속제를 확립하였다.

② 백제는 한강 유역의 토착 세력과 고구려 계통의 유이민 세력의 결합으로 성립되었다.

③ 신라는 내물왕 때 이후 한동안 고구려의 간섭을 받았다.

④ 가야는 중앙 집권적 고대국가를 이루지 못한 채 신라에 흡수되었다.

> **해설** ① 고구려는 고국천왕 때에 형제상속이 부자상속으로 바뀌었다.
>
> ④ 가야는 고대국가의 단계에 이르지 못하고, 금관가야는 532년 법흥왕 때, 대가야는 562년 진흥왕 때 흡수되었다.
>
> 답 ①

06 다음 중 삼국의 발전을 시기별로 가장 바르게 연결한 것은?

> ㉠ 고구려는 후연을 공격하고 요동을 차지하였다.
> ㉡ 대가야는 세력을 확장하여 남원, 임실 등지를 차지하였다.
> ㉢ 신라는 금관가야를 복속하였다.
> ㉣ 백제는 신라를 공격하여 대야성을 함락하였다.

① ㉠ → ㉡ → ㉢ → ㉣
② ㉡ → ㉠ → ㉢ → ㉣
③ ㉢ → ㉡ → ㉠ → ㉣
④ ㉣ → ㉡ → ㉠ → ㉢

해설

㉠ 4세기 말 광개토대왕은 수군을 이끌고 백제 아신왕(392~405)을 정벌하여 한강 이북과 예성강 이동의 영토를 차지하였다. 400년 5만(기병과 보병)의 군사로 낙동강 유역에 침입한 왜구를 격퇴하여 신라와 가야에 대한 영향력을 행사하였으며, 동북으로 숙신을 정복하여 만주를 통일하였고 서쪽으로 후연을 격파하여 요동을 차지하기도 하였다. 또한 최초로 독자적인 연호인 영락(永樂)을 사용하고, '태왕(太王)'의 호칭을 사용하여 대국(大國)으로서의 자신감과 자주성을 표현하였다.

㉡ 가야연맹은 5세기 이후부터 대가야를 중심으로 세력이 재편되었다. 5세기 후반 대가야의 전성기에는 소백산맥을 넘어 전북 임실 · 남원을 일시점령하기도 하였다.

㉢ 6세기 전반 법흥왕은 병부를 설치하여 군사 지휘권을 장악하였다. 율령을 반포(520)하고 17관등과 모든 관리들이 입는 백관의 공복을 제정하여 다양한 세력을 국왕의 통제 아래에 통합하였고, 이차돈(異次頓)의 순교로 불교를 공인하였다. 골품제를 정비하고 진골 귀족회의의 대표자인 상대등(上大等) 제도(531)를 두어 중앙 집권 국가의 모습을 갖추었다. 금관가야를 정복하여 낙동강까지 영토를 확장하였고(532), 신라 최초로 연호를 '건원(建元)'이라 정하여 자주성을 표현하였다.

㉣ 백제군(의자왕)은 신라를 공격하여 나 · 제 국경의 요충인 대야성을 비롯한 40여 성을 탈취하고 당항성을 공격하여 신라의 대당진출로를 위협하였다(642).

답 ①

07 신라 하대에 대한 설명으로 옳은 것은?

① 왕권이 전제화되면서 상대적으로 진골 귀족 세력은 약화되었다.

② 지방 호족은 촌주 출신으로 진골 귀족이 아니기 때문에 지방 세력을 규합하는 데 어려움이 있었다.

③ 서남해안을 중심으로 성장한 해상 세력은 사적으로 당, 일본과 무역하였다.

④ 6두품의 세력이 왕권과 결탁하여 상대적으로 부각되기 시작하였다.

 ① · ④ 신라 중대의 모습이다.
② 신라 하대의 지방 호족은 중앙 정부의 통제를 벗어나 반독립적인 세력을 형성하였다. 이들은 지방의 군사 · 행정 · 경제권을 장악하여 독자적인 행정체계를 구성하기도 하였다.

답 ③

08 고구려가 한강 유역을 차지하고 있던 시기의 역사적 사실로 옳은 것은?

① 백제의 비유왕과 신라의 눌지왕은 나제동맹을 체결하였다.

② 백제의 무령왕은 22담로를 설치하고 지방통제를 강화하였다.

③ 신라는 중앙 집권의 기틀을 마련하고 김씨 왕위를 세습하였다.

④ 가야는 금관가야 중심으로 해상교통을 활발히 하였다.

 고구려는 장수왕 때(5세기) 한강 전지역을 차지하고 영토를 확장하였다. 장수왕의 남하 정책으로 백제의 비유왕과 신라의 눌지왕은 나제동맹을 체결하여 고구려에 대항하였다.
② 6세기 초, 백제의 중흥기의 설명이다.
③ 4세기 후반, 내물왕 때의 설명이다.
④ 3세기, 전기 가야 연맹에 대한 설명이다.

답 ①

09 고대의 사상 및 교육제도에 대한 설명으로 옳은 것은?

① 장수왕은 중앙에 경당을 건립하여 청소년을 대상으로 무예와 한학을 교육하였다.

② 백제에는 박사 제도가 있었으며, 일본에 유교경전을 전해주었다.

③ 6두품은 독서삼품과의 시행을 적극 지지하였기 때문에 시행이 가능하였다.

④ 연개소문은 왕권강화를 위하여 당나라로부터 수용한 도교를 국가의 종교로 삼았다.

해설
백제에서는 5경 박사와 의박사, 역박사를 두어 유교경전과 기술학을 교육하였다.
① 장수왕은 지방에 경당을 건립하여 청소년을 대상으로 무예와 한학을 교육하였다.
③ 원성왕 때에는 태학 안에 유교 경전의 이해 수준을 시험하여 관리를 채용하는 독서삼품과를 마련하였는데, 학생들을 성적에 따라 3등급으로 나누어 관리를 채용하는 제도로 6두품이 적극적으로 지지하였으나 골품제의 모순과 귀족들의 반발로 실패하였다.
④ 연개소문이 추진한 도교의 수용은 왕실 견제의 목적이었다.

답 ②

10 남북국 시대의 정치적 상황으로 옳지 <u>않은</u> 것은?

① 통일신라는 사정부를 설치하여 관리들의 비리와 부정을 감찰하였다.
② 발해는 9주 5소경으로 지방 행정 조직을 정비하였다.
③ 통일신라는 외사정을 파견하여 지방관을 감찰하였다.
④ 발해는 정당성의 대내상이 국정을 총괄하였으며, 중앙 관제는 3성 6부를 근간으로 하였다.

해설
발해의 지방제도는 5경 15부 62주로 조직되었다. 수도에는 5경을 두어 행정의 원활을 기했고, 지방 행정의 중심은 15부였으며, 62주가 그 밑에 편성되어 있었다. 부에는 도독, 주에는 자사를 파견하였고, 주 밑에는 현(현승)을 두었다. 지방 조직의 말단인 촌락은 토착 세력이 지배하였다.

답 ②

더 알아보기➕

고대국가의 통치 체제 비교

구분	고구려	백제	신라	통일신라	발해
관등	10여 관등 (형, 사자)	16관등 (솔, 덕)	17관등 (찬, 나마)	–	–
수상	대대로 (막리지)	상좌평 (내신좌평)	상대등	시중, 중시	대내상
중앙관제	대대로가 총괄	6좌평−22부	병부 등 10부	집사부 14관청	3성 6부
귀족회의	제가회의	정사암회의	화백회의		정당성
서울	5부	5부	6부	–	
지방	5부(욕살)	5방(방령)	5주(군주)	9주(총관 → 도독)	15부(도독)− 62주(자사)
특수 구역	3경	22담로	2소경(사신)	5소경(사신)	5경
군사제도	대모달, 말객	방령, 군장	1서당, 6정	9서당, 10정	10위, 대장군

11 다음과 같은 전설이 등장한 시대적 상황에 대한 설명으로 옳은 것은?

> 이 섬의 대나무는 낮이면 갈라져 둘이 되고, 밤이면 합하여 하나가 되는지라. 왕은 이 기이한 소식을 듣고 현장에 거동하였다. 이때 나타난 용에게 왕이 대나무의 이치를 물으니, 용은 "비유하건대 한 손으로는 어느 소리도 낼 수 없지만 두 손이 마주치면 능히 소리가 나는지라, 이 대도 역시 합한 후에야 소리가 나는 것이요… 또한 대왕은 이 성음(聲音)의 이치로 천하의 보배가 될 것이다…"라고 예언하고 사라졌다.
>
> – 「만파식적」

① 6두품이 등용되어 정치적 조언자로 활약하였다.
② 귀족들의 과도한 세금수탈로 농민들의 반란이 일어났다.
③ 진골들은 권력을 강화하기 위해 사병을 키웠다.
④ 백성들에게 정전을 지급하고 당과의 국교를 재개하였다.

제시문은 신라 중대 만파식적 설화에 대한 내용이다. 문무왕은 통일전쟁을 치르는 과정에서 왕권을 강화할 수 있었고, 이를 바탕으로 신문왕 때에는 강력한 전제왕권 강화책을 시행할 수 있었다. 이때 6두품은 왕권과 결탁하여 진골 세력을 견제함으로써 왕권의 전제화에 기여하고, 정치적 조언자의 역할을 하였다.

답 ①

12 남북국 시대에 대한 설명으로 옳지 <u>않은</u> 것은?

① 발해의 수도 상경에서 발견되는 연화문와당, 굴식돌방무덤, 온돌장치는 고구려의 영향을 받은 것이다.
② 신라의 사정부는 발해의 정당성과 기능이 유사하다.
③ 일본에 보낸 국서에서 문왕은 '고려국왕 대흠무'라고 하였다.
④ 조선 후기 실학자 유득공은 통일신라와 발해를 '남북국 시대'로 정의하였다.

② 신라의 사정부에 해당하는 발해의 관청은 중정대이다. 신라의 사정부와 발해의 중정대는 관리의 비리를 감찰하는 기구이다. 발해의 정당성은 중요한 정책을 결정하는 최고 관청으로 장관을 대내상이라 하였다.
① 고구려인이 지배층의 구성에서 주축을 형성. 무왕, 문왕이 일본 왕에 보낸 국서의 내용. 온돌장치, 굴식돌방무덤, 모줄임천정, 연화문와당, 불상 등 각종 미술 양식. 고구려계 발해 유민의 고려에 귀화 흡수, 서경(압록부)의 위치와 5경 제도 등은 모두 발해의 고구려 계승성을 보여주는 것들이다.
③ 「속일본기」의 기록에 따르면. 759년 발해의 문왕이 일본에 사신을 보내면서 스스로를 '고려국왕 대흠무'라고 불렀으며, 일본에서도 발해의 왕을 '고려국왕'으로 불렀다. 뿐만 아니라 발해를 가리켜 자주 '고려'라고 불렀으며, '발해의 사신'을 '고려의 사신'으로 표현한 사례가 일본 측의 기록에 많이 있다.
④ 조선 후기 실학자 유득공은 「발해고」에서 신라와 발해를 최초로 '남북국 시대'로 서술하였다.

답 ②

13 다음 중 고구려에 관한 사항들을 시대순으로 나열한 것 중에 옳은 것은?

> ㉠ 옥저 정복   ㉡ 낙랑 축출
> ㉢ 서안평 점령   ㉣ 요동 지역 정복

① ㉠ → ㉡ → ㉢ → ㉣
② ㉠ → ㉢ → ㉡ → ㉣
③ ㉡ → ㉣ → ㉠ → ㉢
④ ㉢ → ㉡ → ㉠ → ㉣

> 해설 ㉠ 옥저 정복(태조왕, 1세기 중엽) → ㉢ 서안평 점령(미천왕, 311) → ㉡ 낙랑 축출(미천왕, 313) → ㉣ 요동 지역 정복
> (광개토대왕, 407)
>
> 目 ②

14 다음 사료에 해당하는 왕의 업적으로 옳지 <u>않은</u> 것은?

> • 완산주를 설치하고 용원으로 총관을 삼았다. 거열주를 승격하여 청주를 설치하니 비로소 9주가 갖추어
>   져서 대아찬 복세로 총관을 삼았다. 3월 남원 소경을 설치하고 여러 주와 군의 백성들을 옮겨 살게 하
>   였다.
> • 정월에 내외관의 녹읍을 폐지하고 해마다 차등을 두어 조(租)를 주도록 하교하고, 이를 고정된 법식으
>   로 삼았다. 왕이 달구벌로 서울을 옮기려다가 실현하지 못하였다.

① 김흠돌 모역 사건을 계기로 귀족 세력을 숙청하였다.
② 행정 실무를 담당하는 세력으로 6두품이 성장하였다.
③ 유학사상을 강조하고, 국학을 설립하였다.
④ 이사부로 하여금 우산국을 정벌하도록 하였다.

> 해설 제시된 사료에서 9주 5소경을 설치하고 귀족들에게 지급하던 녹읍을 폐지하였다는 내용이 담겨있는 것으로 보아 신문
> 왕에 대한 설명이다.
> ④ 지증왕(6세기)에 대한 설명이다.
>
> 目 ④

안심Touch

더 알아보기➕

신문왕의 업적

중앙관제	예작부 설치, 14부 완성
지방관제	9주 5소경 체제 완비
군사제도	9서당(중앙군) 10정(지방군)
교육제도	국학을 설립하여 유학 교육
토지제도	녹읍 폐지, 관료전 지급
정치 재편성	김흠돌 모역사건으로 귀족 세력 숙청

15 통일신라의 민족 융합 정책에 대한 설명으로 옳은 것은?

① 중앙군으로 9서당을 설치하였다.
② 지방의 호족을 윤번적으로 수도에 머물게 하였다.
③ 백성들에게 정전을 지급하였다.
④ 유교의 정치적 이념을 수용하였다.

① 통일신라는 민족을 융합하기 위해서 고구려계·백제계를 골품제에 편입하거나 관리로 흡수하였다. 또한 중앙부대인 9서당을 설치하여 고구려, 백제, 신라, 보덕, 말갈인 각각의 독자적인 서당을 편성하여 주었다.
② 지방 세력 견제책으로 시행한 상수리제도에 대한 설명이다.

답 ①

16 신라 말 호족의 출신 성분에 대한 설명으로 옳지 <u>않은</u> 것은?

① 중앙의 권력 투쟁에서 밀려나 지방에서 세력을 쌓은 귀족
② 해상 활동으로 재력과 무력을 쌓은 군진 세력
③ 지방의 토착 세력으로 성장한 촌주
④ 당에서 유학하고 돌아와 개혁을 추구한 지식인

④는 호족이 아닌 6두품에 대한 설명이다. 당에서 유학하고 돌아와 개혁을 추구한 6두품과 선종 계통의 승려들은 최치원처럼 사회 개혁안을 제시하였으나 받아들여지지 않자, 낙향하거나 지방의 호족과 연계하여 사회 개혁을 추구하였다. 국내에 남아 있었던 6두품 출신과는 달리 당에 숙위학생으로 유학하고 돌아온 6두품 지식인은 본인이 호족이 되기보다는 호족의 가신으로 들어가 반신라적 입장에서 책사로 활동하기도 하였다.

답 ④

17 다음은 후삼국의 통일 과정에서 나타난 사실들이다. 시대순으로 연결된 것 중에 옳은 것은?

> ㉠ 왕건은 궁예를 몰아내고 새 왕조를 세웠다.
> ㉡ 거란에게 멸망한 발해의 유민들이 고려로 망명해 오자 크게 우대하였다.
> ㉢ 고려는 신라를 병합하는 데 성공하였다.
> ㉣ 고려는 후백제군의 주력을 선산에서 격파하였다.

① ㉠ → ㉡ → ㉢ → ㉣　　　　② ㉣ → ㉢ → ㉡ → ㉠
③ ㉢ → ㉡ → ㉣ → ㉠　　　　④ ㉠ → ㉣ → ㉡ → ㉢

 ㉠ 918년 → ㉡ 934년 → ㉢ 935년 → ㉣ 936년

답 ①

18 다음 중 제시문과 관계있는 발해의 국왕은?

> • 750년대 상경으로 도읍을 옮겨 국가 발전의 기틀을 마련하였다.
> • 762년에 당나라로부터 발해 군왕에서 발해 국왕으로 승격되었다.
> • 육정산과 용두산고분에서 발견된 정혜공주와 정효공주는 그의 딸이다.

① 고왕 대조영　　　　② 무왕 대무예
③ 문왕 대흠무　　　　④ 선왕 대인수

 제시문은 8세기 후반 발해 문왕 대흠무에 관한 것이다.

무왕 (대무예, 719~737)	• 연호 인안, 당과는 대립관계 　동북방의 흑수말갈을 치고 장문휴와 해군을 보내 당의 산둥반도 덩저우를 공격(732) • 일본에 사신을 파견하여 외교관계를 수립(727) 　국서의 내용에서 "고구려의 옛 땅을 수복하고 부여의 전통을 이어 받았다."라고 함 　(고구려 계승의식 반영)
문왕 (대흠무, 737~793)	• 연호 대흥 · 보력, 당의 문화를 수용, 당에 유학생을 파견하여 빈공과에 다수 급제 • 신라도(8세기 후반~9세기 전반)라는 신라와의 상설 교통로가 개설(상경 출발~동경~남경~동해 　안~신라 경주), 대립 관계를 해소 • 당의 제도를 본따 독자적인 3성 6부제를 실시, 상경(上京)으로 천도
선왕 (대인수, 818~830)	• 연호 건흥, 흑수말갈을 비롯한 대부분의 말갈족을 복속 • 요동 지역에 대한 당의 지배력이 약해진 틈을 이용하여 요하 유역까지 진출하여 목저주와 현도주 　를 설치하여 최대의 영토를 확보(북의 흑룡강, 동의 연해주, 서의 요동, 남의 영흥) • 지방 행정제도를 정비, 당으로부터 '해동성국(海東盛國)'의 칭호를 얻음

답 ③

| STEP2 | 중세의 정치

01 고려의 중앙 정치 조직에 대한 설명으로 옳지 <u>않은</u> 것은?

① 상서성은 그 아래 6부를 두어 정책의 집행을 담당한다.
② 어사대는 관리의 비리를 감찰 · 탄핵하는 임무를 담당한다.
③ 중추원은 추밀과 승선으로 구성되어 군사기밀과 왕명 출납을 담당한다.
④ 도병마사는 국가 최고의 회의 기구로, 당의 영향을 받아 구성되었다.

> **해설** 도병마사는 재신과 추밀이 참여하는 국가 최고의 회의 기구이자, 당의 영향을 받지 않은 고려의 독자적 기구이다. 고려의 독자적 기구로는 도병마사와 식목도감(법 제정, 국가의 의례 규정)이 있다.
>
> 달 ④

02 고려 시대의 지방제도로 옳지 <u>않은</u> 것은?

① 지방관이 파견된 주현보다 지방관이 파견되지 않은 속현이 더 많았다.
② 3경은 개경, 서경, 동경을 의미하였으나 이후 동경 대신 남경을 포함시켰다.
③ 5도 아래 군 · 현 · 진이 설치되고 지방관이 파견되었다.
④ 북방의 국경 지역에 양계를 설치하여 병마사를 파견하고, 군사적 요충지에는 진을 설치하였다.

> **해설** 5도 아래에는 주 · 군 · 현이 설치되어 각각 주와 군에는 지사, 현에는 현령이 파견되었다. 진은 군사적 요충지이므로 5도 아래가 아니라 양계에 설치된다.
>
> 달 ③

더 알아보기 ➕

고려의 지방 행정 조직

5도 양계	편제	• 5도(일반 행정 단위, 안찰사) − 주 − 군 − 현 − 촌 • 양계(국경 지대, 병마사) − 진(군사적 특수 지역)
	기타	주현 < 속현 − 향리(호장, 부호장 − 실제 행정 업무 담당)
특수 행정 구역	3경	풍수설과 밀접(개경, 서경, 동경 → 남경)
	도호부	군사적 방비의 중심지
	향 · 소 · 부곡	하층 양민들의 집단 거주 지역

03 다음은 고려의 중앙관제이다. 이에 대한 설명으로 옳지 <u>않은</u> 것은?

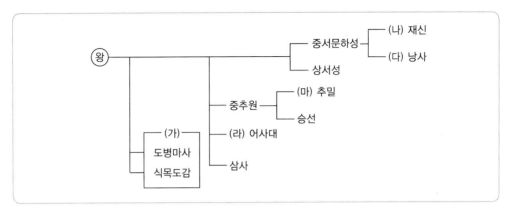

① (가)의 구성원으로는 (나)와 (마)의 고위 관료가 참여하였다.
② (다)는 (라)와 함께 서경 · 간쟁 · 봉박권을 행사하였다.
③ (라)는 조선의 사헌부와 비슷한 역할을 담당하였다.
④ (마)는 조선의 승정원과 비슷한 역할을 담당하였다.

> **해설** 자료는 고려의 독자적 관제인 2성 6부를 나타내고 있다.
> ④ 중추원은 군사 기밀을 담당하였던 추밀(2품 이상)과 왕명의 출납을 담당하였던 승선(3품 이하)으로 구성되었다. 조선의 승정원과 비슷한 역할을 담당한 것은 승선이다.
> ① (가)는 재신과 추밀이 모여 고려의 국방 문제를 담당하는 국가 최고의 회의기구이다.
> ② 중서문하성의 낭사와 어사대의 관원은 대간이라 불리었는데, 이들은 서경 · 간쟁 · 봉박권을 가지고 있었다.
> ③ 어사대의 관원과 중서문하성의 낭사와 함께 대간으로 불렸는데, 대간은 비록 직위는 낮았지만 왕이나 고위 관리의 활동을 지원하거나 제약하여 정치 운영에 견제와 균형을 이루었다. 조선의 사헌부와 비슷한 역할을 담당하였다.
>
> 답 ④

04 광종이 실시한 정책으로 옳지 <u>않은</u> 것은?

① 백관의 공복 제정
② 과거제의 시행
③ 노비 환천법 실시
④ 주현 공부법 실시

노비 환천법은 성종이 실시한 개혁 정책이다. 노비 환천법은 광종이 실시한 노비 안검법으로 속량된 노비 중 옛 주인을 경멸한 자를 환천하도록 하는 제도로서, 노비 안검법으로 귀족 세력이 입은 인적·물적 손실을 되찾으려는 성격이 강하다.

답 ③

더 알아보기 ➕

광종의 개혁정치

노비 안검법 실시	• 불법적으로 노비가 된 자를 해방 • 호족의 경제적, 군사적 기반 약화 → 왕권 강화 • 조세, 부역 담당자인 양인의 확보 → 국가 재정 기반 강화
과거제도(958) 실시	신구 세력 교체 → 문치주의
백관의 공복 제정	사색 공복(자, 단, 비, 녹) → 관료 기강 확립
주현 공부법 실시	국가 수입 증대
공신과 호족 세력 숙청	전제 왕권 확립
칭제 건원(稱帝 建元)	황제 칭호, 독자적 연호 사용(광덕, 준풍)－자주성 표현

05 고려 태조가 취한 정책으로 옳지 <u>않은</u> 것은?

① 불교를 국교화하고 많은 사원을 창건했다.
② 훈요십조와 계백료서를 남겼다.
③ 기인제도를 두어 지방 토호 세력을 억제하고 왕권을 강화했다.
④ 중앙 집권 체제를 강화하기 위하여 과거제를 실시했다.

과거제도가 처음 시행된 것은 958년 광종 때이다.

답 ④

더 알아보기⊕

고려 태조의 정책

민생 안정	취민유도, 조세 경감(1/10세), 억울한 노비 해방, 흑창 설치
통치 기반 강화	• 관제 정비 : 개국 공신과 호족을 관리로 등용(태봉＋신라＋중국제도) • 호족 통합 : 정략 결혼, 호족의 중앙 관리화 및 향직 부여(호장, 부호장 등), 역분전 지급, 사성 정책 • 호족 통제 : 사심관제도(우대), 기인제도(감시) • 통치 규범 정립 : 정계와 계백료서(관리의 규범), 훈요 10조(정책 방안 제시)
북진 정책 추진	• 고구려 계승자 강조(국호 – 고려, 서경 중시) • 발해 유민 포섭, 북방 영토 확장(청천강~영흥만) • 거란 강경책(만부교 사건, 942)

06 고려 시대 북진 정책의 성격에 대한 설명으로 옳지 않은 것은?

① 고려 태조는 거란에서 보내온 낙타 50필을 굶어 죽게 하였다.

② 외왕내제하였으며 발해의 유민을 포섭하고자 하였다.

③ 요동 수복 정책을 바탕으로 요동을 공략·정벌하였다.

④ 묘청, 정지상은 개경의 지덕이 쇠하였다고 주장하며 난을 일으켰다.

 공민왕은 친원파를 숙청하고 2번의 요동정벌을 추진하여 요동을 공략하였지만 정벌에는 실패하였고 그 과정에서 요양을 점령하였다.
①·② 고려 태조의 북진 정책이다.
④ 묘청의 서경천도운동에 대한 설명이다.

답 ③

더 알아보기⊕

고려 태조의 북진 정책
• 국호를 '고려'라고 함
• 발해유민을 포섭
• 서경 중시
• 거란 배척(만부교 사건)

07 다음에서 설명하는 기구가 운영된 시기의 정치상황으로 옳은 것과 정권을 장악하고 있었던 시기의 사실로 옳은 것을 〈보기〉에서 모두 고르면?

> 일본 원정을 준비하기 위해 설치되어 군대와 물자를 징발하였다. 두 차례의 원정을 실시하였으나, 태풍으로 인하여 모두 실패하였다. 일반 행정을 담당한 좌우사(左右司)와 사법 사무를 담당한 이문소(理問所), 군무를 담당한 도진무사(都鎭撫司) 등 여러 부속 기구를 두었다. 원정에 실패한 이후에도 계속 남아 정치에 간섭하였는데, 특히 이문소의 횡포가 극심하였다.

보기
> ㉠ 원이 공녀를 요구하고 사냥을 위한 매를 징발하였다.
> ㉡ 유학자를 제사 지내고 학문을 연구하는 기관이 설립되었다.
> ㉢ 만호부를 설치하여 고려의 군사 조직에 영향력을 행사하였다.
> ㉣ 능문능리의 권문세족들이 등장하여 정권의 고문역을 맡았다.

① ㉠, ㉡　　　　　　　　　　　　　② ㉠, ㉢
③ ㉡, ㉢　　　　　　　　　　　　　④ ㉡, ㉣

해설 제시된 자료에서 설명하고 있는 것은 원간섭기의 정동행성이다. 원간섭기에는 원의 무리한 조공 요구로 고려의 고통이 심했다. 그 가운데 여자를 뽑아 간 것과 매를 징발해 간 것이 있었는데, 사냥용 매를 보내기 위해 응방을 설치하기도 하였다. 정동행성은 원래 일본 정벌을 준비하기 위해 설치한 기구였으나, 일본 정벌이 실패한 이후 원과 고려의 연락 기구가 되었다. 또한 원은 만호부를 설치하여 고려의 군사 조직에 영향력을 행사하였다.
㉡ 조선 중기의 서원에 대한 설명이다.
㉣ 능문능리란 학문에도 능하고 행정 실무에도 능하다는 의미로, 무신 집권기에 최우에 의해 처음 등장했던 신진 사대부에 대한 설명이다. 신진 사대부는 무신 집권기에는 정권의 고문 역할을 담당하였으나, 고려 말에는 권문세족에 대항하여 개혁을 추진하였다.

답 ②

08 다음은 우리나라의 어떤 역사책에 대한 설명이다. 이 책의 편찬과 가장 근접한 시기에 일어난 사건은?

> 이 책은 현존하는 우리나라 최고(最古)의 역사서로서 왕명을 받아 편찬되었다. 이 책은 본기 28권, 지 9권, 표 3권, 열전 10권으로 구성되어 있다.

① 요나라의 성종은 여러 차례에 걸쳐 고려에 침입하여 왔다.
② 묘청 등이 칭제 건원과 금나라 정벌을 주장하였다.
③ 고려는 수도를 강화도로 옮겨 몽골과의 전쟁에 대비하였다.
④ 고려는 쌍성총관부를 무력으로 철폐하고 철령 이북의 땅을 수복하였다.

해설 제시문은 고려 인종 때 김부식의 「삼국사기」에 대한 설명이다.
② 묘청의 서경천도운동(인종, 1135)은 자주적인 혁신 정치 시행과 금 정벌을 주장하였다.

답 ②

더 알아보기 ⊕

문벌 귀족 사회의 동요

구분	이자겸의 난(1126)	묘청의 서경천도운동(1135)
배경	문벌 귀족 사회 모순 → 정권 장악 시도	서경파(북진주의) vs 개경파(사대주의)
과정	이자겸 · 척준경의 난 → 개경 궁궐 소실 → 내분 · 실패	서경천도 추진 · 좌절 → 묘청 반란(국호 – 대위, 연호 – 천개, 군대 – 천견충의군) → 실패
영향	왕실 권위 하락, 문벌 귀족 사회 붕괴 발단(민심동요)	서경파 몰락, 숭문천무 정책의 노골화, 문벌 귀족 체제 강화 → 무신 정변 발생 원인

09 고려 시대 통치 조직의 정비에 대한 설명으로 옳지 <u>않은</u> 것은?

① 성종은 모든 군현에 지방관을 파견하였다.
② 중앙의 정치 기구로는 내사 문하성과 상서성이 있었다.
③ 속현의 실제 행정은 향리가 담당하였다.
④ 양민의 집단 거주지인 향 · 소 · 부곡이 존재하였다.

해설 성종 때 모든 주 · 군 · 현에 지방관이 파견된 것이 아니어서 파견되지 않은 현은 주현을 통해 중앙의 지배를 받았다.
② 내사 문하성은 고려 시대 최고 관서인 중서문하성의 전신이다.

답 ①

10 다음 ㉠~㉢의 정치 세력에 대한 설명으로 옳지 <u>않은</u> 것은?

> • 중앙 : (㉠) → 무신집권기 → (㉡)
>
> ⇅
>
> • 지방 : 지방향리 ────────→ (㉢)

① ㉠ – 음서, 공음전의 혜택을 받았다.

② ㉡ – 과거로 진출하여 행정 실무에 종사하였다.

③ ㉢ – 신흥 무인 세력과 결탁하여 성장하였다.

④ ㉢ – 성리학을 수용하고 친명 외교를 펼쳤다.

해설 ㉠은 문벌 귀족, ㉡은 권문세족, ㉢은 신진 사대부이다.
신진 사대부들은 과거로 진출하여 행정 실무에 종사했고 권문세족들은 음서로 진출하여 도평의사사를 장악하였다.

답 ②

더 알아보기 ✚

귀족층의 변화

구분	문벌 귀족	권문세족	신진 사대부
출신 배경	호족, 공신, 6두품 계열	문벌 귀족, 무신, 친원 세력	하급 관리, 향리
관직 진출	과거<음서	음서, 도평의사사 장악	과거(학자적 관료)
경제 기반	대토지 소유(공음전, 과전)	대농장 소유(부재 지주)	지방 중소 지주
사상 성향	불교 · 유교, 보수적	불교, 보수적	성리학 수용, 진취적
대외 정책	북진 정책 → 점차 보수 · 사대화	친원 외교	친명 외교

11 고려 시대의 대외 항쟁 관계를 시대순으로 바르게 연결한 것은?

> ㉠ 거란, 여진의 침입에 대비해 천리장성을 쌓았다.
> ㉡ 금이 요를 멸하고 사대 관계를 요구했다.
> ㉢ 고려가 몽골군과 합심해 거란을 쫓아냈다.
> ㉣ 윤관은 별무반을 이끌고 동북 지방에 9성을 쌓아 방어하였다.

① ㉠ → ㉡ → ㉢ → ㉣
② ㉠ → ㉣ → ㉡ → ㉢
③ ㉡ → ㉠ → ㉣ → ㉢
④ ㉣ → ㉠ → ㉢ → ㉡

해설
㉠ 천리장성 축조(1033~1044, 압록강~도련포) → ㉣ 윤관의 동북9성 축조(1107) → ㉡ 금의 사대 관계 요구(1125) → ㉢ 강동성의 역(1219)

답 ②

더 알아보기 ➕

고려 시대의 대외 관계의 변화

구분	거란	여진	몽골	홍건적과 왜구
배경	북진 정책, 친송 정책, 정안국의 친송 정책	여진족 통합 → 정주까지 남하	강동성의 역 → 몽골의 지나친 공물 요구	고려 말 정치 기강 문란
전개	• 강동6주(서희) • 개경 함락, 양규의 선전 • 귀주대첩(강감찬) • 천리장성, 나성 축조	• 동북9성 축조(윤관) ↓ • 군신관계 요구 · 수용 (이자겸이 수락)	• 강화도 천도(최우) • 처인성 승리(김윤후) • 팔만대장경 조판 • 천민과 노비의 저항	• 홍건적 침입 (서경, 개경 함락) • 왜구 격퇴 (진포, 홍산, 황산) • 쓰시마 정벌(박위)
특수	광군 조직	별무반 편성	삼별초 항쟁	화포 제작 (화통도감)
영향	삼국 평화 유지	북진 정책 좌절	자주성 시련	신흥 무인 세력 성장

12 고려 중기에 시행된 관학 진흥책에 대한 설명으로 옳지 <u>않은</u> 것은?

① 5경, 3사, 제자백가에 모두 능통한 자는 3등급으로 나누어 등용하였다.
② 양현고를 두어 국학의 재정기반을 강화하였다.
③ 국학에 7재를 두어 교육을 전문화하였다.
④ 경사 6학의 제도를 정비하여 관학 교육을 강화하였다.

> **해설**
>
> 고려 시대의 관학 진흥은 대개 유교 교육의 강화로 추진되었다. 유교의 5경과 중국의 역사서인 3사, 제자백가에 능통한 사람을 등용한 것은 신라 하대 독서삼품과의 특채(특품)에 해당하는데, 이들은 등급에 구애받지 않고 특채되었다. 고려 중기에 사학(私學)에서 교육을 받은 학생들이 과거에서 좋은 성적을 거두어 문벌 귀족 사회는 발달하였으나 국자감의 관학 교육은 크게 위축되었다. 이에 사학으로 위축된 관학 교육의 진흥을 위해 관학 진흥책을 추진하였다.
>
> **신라 독서삼품과의 구분과 응시자격**
> • 상품 : 「춘추좌씨전」, 「문선」, 「예기」에 능하고, 「논어」, 「효경」을 이해하는 자
> • 중품 : 「곡례(曲禮)」, 「논어」, 「효경」을 읽은 자
> • 하품 : 「곡례」, 「효경」을 읽은 자
> • 특품 : 5경(五經), 3사(三史), 제자백가서에 능통한 자(합격자는 서열에 관계없이 등용됨)
>
> 답 ①

더 알아보기+

고려의 교육 기관

관학 장려	사학의 융성	관학 진흥책
• 국자감 정비(중앙) : 유학부, 기술학부 • 향교 설치(지방) : 지방 관리와 서민의 자제 교육	사학 12도 융성(최충의 9재 학당 등) → 관학 위축	• 숙종 : 서적포 설치 • 예종 : 국학 7재, 양현고, 청연각, 보문각 설치 • 인종 : 경사 6학 정비, 유학 교육 강화 • 충렬왕 : 섬학전, 문묘 건립 • 공민왕 : 성균관 부흥(순수 유교 교육)

13 무신 정변의 결과와 영향에 대한 설명으로 옳지 <u>않은</u> 것은?

① 2성 6부의 기능이 약화되었다.
② 전시과 체제가 무너지고 농장이 발달하였다.
③ 도병마사, 중추원이 권력 기구로 부상하였다.
④ 노비, 천민들의 신분해방운동이 활발하게 일어났다.

> **해설**
>
> 무신 정변 후 최씨 정권은 교정도감, 정방 등을 통하여 정치적 기반을 다졌다.
>
> 답 ③

14 밑줄 친 '(가) 왕'이 실시한 정책에 대한 설명으로 옳은 것은?

> 앞서 가신 다섯 임금의 정치와 교화가 잘 되었거나 잘못된 것을 기록하여 조목별로 아뢰겠습니다. …(중략)… (가) 왕이 즉위한 해로부터 8년간 정치와 교화가 깨끗하고 공평하였고, 형벌과 표창을 남용하지 않았습니다. 그러나 쌍기를 등용하여 과거를 시행한 후로부터 문사(文士)를 존중하고 대우하는 것이 지나치게 후하였습니다. 이런 까닭에 재주 없는 자가 부당하게 등용되고, 차례도 없이 벼슬을 뛰어올라 1년이 못 되어도 문득 재상이 되곤 하였습니다.

① 정계, 계백료서 등을 지어 관리가 지켜야 할 규범을 제시하였다.
② 지방에 경학박사를 파견하여 유학을 진흥시켰다.
③ 관리의 위계질서를 확립하기 위해 공복을 제정하였다.
④ 정방을 폐지하고 신진 관료를 등용하였다.

제시문은 최승로의 5조치적평(5조정적평)이다. 최승로는 시무 28조와 함께 상소문을 올렸는데, 이것은 태조에서 경종까지 역대 5대 왕의 치적을 평가한 것으로 성종의 체제 정비에 영향을 주었다. 최승로는 (가) 광종이 추구한 왕권의 전제화에 대하여 비판하였고 태조를 높게 평가하였다.
③ 광종은 지배층의 위계질서를 확립하기 위해 백관의 공복을 제정하였다.
① 태조 왕건은 정계와 계백료서를 통해 임금에 대한 신하들의 도리를 강조하였다.
② 성종은 지방에 경학박사와 의학박사를 파견하여 유교 교육을 진흥시켰다.
④ 공민왕은 왕권을 제약하고 신진 사대부의 등용을 억제하고 있던 정방을 폐지하여 인사권을 회복하였다.

답 ③

15 고려의 정치 기구의 역할에 대한 설명으로 옳지 <u>않은</u> 것은?

① 중추원 – 군사 기밀과 왕명의 출납을 담당하였다.
② 중서문하성 – 국정을 총괄하는 문하시중이 최고 책임자였다.
③ 어사대 – 정치의 잘잘못을 논하고 관리들의 비리를 감찰하는 업무를 맡았다.
④ 삼사 – 실제 정무를 나누어 담당하는 6부를 두고 집행을 담당하였다.

상서성에 대한 설명이다. 고려의 삼사는 화폐·곡식의 출납과 회계를 담당했던 기관이다.
※ 고려의 삼사 : 세공과 녹봉 등을 관장, 그 출납에 대한 회계를 주 임무로 하였다.
※ 조선의 삼사 : 사헌부, 사간원, 홍문관으로 언론·학술을 담당하였다.

답 ④

16 **삼별초에 대한 설명으로 옳지 않은 것은?**

① 원래 최씨 무신 정권의 사병 조직이었다.
② 몽골과의 굴욕적 강화에 반대하였다.
③ 개경 환도 후 정부와 연합하여 몽골에 저항하였다.
④ 배중손, 김통정 등이 주도하였다.

 삼별초는 고려 정부의 개경 환도를 몽골에 대한 항복으로 여겨 반대하였다.

답 ③

더 알아보기⊕

삼별초의 항쟁
1. 배경 : 무신 정권의 붕괴, 몽골과의 굴욕적인 강화를 맺는 데에 따른 반발
2. 경과
   (1) 강화도 : 배중손의 지휘 아래 반기를 둠, 왕족 승화후 온을 왕으로 추대
   (2) 진도 : 진도로 옮겨 용장성을 쌓고 저항 → 진도 함락
   (3) 제주도 : 김통정 지휘 아래 계속해서 항쟁 → 결국 평정됨
3. 삼별초의 장기 항쟁이 가능했던 이유 : 몽골군이 접근하기 어려운 지리적 이점과 몽골에 굴복하는 것에 반발한 일반 민중들의 적극적인 지원
4. 의의 : 고려 무인의 항몽사상, 자주성

17 **고려의 대외관계에 대한 설명으로 옳지 않은 것은?**

① 송과는 문화적 · 경제적으로 밀접한 유대를 맺었다.
② 거란의 침입에 대비하여 광군을 조직하기도 하였다.
③ 송의 판본은 고려의 목판인쇄 발달에 영향을 주었다.
④ 고려는 송의 군사적 제의에 응하여 거란을 협공하였다.

 고려의 대송 외교는 송나라 문화의 흡수와 문물 교류에 있어 문화적 · 경제적 측면에 한정되어 있었다. 따라서 고려는 송이 군사 원조를 요청해도 이에 응하지 않고 탄력적으로 대응하였다.

답 ④

18 다음 자료는 고려 시대 관제의 한 부분을 설명한 것이다. 밑줄 친 ㉠~㉣에 대한 설명으로 옳지 <u>않은</u> 것은?

> 처음에는 ㉠ 도병마사라 불리었다. 문종이 관제를 정할 때에 ㉡ 문하시중, 평상사 등을 판사(判事)로 삼고 ㉢ 추밀 및 직사 3품 이상을 사(使)로 삼았다. … 충렬왕 5년에 도병마사를 고쳐 ㉣ 도평의사사로 하였다. 큰 일이 있으면 사(使) 이상이 모여 의논하였으므로 합좌(合坐)의 명칭이 생겼다.

① ㉠ – 국방 문제를 담당하는 합좌 회의 기구였다.
② ㉡ – 중서문하성의 장관으로 국정을 총괄하는 지위에 있었다.
③ ㉢ – 관리의 임명 등에 동의하는 서경의 권한을 갖고 있었다.
④ ㉣ – 국가의 제반 정무를 관장하는 최고 정무 기구였다.

 해설
고려 때 중서문하성 소속의 낭사와 어사대는 관리 임명이나 법의 개폐 등에 간여할 권한을 가졌는데 이를 서경이라 한다. 관리 제수(除授)에서 수직자(受職者)의 고신(告身)을 중서문하성의 낭사와 어사대에 회부하여 대성(臺省)의 심사·동의를 받게 하였으며, 또한 법을 제정할 때나 관을 설립할 때에는 반드시 대성(臺省)의 합의를 얻어 시행케 하였다. 이 제도는 왕의 전제력(專制力) 행사에 상당한 제약을 가하였다.
③ 추밀은 중추원 소속으로 군사기밀을 담당하였다.

답 ③

더 알아보기➕

고려의 중앙관제

중서문하성 (왕권견제)	• 재신(2품 이상) : 백관의 통솔, 중요 정책 심의·결정 • 낭사(3품 이하) : 정치의 잘못을 비판
중추원 (왕권강화)	• 추밀(2품 이상) : 군사기밀 • 승선(3품 이하) : 왕명 출납
상서성	6부 : 정책 집행
어사대	관리들의 비리 감찰
삼사	재정담당 : 화폐와 곡식의 출납, 회계업무
도병마사	합의 기관(대외적 문제를 다룸) • 초기 : 국가의 중대사를 결정, 국방문제 담당 • 후기 : 충렬왕 때 도평의사사로 개편, 최고 정무 기구로 발전
식목도감	회의 기관(대내적 문제를 다룸) : 법을 제정한 임시회의 기구

STEP3 | 근세의 정치

01 조선의 건국과 통치체제의 정비에 대한 설명으로 가장 옳지 <u>않은</u> 것은?

① 정도전은 민본적 통치 규범을 마련하고, 재상중심의 정치를 주장하였다.

② 성종은 「경국대전」을 반포하여 왕조의 통치체제를 확립하고, 홍문관 관원 모두에게 경연관을 겸하게 하였다.

③ 세종은 의정부에서 정책을 심의하는 의정부 서사제를 실시하여 훌륭한 재상을 등용하였다.

④ 세조는 두 차례의 왕자의 난을 통해 왕위에 올라 호패법을 실시하고, 사원의 토지를 몰수하였다.

> **해설** 태종에 대한 설명이다. 세조(수양대군)는 계유정난을 통해 왕위에 올랐으며 왕권을 강화하기 위해 6조 직계제를 실시하고, 집현전을 폐지하였으며 종친들을 정치에 참여시켰다.
>
> 답 ④

02 조선 시대의 왕권 견제에 대한 설명으로 옳은 것은?

> ㉠ 낭사는 5품 이하의 당하관 임명에 대한 동의권이 있었다.
> ㉡ 사간원, 어사대, 홍문관을 일컬어 조선의 삼사라고 하였다.
> ㉢ 왕과 고위 관료의 활동을 견제하여 정치의 균형을 바로잡았다.
> ㉣ 홍문관은 경연을 통해 왕의 정치 및 학술의 자문역할을 하였다.

① ㉠, ㉢   ② ㉡, ㉢

③ ㉡, ㉣   ④ ㉢, ㉣

> **해설** ㉠ 조선 시대의 대간은 5품 이하의 당하관 임명에 대한 동의권을 가지고 있었다. 낭사는 고려 시대의 관리로, 왕권을 견제하고 고위 관리의 활동을 감사 · 제약하는 역할을 하였다.
> ㉡ 조선의 삼사(사헌부, 사간원, 홍문관)는 왕권 견제를 위한 간쟁권 · 봉박권 · 서경권을 가지고 있었다. 어사대는 고려 시대의 감찰 기구이다.
>
> 답 ④

03 다음 여러 왕대의 정책들과 정치적 목적이 가장 유사한 것은?

> • 신라 신문왕 – 문무 관리에게 관료전을 지급하고 녹읍을 폐지하였다.
> • 고려 광종 – 과거제도를 시행하고 관리의 공복을 제정하였다.
> • 조선 태종 – 6조직계제를 확립하고 사병을 혁파하였다.

① 집사부 시중보다 상대등의 권력을 강화하였다.
② 향약과 사창제를 실시하고 서원을 설립하였다.
③ 장용영을 설치하고 규장각을 확대 개편하였다.
④ 중방을 실질적인 최고 권력 기관으로 만들었다.

해설 제시문은 순서대로 신라 중기, 중세, 근세의 왕권 강화 정책이다.
③ 정조는 장용영이라는 친위부대를 설치하고 규장각을 강력한 정치기구로 육성시켜 스스로를 '만천명월주인옹'과 같은 존재로 규정하여 왕권을 강화하였다.
① 신라 중기에는 귀족들의 이익을 대변하던 상대등의 권력을 약화시키고, 집사부 시중의 권한을 강화하여 왕권을 강화하였다.
② 향약과 사창제의 실시 및 서원의 설립은 조선 시대 지방 사림 세력 성장의 바탕이 되었다. 이러한 사림 세력의 확장은 지방에서 관권의 약화를 초래하였다.
④ 고려 무신 정변을 계기로 군인들의 합좌 기관인 중방이 최고 권력 기관이 되어, 기존의 정치 질서가 붕괴되고 왕권이 크게 약화되었다.

답 ③

04 조선 전기의 군사제도 및 군역에 대한 설명으로 옳은 것은?

① 잡색군이 설치되어 상비군으로서 국경을 수비하였다.
② 중앙군은 2군과 6위로 구성되었다.
③ 양인개병과 농병일치를 원칙으로 하였다.
④ 노비는 군역의 의무가 없으므로 군에 편제되지 않았다.

해설 ① 잡색군은 상비군이 아닌 예비 병력이었다.
② 조선 전기의 중앙군은 5위이다. 2군 6위는 고려 시대의 중앙군이다.
④ 노비도 필요에 따라 특수군으로 편제되었다.

답 ③

05 다음의 관서와 관련된 서술로 옳지 않은 것은?

> 중서문하성 낭사, 어사대, 사헌부, 사간원, 홍문관

① 언론과 간쟁을 하는 관서들이었다.
② 중서문하성 낭사와 어사대는 대성(臺省)이라고 칭하였다.
③ 홍문관, 어사대, 사간원은 삼사라고 하였다.
④ 왕과 고위 관료의 활동을 견제하여 정치의 균형을 이루게 하였다.

해설 제시문은 고려와 조선 시대 언론과 간쟁을 하는 관서들이었다. 고려 시대에는 어사대와 중서문하성의 낭사가 함께 간쟁, 봉박, 서경권 등을 행사하며 왕권의 견제 및 신하들의 비리를 감찰하였다. 조선 시대에는 사헌부, 사간원, 홍문관을 삼사라 하는데, 이 기구들은 권력의 독점과 부정 방지의 기능을 하였고 대간은 벼슬은 높지 않았으나 왕과 고위 관료 활동을 견제하며 정치의 균형을 이루게 하였다. 또한 학문과 덕망이 높은 사람이 주로 임명되었고 후에 판서나 정승 등 고위 관직에 오르게 되었다.

目 ③

더 알아보기 ➕

조선의 정치 조직

구분	중앙 정치 조직	
의정부	재상 합의제 · 국정 총괄	행정의 통일성과 전문성, 효율성의 조화
6조	직능에 따라 행정 분담	
삼사	사간원(간쟁), 사헌부(감찰), 홍문관(정책 자문) *서경권(관리 임명에 동의권)	
왕권 강화 기구	승정원(국왕 비서 기구), 의금부(국가의 큰 죄인을 다스림)	
문한 기구	춘추관(역사 편찬), 예문관(외교 문서, 국왕 교서), 성균관(국립 대학)	
한성부	수도의 행정과 치안을 담당	
경연제도	학문과 정책 토론(왕 – 신하)	

06 다음과 같은 제도를 실시한 이유로 옳지 <u>않은</u> 것은?

> • 경연 • 상소 • 구언 • 윤대

① 언론과 학문의 정치 주도
② 유교적 통치이념 실현
③ 왕권의 강화와 유지
④ 신민의 여론을 국정 반영

해설 조선은 유교적 통치이념에 입각하여 군주의 독재를 견제하고 신민의 여론을 국정에 반영할 수 있는 언론·학술의 제도적 장치를 두었다.
• 경연(經筵) : 군주와 대신이 정기적으로 한 자리에 모여 학술과 정책을 토론한다.
• 상소(上疏) : 정책 문제 등에 대한 의견을 문서의 형식으로 올려 국정에 참여한다.
• 구언(求言) : 천재지변 등 때에 따라 백관과 민중의 의견을 묻는다.
• 윤대(輪對) : 문무관원이 궁중에 참석, 임금의 질문에 윤번으로 응대한다.

답 ③

더 알아보기 ➕

조선의 유교적 통치이념

정치적	덕치주의와 민본사상을 바탕으로 하는 왕도정치 구현
사회적	• 양반 중심의 지배 질서와 가족제도에 종법사상이 응용 • 신분적으로 양천 구분과 직역의 법제화, 유교적 가부장적 가족 원리 • 성리학적 사회 윤리 확산
경제적	지배층의 농민 지배 허용 - 지주 전호제
국제적	평화 추구의 친선 정책으로 국제적 긴장 관계 완화
사상적	불교, 도교, 토속 신앙을 배격하고 유교사상으로 흡수하려 함

07 조선 초기 병역과 군사제도에 대한 설명으로 옳지 <u>않은</u> 것은?

① 양인 개병제의 실시로 모든 양인은 정군과 보인으로 편성되었다.
② 중앙군은 정병, 갑사, 특수병으로 편성되어 궁궐과 서울을 수비하였다.
③ 잡색군은 노비를 제외한 모든 계층이 포함된 예비군 형태로 조직되었다.
④ 전국 군현을 지역 단위 방위 체제로 편성하는 진관 체제가 시행되었다.

> **해설** 잡색군에 농민은 제외되었으나 노비는 편제되어 있었다.
>
> 답 ③

더 알아보기⊕

조선의 군사 조직

중앙군	• 5위(의흥위, 용양위, 호분위, 충좌위, 충무위) • 궁궐과 서울 수비 – 지휘 책임은 문반 관료가 담당 • 정병(현역 군인), 갑사(시험 선발), 특수병(공신과 고급 관료 자제)으로 편성
지방군	• 육군(병영), 수군(수영)으로 조직 – 농민 의무병(정병) • 건국 초기 : 국방상 요지인 영·진에 소속·복무 • 세조 이후 : 진관 체제(군현 단위의 독자적 방위 체제)
잡색군	정규군 외의 예비군(서리, 잡학인, 신량역천인, 노비 등) • 평상시 – 본업 • 유사시 – 향토 방어

08 왕권 강화와 관련된 내용으로 옳지 <u>않은</u> 것은?

① 상수리제도
② 비변사의 기능 강화
③ 노비 안검법 실시
④ 6조직계제 시행

> **해설** ①·③ 호족 세력의 견제를 통한 왕권 강화책이다.
> ④ 신권 세력의 응집 방지를 통한 왕권 강화책이다.
>
> 답 ②

09 제시문에 소개된 조선 시대 관부의 기능에 대한 설명으로 옳은 것은?

> 이들은 벼슬 등급은 높지 않았으나, 학문과 덕망이 높은 사람이 주로 임명되었으며 특별한 일이 없는 한, 나중에 판서나 정승 등 고위 관직에 오를 수 있었다.

① 국가의 중죄인을 다스리는 업무를 담당하였다.
② 왕명을 출납하는 업무를 담당하였다.
③ 수도의 행정과 치안을 담당하였다.
④ 관리의 비리를 감찰하고, 정사를 비판하는 언론 기능을 담당하였다.

> **해설** 제시문은 조선 시대 언관인 삼사(사헌부, 사간원, 홍문관)에 대한 설명이다. 삼사는 관리의 비리를 감찰하고, 정사를 비판하며, 문필 활동을 하면서 언론 기능을 담당하였다. 삼사의 언론은 고관은 물론이고 왕이라도 함부로 막을 수 없었고, 이를 위한 여러 규정이 관행으로 받아들여졌다. 이와 같은 삼사의 기능 강화는 권력의 독점과 부정을 방지하기 위한 것으로, 조선 시대 정치의 특징적인 모습이다.
> ① 의금부, ② 승정원, ③ 한성부
>
> 답 ④

10 조선 초기의 지방 행정 조직 개편과 관련한 설명으로 옳지 <u>않은</u> 것은?

① 향교는 지방의 양반과 향리의 자제를 교육하는 관립 학교였다.
② 향리는 수령의 행정 실무를 보좌하는 세습적인 아전으로 격하시켰다.
③ 전국을 8도로 나누고, 고을의 크기에 따라 지방관의 등급을 조정하였다.
④ 양민 집단 거주지인 향 · 소 · 부곡이 광범위하게 존재하였다.

> **해설** 조선 시대에는 고려 시대에 성행하던 속현이 소멸되었으며, 특수 행정 구역이었던 향 · 소 · 부곡을 일반 군현으로 승격시켜 점차 사라져 갔다.
>
> 답 ④

11 조선 시대 과거제도에 대한 설명으로 옳은 것은?

① 문과는 성균관 유생만 응시할 수 있었다.
② 무과는 무반 출신의 자제들만 응시할 수 있었다.
③ 서얼(庶孼)은 문과에 응시할 수 있었다.
④ 전문 기술 관료를 선발하는 잡과에는 음양과, 역과, 의과, 율과가 있었다.

① · ③ 문과의 응시 자격은 양인 신분이면 누구나 응시할 수 있었다. 그러나 서얼과 반역죄인, 재가녀의 자제는 응시가 불가능하였다.
② 무과는 문과와 동일한 절차로 치러졌는데 초시, 복시, 전시로 진행되었으며, 주로 중간 계층이나 서얼이 응시하였다.

정답 ④

12 다음 자료에 해당하는 시기에 대한 설명으로 옳은 것을 〈보기〉에서 고른 것은?

상왕이 나이가 어려 대부분의 정책을 모두 의정부 대신에게 의논하게 하였다. 이제 내가 왕통을 계승하여 국가의 모든 일을 처리하며, 우리나라의 옛 제도를 복구하고자 한다. 지금부터 형조의 사형수를 제외한 모든 서무는 6조에서 각각 그 직무를 담당하고 직접 나에게 아뢰도록 하라.

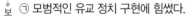
보기
㉠ 모범적인 유교 정치 구현에 힘썼다.
㉡ 과전법을 직전법 체제로 전환하였다.
㉢ 전국의 유향소에 대한 감독을 강화하였다.
㉣ 의정부 서사제가 실시되어 왕권과 신권의 조화가 이루어졌다.

① ㉠, ㉢   ② ㉠, ㉣
③ ㉡, ㉢   ④ ㉡, ㉣

자료는 조선 세조의 6조직계제에 대한 설명이다. 세조는 강력한 왕권을 행사하기 위해 6조직계제를 실시하였으며, 경제안정을 위해 현직 관료에게만 토지를 지급하는 직전법을 시행하였다. 1467년 이시애의 난이 일어나자 세조는 유향소를 발생원인으로 간주하여 폐지하였다.
㉠ · ㉣ 조선 세종 때이다.

정답 ③

13 다음 역사서 저자들의 정치적 입장에 대한 설명으로 옳지 <u>않은</u> 것은?

① 「여사제강」 – 서인의 입장에서 북벌운동을 지지하였다.
② 「동사(東事)」 – 붕당 정치를 비판하였다.
③ 「동사강목」 – 성리학적 명분론을 비판하였다.
④ 「동국통감제강」 – 남인의 입장에서 왕권 강화를 주장하였다.

③ 「동사강목」의 저자 안정복은 실학자들 중에서 상대적으로 보수적인 성향을 가지고 성리학적 명분론을 옹호하고 신분제를 지지하는 입장이었다.
① 「여사제강」은 1667년(현종 8) 서인인 유계가 저술한 역사서로서 북벌운동과 재상 중심 정치를 지지하였다.
② 「동사(東事)」는 남인인 허목이 저술한 역사서로 북벌운동과 붕당 정치를 비판하는 관점에서 쓰였다.
④ 「동국통감제강」은 남인인 홍여하가 저술한 역사서로, 홍여하는 왕권의 강화를 강조하면서 붕당 정치의 폐지를 주장하였다.

답 ③

14 조선 시대 정치에 관한 설명 중 그 의미로 옳지 <u>않은</u> 것은?

(가) 국왕의 비서 기관인 승정원과 왕의 특명에 따라 죄인을 다스리는 의금부를 두는 한편, 경연 · 서연제도를 두어 왕과 세자의 학덕을 함양하였으며, 대간은 간쟁과 서경을 담당하도록 하였다.
(나) 중앙에서는 사헌부 · 의금부 · 형조 · 한성부 · 장례원 등이, 지방에서는 관찰사와 수령이 각각 그 관할 구역 내의 사법권을 가졌다.
(다) 모든 군현에 수령을 파견하였으며, 향 · 소 · 부곡이 소멸되고 면 · 리제가 편성되었다.
(라) 향촌의 덕망 있는 인사들이 유향소를 구성하여 수령을 보좌하였으며, 경재소를 두어 유향소와 정부 사이의 연락 기능을 맡게 하였다.

① (가) – 왕권과 신권의 균형
② (나) – 사법권과 행정권의 명확한 분리
③ (다) – 향리의 지위 격하
④ (라) – 향촌자치의 허용과 중앙 집권의 효율성 강화

조선 시대에 들어와서 재판제도가 정비되었지만 사법권과 행정권이 명확하게 분리되어 있지는 않았다. 형식상 사법권을 행정권으로부터 분리 · 독립시킨 것은 갑오개혁 때이다.
① 승정원과 의금부는 왕권 강화 유지를 위한 핵심 기구이며, 경연 · 서연, 간쟁, 서경은 왕권을 견제하는 기능을 하였다.
③ 향리가 다스리던 속현이 소멸되면서 향리의 지위는 점차 격하되었다.
④ 정부는 경재소를 두어 향촌자치 기구인 유향소를 직접 통제하고자 하였다.

답 ②

| STEP4 | 정치 상황의 변동

01 다음 비문의 글을 지어 반포한 국왕의 정책에 대한 설명으로 옳은 것은?

> 周而不比, 乃君子之公心
> [원만해 편벽되지 않음은 군자의 공정한 마음이요]
> 比而不周, 寔小人之私意
> [편벽되어 원만하지 않음은 소인의 사사로운 마음이다.]

① 국왕의 친위 부대인 장용영을 육성하였다.
② 민생 안정을 위하여 균역법을 시행하였다.
③ 금위영을 설치하여 5군영 체제를 갖추었다.
④ 수령이 군현 단위의 향약을 직접 주관하게 하였다.

해설 제시된 내용이 새겨진 비문은 18세기 영조의 「탕평비」(1742)이다.
① · ④ 정조 때의 일이다.
③ 숙종 8년, 1682년에 금위영이 설치되었다.

답 ②

02 조선 후기의 외교에 대한 설명으로 옳은 것은?

① 호란 이후 본격적으로 북벌 정책이 추진되어 청과의 외교는 단절되었다.
② 18세기부터 청이 쇠퇴함에 따라 북학론도 점차 쇠퇴하기 시작하였다.
③ 19세기 말 조선 정부는 울릉도로 주민의 이주를 장려하고, 울릉도를 군으로 승격시켜 독도를 관할 구역 안에 포함시켰다.
④ 광해군 때 조선은 일본과 기유약조를 맺어 부산항과 인천항을 개항하였다.

해설 ① 북벌 정책에 대한 논의는 있었으나, 이를 실제로 추진하지는 못하였다.
② 18세기는 청나라의 전성기이며, 조선의 학자들 중에도 청을 무조건 배척할 것이 아니라 우리에게 이로운 것은 적극적으로 배우자는 북학론을 제기하는 이들이 생겼다.
④ 조선은 일본과 기유약조를 체결함에 따라 부산포에 다시 왜관을 설치하여 제한된 범위 내에서 교섭하게 되었다(1609). 인천항을 개항한 것은 아니다.

답 ③

03 속오군에 대한 설명으로 옳지 않은 것은?

① 제승 방략 체제가 큰 효과를 거두지 못해 다시 편제되었다.
② 위로는 양반으로부터 아래로는 노비에 이르기까지 편제되었다.
③ 장기간 근무를 하고 일정한 급료를 받는 상비군이었다.
④ 양반들이 노비와 함께 편제되는 것을 회피하여 상민과 노비만 남게 되었다.

> **해설** 속오군은 평상시에는 생업에 종사하면서 향촌 사회를 지키다가 적이 침입해 오면 전투에 동원되는 형태였다.
>
> 답 ③

더 알아보기⊕

잡색군과 속오군

잡색군(세종)	• 유사시에 대비한 일종의 예비군 형태 • 농민을 제외한 서리, 잡학인, 신량역천인, 노비 등 편제
속오군(선조)	• 유성룡의 건의로 설치된 지방군의 형태 • 양반에서부터 노비에 이르기까지 다양하게 편제

04 비변사에 대한 설명으로 옳지 않은 것은?

① 세도 정권의 정치적 권력의 기반으로 작용하였다.
② 임진왜란 이후 국정 전반을 관장하는 중앙정치의 핵심 기구로 확대되었다.
③ 재상을 중심으로 군무 사무를 협의하는 상설 기구로 시작하였다.
④ 기능이 점차 강화되면서 고위 관직의 인사 문제까지 관여하였다.

> **해설** 비변사는 중종 때 삼포왜란을 계기로 임시 기구의 성격으로 처음 설치되었다가 명종 때 을묘왜변을 계기로 상설 기구로 발전하였다.
>
> 답 ③

더 알아보기⊕

비변사의 변천과정

구분	변천 내용	계기
중종	임시 설치	삼포왜란
명종	상설 기구화	을묘왜변
선조	기능 확대	임진왜란 이후
흥선대원군	기능 폐지	의정부, 삼군부의 부활

안심Touch

05 영조 집권 초기에 일어난 다음 사건과 관련된 설명으로 옳지 <u>않은</u> 것은?

> 충청도에서 정부군과 반란군이 대규모 전투를 벌였으며 전라도에서도 반군이 조직되었다. 반란에 참가한 주동자들은 비록 정쟁에 패하고 관직에서 소외되었지만, 서울과 지방의 명문 사대부 가문 출신이었다. 반군은 청주성을 함락하고 안성과 죽산으로 향하였다.

① 주요 원인 중의 하나는 경종의 사인에 대한 의혹이다.
② 반란군이 한양을 점령하고 왕이 피난길에 올랐다.
③ 탕평책을 추진하는 데 더욱 명분을 제공하였다.
④ 소론 및 남인 강경파가 주동이 되어 일으킨 것이다.

> **해설** 제시문은 1728년(영조 4)에 발생한 이인좌의 난에 대한 설명이다. 이인좌의 난은 경종의 죽음에 대해 영조와 노론이 관련되었다고 하면서 소론 및 남인 강경파가 주동이 되어 일으킨 것으로서 영조의 정통을 부정하고 노론 정권에 반대하여 일으킨 반정이다. 이 사건은 당파 간의 대립이 나라를 망하게 할 수 있다는 위기의식을 기초로 영조가 탕평책을 시행하는 데 있어 명분을 제공하였다. 이인좌의 난은 한양을 점령하지 못하고 진압되었다.
> ② 반란군이 한양을 점령하고 왕이 피난길에 오른 사건은 인조 때 발생한 이괄의 난(1624)이다.
>
> 답 ②

06 다음과 같은 정치 상황 하에서 나타난 현상으로 옳은 것은?

> 19세기의 정치는 권력구조면에서 고위직만 정치적 기능을 발휘하여 그 아래의 관리들은 행정 실무만 맡게 되었고, 비변사가 핵심적인 정치 기구로 자리 잡았다.

① 왕에게 모든 권력이 집중되었다.
② 남인, 소론, 지방 선비들이 권력에서 배제되어 사회통합에 실패하였다.
③ 공론이 중시되면서 이조 전랑의 권한이 강화되었다.
④ 예송 논쟁이 일어나 붕당 간 대립이 격화되었다.

> **해설** 제시문은 19세기 세도 정치기의 권력 구조에 대한 설명이다. 비변사와 훈련도감은 군사적 기구로, 노론의 특정한 가문이 기구를 장악하여 권력을 독점하면서 남인, 소론, 지방 선비들을 권력에서 배제하였다.
> ① 세도 정치기에 왕권은 크게 약화되어 기존의 의정부와 6조를 중심으로 하는 행정 기구들은 그 기능을 다하지 못했다.
> ③ 세도 가문은 다양한 공론의 창구를 봉쇄하고, 인사권 장악을 통해 사회 모순을 정면으로 다루는 것을 피하였다. 또한, 새로운 세력을 철저히 막았으며 사회통합에 실패하였다.
> ④ 예송 논쟁은 17세기 후반 서인과 남인 사이에서 벌어진 예학 논쟁이다.
>
> 답 ②

07 붕당 정치가 변질되어 일당 전제화 현상이 나타나게 된 배경으로 옳지 <u>않은</u> 것은?

① 상품 화폐 경제가 발달함에 따라 정치 집단 사이에 상업적 이익을 독점하려는 경향이 증가하였다.
② 정치적 쟁점도 예론과 같은 사상적 문제에서 군영을 장악하는 것으로 옮겨졌다.
③ 향촌 사회는 지주제와 신분제의 동요에 따라 사족 중심의 향촌 지배가 어려워졌다.
④ 국력이 약해지면서 정치가 외세의 영향을 크게 받게 되었다.

해설 붕당 정치가 변질되게 된 배경에는 상품 화폐 경제의 발달로 정치 집단 사이에 상업적 이익을 독점하려는 경향이 증가하고, 정치적 쟁점이 예론과 같은 사상적 문제에서 군영의 장악으로 옮겨진 데에 있다. 또 지주제나 신분제의 동요로 사족 중심의 향촌 지배가 어려워졌다.

답 ④

08 조선 숙종 대의 정국에 대한 옳은 설명으로만 묶인 것은?

> ㉠ 지금까지의 당파 연립 방식을 버리고 붕당을 자주 교체하는 방식이 대두되었다.
> ㉡ 강력한 왕권을 바탕으로 왕은 붕당 사이의 치열한 다툼을 억눌렀다.
> ㉢ 서인은 송시열을 영수로 하는 노론과 윤증을 중심으로 하는 소론으로 갈라졌다.
> ㉣ 이조 전랑이 후임자를 천거하는 관행을 없앴다.

① ㉠, ㉡
② ㉠, ㉢
③ ㉡, ㉢
④ ㉡, ㉣

해설 ㉡ 정조에 대한 설명이다. 숙종은 정치적 균형 관계를 재정립할 목적으로 인사 관리를 통하여 세력 균형을 유지하려는 탕평론을 제시하였으나 균형의 원리가 지켜지지 않아 명목상의 탕평론에 그치고 말았다.
㉣ 영조, 정조 때의 일이다.

답 ②

더 알아보기 ➕

탕평론

숙종(1674~1720)	영조(1724~1776)	정조(1776~1800)
탕평론 제시	'탕평교서' 발표 → 탕평파 육성	탕평책 계승 → 시파 고른 기용
• 공평한 인사 관리 → 정치 집단 간 세력 균형 추구 • 노론과 소론의 대립 격화 → 왕 계승 분쟁	• 산림 존재 부정, 서원 대폭 정리 • 이조 전랑의 후임자 천거제 폐지 • 균역법, 군영 정비, 악형 폐지 • 신문고 부활, 「속대전」 편찬	• 장용영 · 규장각 설치, 초계문신제 시행 • 서얼 · 노비 차별 완화, 통공 정책 • 「대전통편」 편찬, 화성 건설 • 지방 통치 개편 　(수령의 권한 강화−향약 주관)
명목상 탕평론, 편당적 인사 관리 → 환국 발생의 빌미	왕권 강화에 의한 일시적 탕평 → 노론 우세(이인좌의 난 등)	근본적 문제 해결 미흡 (붕당 간 융화와 붕당의 해체 미흡)

09 조선 후기의 붕당 정치에 대한 설명으로 옳은 것은?

① 예송 논쟁은 동인과 서인의 정권 다툼이었다.
② 인조반정으로 인해 북인이 정권을 장악하였다.
③ 기사환국으로 인해 서인은 노론과 소론으로 분열되었다.
④ 장희빈의 소생을 세자로 책봉하는 과정에서 남인이 집권하였다.

해설 ① 예송 논쟁은 서인과 남인의 정권 다툼이었다.
② 인조반정으로 서인이 정권을 잡게 되었다.
③ 경신환국 이후에 서인은 노론과 소론으로 분열되었다.

답 ④

더 알아보기 ➕

조선 후기의 정치

변천	17세기		18세기	19세기
	전반(명 · 청 교체기)	후반	탕평책 실시	세도 정치
	북인 → 서인 · 남인의 공존 → 일당 전제화			
정치 상황	• 북인 : 중립 외교(광해군) • 서인 → 인조반정으로 집권 → 친명배금 → 정묘 · 병자호란 → 북벌론 　(5군영 설치)	• 예송 논쟁 → 남인 집권 • 경신환국 → 서인 집권, 일당 전제화 • 정치적 보복 심화 • 정권의 사회 기반 축소	• 영조 : 탕평책(왕권 강화) • 정조 : 규장각(서얼 등용), 장용영(화성)	• 안동 김씨, 풍양 조씨 • 삼정의 문란 • 민란 : 홍경래난(1811), 임술민란(1862)

10 조선 시대 붕당정치의 전개에 대한 설명으로 옳지 않은 것은?

① 동인은 정여립 모반 사건 등을 계기로 온건파 남인과 급진파 북인으로 나뉘었다.
② 남인은 서인이 주도한 인조반정에 의해 몰락하였다.
③ 예송 논쟁은 차남으로 왕위를 이은 효종의 정통성과 관련하여 현종 때 두 차례 일어났다.
④ 환국 정쟁기에는 외척이나 종실 등 왕과 직결된 집단의 정치적 비중이 커졌다.

> **해설**
> 1623년 인조반정으로 몰락한 세력은 광해군 때 집권했던 북인이었다. 서인들은 북인 정권의 인목대비 폐위 등 패륜행위와 중립외교를 들어 반정(反正)으로 광해군을 퇴위시키고 인조(능양군)를 옹립하였다. 인조반정으로 집권한 서인은 친명배금의 외교 정책을 추진하여 후금을 적대시하였다.
>
> 답 ②

11 다음에서 설명하는 제도가 시행되었던 왕대의 상황에 대한 설명으로 옳은 것은?

> 양인들의 군역에 대한 절목 등을 검토하고 유생의 의견을 들었으며, 개선 방향에 관한 면밀한 검토를 거친 후 담당 관청을 설치하고 본격적으로 시행하였다. 핵심 내용은 1년에 백성이 부담하는 군포 2필을 1필로 줄이는 것이었다.

① 「증보문헌비고」가 편찬·간행되었다.
② 노론의 핵심 인물이 대거 처형당하였다.
③ 통공 정책을 써서 금난전권을 폐지하였다.
④ 청계천을 준설하여 도시를 재정비하고자 하였다.

> **해설**
> 제시문은 영조 때 시행된 균역법에 대한 설명이다.
> ④ 영조는 홍수 예방을 위해서 청계천을 준설하고 도시를 재정비하였다.
> ① 영조 때 홍봉한의 주도로 「동국문헌비고」가 편찬되었고 정조 때 일부 증보되었으나 간행되지 않고, 대한제국 고종 때 증보 작업을 거쳐 1908년(순종 2)에 「증보문헌비고」로 간행되었다.
> ② 노론 계통의 신하들이 대거 처형당한 사건은 경종 때 소론이 주도한 신임사화이다.
> ③ 시전 상인의 금난전권 폐지는 정조의 업적이다.
>
> 답 ④

12 다음의 정책을 시행한 왕에 대한 설명으로 옳은 것은?

> • 준론(峻論) 탕평
> • 서얼 · 노비 차별 완화
> • 신해통공

① 중앙군을 5위에서 5군영 체제로 전환하였다.
② 유득공, 박지원, 정약용 등의 서얼들이 규장각 검서관으로 참여하였다.
③ 전국의 서원을 47개만 남기고 대폭 정리하였다.
④ 유능한 인사를 재교육하는 초계문신제도를 실시하였다.

해설
정조는 중국의 「고금도서집성」을 수입하여 학문 정치의 기초를 다졌고, 전통 문화를 계승하면서 중국과 서양의 과학 기술을 받아들였다. 또한 국왕 친위부대인 장용영을 만들었으며 규장각을 설치하여 많은 인재를 양성하였고, 유능한 인재를 재교육하는 초계문신제도를 실시하여 왕권을 강화하려 하였으며, 「대전통편」을 편찬하여 왕조의 통치규범을 재정리하였다.
① 숙종 때에 금위영이 추가로 설치되어 17세기 말에 5군영 체제가 갖추어졌다.
② 중상주의 실학자 박지원은 서얼이 아닌 양반이다.
③ 흥선대원군은 붕당의 온상으로 인식되어 온 전국 600여 개소의 서원 가운데 47개소만 남긴 채 모두 철폐하였다.

답 ④

04

경제 구조와 경제 생활

| STEP1 | 고대의 경제

01 다음 사실을 바탕으로 추론한 것으로 옳은 것은?

> ㉠ 신문왕 7년에는 관료들의 농민에 대한 인신지배를 억제하기 위하여 관리들에게 관료전을 지급해 조(租)만을 수취하게 하였다.
> ㉡ 신문왕 9년에는 내외관의 녹읍을 혁파하였다.
> ㉢ 성덕왕 21년에는 국가의 농민에 대한 토지지배력을 확보하기 위해 정전을 지급하였다.

① 관료전의 지급과 녹읍의 폐지 등을 볼 때 신문왕 때에는 귀족의 세력이 크게 강화되었다.
② ㉠, ㉡의 사실로 볼 때 국가의 재정상태가 약화되었음을 알 수 있다.
③ ㉢의 지급으로 국가의 역역(力役) 파악이 강화되었다.
④ 국가와 농민들은 토지지배를 둘러싸고 대립하였다.

> **해설** 국가가 백성에게 정전을 지급함으로써 국가는 백성(농민)에 대한 지배력을 강화할 수 있었으며 이는 국가의 역역(力役) 파악이 강화되었음을 알 수 있다.
> ① 녹읍을 통해 귀족들은 농민들의 노동력을 수취할 수 있었는데 이러한 녹읍이 폐지되고 관료전 제도가 시행된 것은 귀족들의 세력이 그만큼 약화된 것을 의미한다.
> ② 관료전의 지급과 녹읍의 폐지로 국가 재정은 강화되었다.
> ④ 국가와 귀족 세력이 대립했음을 알 수 있다.
>
> **답** ③

02 삼국의 경제에 대한 설명으로 옳은 것은?

① 왕토사상으로 농민들은 토지를 소유할 수 없었다.
② 상업의 발달로 화폐 유통이 일반화되었다.
③ 왕이 귀족에게 녹읍을 지급함으로써 왕권을 강화하였다.
④ 삼국 시대 지방 농민은 잡역과 군역을 담당하였다.

해설
① 농민들은 개인 사유지를 소유하고 있었다.
② 화폐는 유통되지 않았다.
③ 녹읍의 지급은 귀족 세력의 강화와 왕권의 상대적 약화를 초래하였다.

답 ④

03 삼국 시대의 시장(市場)에 대한 설명으로 옳은 것은?

① 신라의 경우, 7세기 말 경주에 시장이 설치되었다.
② 시장은 인구 증가와 상업 발달로 인해 자연적으로 형성되었다.
③ 시장의 감시와 통제에는 국가가 관여하지 않았다.
④ 시장은 지방에만 존재하였으며, 도시는 행상에 의한 물물교환이 이루어졌다.

해설
① 신라는 5세기 말 소지왕 때 경주에 시장이 설치되었다.
③ 국가의 간섭과 통제가 어느 정도 필요하여 6세기 초 신라 지증왕 때 시장을 감시하는 관청인 동시전을 설치하였다.
④ 시장은 농업 생산성이 낮은 수도 같은 도시에서만 형성되었으며, 지방은 행상에 의한 물물교환이 이루어졌다.

답 ②

04 삼국의 대외 무역에 관한 설명으로 옳은 것은?

① 남중국, 일본과 주로 무역한 나라는 고구려이다.

② 삼국은 토산물을 주로 수출하였고 귀족 용도의 사치품을 수입하였다.

③ 신라는 한강을 점령하기 전부터 지속적으로 대외 무역을 행하였다.

④ 백제는 북방 민족과 활발히 교류하였다.

 해설

① 남중국, 일본과 주로 무역한 나라는 백제이다.

③ 신라는 한강 유역에 진출한 후부터 중국과 교역할 수 있었다.

④ 북방 민족과 교류한 나라는 고구려이다.

답 ②

더 알아보기⊕

삼국 시대의 무역 활동

구분	삼국 시대(4세기 후 발달)	남국 통일신라	북국 발해
무역	• 고구려(남 · 북 중국, 북방 민족) • 백제(남중국, 일본) • 신라(한강 점령 후)	• 대당 무역 : 산둥 반도 − 양쯔강 하류 진출(신라방 · 신라소 · 신라관 · 신라원 설치) • 대일 무역 : 초기 무역 제한 → 8세기 이후 발달 • 장보고의 활약 : 청해진 설치 − 남해 · 황해의 해상 무역권 장악 • 국제 무역 발달 : 이슬람 상인 왕래 − 울산항 • 무역로 : 영암, 남양만, 울산항	• 대당 무역(덩저우 − 발해관) • 대일 무역(동해 해로 개척 → 신라 견제 목적)
수출	토산물	견직물, 베, 해표피, 금 · 은 세공품	모피, 말, 삼, 금 등 토산품, 불상, 유리잔, 자기
수입	귀족 용도 사치품	비단, 책, 귀족의 사치품	비단, 책 등 귀족의 수요품

05 신라 민정(촌락)문서에 대한 설명으로 옳지 않은 것은?

① 서원경 부근 4개 자연촌의 촌락문서이다.

② 토지면적과 인구, 호, 우마, 뽕나무, 잣나무 등의 수가 기록되어 있다.

③ 농민들에게 조세, 요역 등을 부과하기 위한 자료로 작성되었다.

④ 호는 남녀별, 연령별로 구분하여 9등급으로 기록되었다.

> **해설** 신라 중대 무렵 작성된 것으로 추정되며 가호의 등급은 사람의 다소에 따라 상상호에서 하하호까지 9등급으로 인위적으로 구분하였다. 이를 통해서 농민의 노동력이 어느 정도인지 파악하여 쉽게 노동력을 징발하려고 활용하였으며 촌의 인구를 성별, 연령별로 구분하여 6등급으로 기록하였다.
>
> 답 ④

06 통일신라의 경제에 대한 설명으로 옳지 않은 것은?

① 경주 인구의 증가로 상품 생산이 늘어 동시, 서시, 남시 등의 시장이 설치되었다.

② 역(役)은 군역과 요역으로 이루어졌으며, 대체로 16~60세의 남자에게 부과되었다.

③ 무역의 확대로 중국 산둥 반도와 양쯔강 하류에 신라방, 신라소, 신라관, 신라원 등이 설치되었다.

④ 귀족은 식읍과 녹읍을 통해 그 지역 농민을 지배하면서 조세와 공물을 거두었으나, 노동력의 동원은 불가능하였다.

> **해설** 통일신라의 귀족들은 식읍과 녹읍을 통하여 그 지역의 농민들을 지배하여 조세와 공물을 거두었고 노동력을 동원하였다. 귀족은 국가에서 준 토지와 곡물 이외에도 물려받은 토지 · 노비 · 목장 및 섬도 가지고 있었고, 서민을 상대로 한 고리대업도 수입원의 하나였다.
> ① 시장은 지증왕 때 설치된 동시 이외에도 통일신라 이후 경주에 서시, 남시가 설치되었다.
> ② 역은 노동력을 징발하는 것으로 군역과 요역으로 구분되며, 16세에서 60세에 해당하는 남자들에게 부과되었다.
> ③ 당과의 교역이 활발해지면서 신라방, 신라소, 신라관, 신라원이 설치되었다.
>
> 답 ④

07 삼국 시대의 사회, 경제 생활에 대한 설명으로 옳지 <u>않은</u> 것은?

① 대체로 노동력보다 토지 크기를 기준으로 곡물과 포를 세금으로 거두었다.
② 무역은 대체로 왕실과 귀족의 필요에 의하여 공무역의 형태로 이루어졌다.
③ 철제 농기구가 널리 보급되고 우경이 점차 확대되기 시작한 것은 6세기에 이르러서이다.
④ 삼국 간의 전쟁기에는 지방 농민도 전쟁에 군사로 동원되었다.

> 해설 삼국 시대에는 왕궁, 저수지 등의 축조를 위해 15세 이상의 남자들이 노동력으로 동원되었고, 재산의 정도에 따라 호를 나누어 곡물과 포를 징수하였다.
>
> 답 ①

08 다음 글의 빈칸에 들어갈 정책으로 옳지 <u>않은</u> 것은?

> 삼국은 서로 치열하게 경쟁하고 있었다. 각 나라는 군사력과 재정을 확보하기 위하여 농업 생산력 증대에 많은 관심을 기울였다. _____ 등 여러 정책을 실시하자, 농업 생산이 증대되어 농민 생활도 점차 향상되어 갔다.

① 우경 장려
② 철제 농기구의 보급
③ 수취제도의 정비
④ 정전(丁田)의 지급

> 해설 정전의 지급은 통일신라 성덕왕 때 일이다.
> ① · ② · ③ 삼국의 농업과 관련된 정책이다.
>
> 답 ④

통일신라 시대의 생활에 대한 설명으로 옳은 것은?

① 무역이 활발하여 농민의 필수품이 당에서 수입되었다.
② 향·소·부곡민은 귀족들을 위해 수공업품을 생산했던 사노비였다.
③ 농민들은 촌주를 통하여 집단적으로 국가의 지배를 받았다.
④ 농민에게 녹읍을 주어 경작하게 하고 국가에 조를 바치게 하였다.

> **해설**
> ① 수입품은 대부분이 귀족의 사치품이었다.
> ② 향·부곡은 농업, 소는 수공업에 종사한 하층 양민들이 거주한 특수 행정 구역이다.
> ④ 농민에게는 정전을 지급하였다.
>
> 답 ③

더 알아보기➕

통일신라의 경제 정책

구분	수취 체제의 변화	국가의 토지 지배권 재확립
배경	• 피정복민과의 갈등 해소, 사회 안정 추구 • 촌주를 통해 백성 간접 지배(민정문서)	• 왕토사상 배경 • 국왕의 권한 강화, 농민 경제 안정 추구
변화	• 조세 : 생산량의 1/10 징수 • 공물 : 촌락 단위로 특산물 징수 • 역 : 군역과 요역(16세~60세의 남자)	• 귀족 : 녹읍 폐지 → 관료전 지급 → 녹읍 부활 • 농민 : 정전 지급, 구휼 정책 강화

10 **고대 사회 농민들의 생활상에 대한 설명으로 옳은 것은?**

① 농민들은 노동량에 따라 호를 나누어 곡물과 포를 거두었다.
② 고리대는 법으로 금지되어 있어서 이를 갚지 않아도 불이익을 받지 않았다.
③ 자영농민은 자기의 토지를 소유하고 경작하였다.
④ 토지가 없는 농민은 조세의 부담을 지지 않았다.

> **해설**
> 고대 사회에는 왕토(王土)사상이 관념상으로 존재하고 있었지만 평민인 자영농민은 자기 소유의 토지를 가지고 경작하였다.
> ① 농민들은 대체로 재산의 정도에 따라 호를 나누어 곡물과 포를 거두었다.
> ② 고리대업이 성행하여 이를 갚지 않을 경우 노비로 전락하기도 하였다.
> ④ 토지가 없는 농민들도 조와 인두세에 따라 조세의 부담을 지고 있었다.
>
> 답 ③

11 통일신라와 발해의 경제에 대한 설명으로 옳은 것은?

① 신문왕 때에 녹읍이 부활되었으며 이를 통하여 왕권 강화 정책이 옹호되었음을 알 수 있다.

② 신라 민정문서에 보이는 호는 토지의 다소에 따라 9등급으로 구분되었다.

③ 북쪽에 위치한 발해에서는 기후조건의 한계로 밭농사는 이루어지지 못하였다.

④ 발해에서 상품매매는 현물화폐를 주로 썼으나 외국의 화폐도 사용되었다.

> **해설**
> ① 녹읍은 신문왕 때에 폐지되었다가 경덕왕 때에 부활되었다.
> ② 호는 사람의 많고 적음에 따라 '상상호'에서 '하하호'까지 9등급으로 나누어 파악하였다.
> ③ 발해에서는 기후조건의 한계로 밭농사가 중심이었다.
>
> 답 ④

12 발해의 경제 생활과 대외 무역에 대한 설명으로 옳은 것은?

① 당으로부터 금, 은, 불상, 자기 등을 수입하였다.

② 밭농사 중심이어서 논농사는 이루어지지 않았다.

③ 신라와 활발한 무역을 전개하여 일본을 견제하였다.

④ 제철업, 금속 가공업, 방직업 등이 발달하였다.

> **해설**
> ① 발해는 금, 은, 불상, 유리잔, 자기 등을 수출하였다.
> ② 주로 밭농사 중심으로 이루어졌으나, 철제 농기구가 널리 사용되고 수리 시설이 확충되면서 일부 지역에서는 벼농사도 이루어졌다.
> ③ 일본과 활발히 무역하며 신라를 견제하였다.
>
> 답 ④

더 알아보기 ➕

발해의 경제 생활

농업	밭농사 중심, 일부 지방 벼농사, 목축 · 수렵 발달
어업	고기잡이 도구 개량, 숭어, 문어, 대게, 고래 등 포획
수공업	금속 가공업, 직물업, 도자기업 발달, 철 생산 풍부, 구리 제련술 발달
상업	도시와 교통의 요충지에 상업 발달, 현물 화폐 사용, 외국 화폐 유통

| STEP2 | 중세의 경제

01 다음은 고려 토지제도의 변천을 나타낸 것이다. 실시된 순서대로 바르게 나열된 것은?

> ㉠ 4색공복의 관품과 인품을 병용하여 지급하고, 한외과는 15결의 전토를 지급하였다.
>
> ㉡ 관직과 위계를 기준으로 18과로 나누어 지급하고, 문신이 무신보다 많이 받았으며 유외잡직이 한외과에서 분리되어 과내에 편입되어 18과에 배치되었다.
>
> ㉢ 조신과 군사들에게 관계를 논하지 않고 그들의 성행(性行)의 선악과 공로의 대소를 보아 차등 지급하였다.
>
> ㉣ 실직만을 대상으로 하고 산직자는 배제되었으며, 무반의 지위가 상승하였고 무산계전시, 별사전시가 마련되었다.
>
> ㉤ 경기 8현을 대상으로 관리의 등급에 따라 녹봉을 보완하여 수조권을 지급한 녹과전(祿科田)을 분급하였다.

① ㉠ → ㉡ → ㉢ → ㉣ → ㉤
② ㉠ → ㉣ → ㉡ → ㉢ → ㉤
③ ㉢ → ㉠ → ㉡ → ㉣ → ㉤
④ ㉢ → ㉡ → ㉣ → ㉠ → ㉤

 ㉢ 역분전(940, 태조) → ㉠ 시정전시과(976, 경종) → ㉡ 개정전시과(998, 목종) → ㉣ 경정전시과(1076, 문종) → ㉤ 녹과전(1271, 원종)

답 ③

02 고려의 토지제도에 대한 설명으로 옳지 <u>않은</u> 것은?

① 한인전은 6품 이하 하급 관료의 자제 중 관직에 오르지 못한 이에게 지급된 토지로 세습이 불가하였다.

② 개정전시과는 관품을 기준으로 하되 인품을 고려하여 토지를 지급하였다.

③ 과전법은 수신전, 휼양전의 명목으로 세습이 가능하였다.

④ 전시과는 전국의 토지를 대상으로 한 제도이나, 과전법은 그 대상 토지를 경기도 내로 제한하였다.

> **해설** 개정전시과는 관직만을 고려하여 지급한 것이다(목종, 998). 관품과 인품을 모두 고려한 전시과제도는 경종 때 시행된 시정전시과(976)이다. 개정전시과 이후에는 현직 관리에게만 지급되는 경정전시과(문종, 1076)가 시행되었다.
>
> 답 ②

더 알아보기⊕

고려의 토지제도

구분	시기	지급 대상	지급 기준	비고
역분전	태조	개국 공신	충성도, 인품	논공 행상 성격
시정전시과	경종	직산관	관등, 인품	역분전 범위(문<무)
개정전시과	목종	직산관	관등(18관등)	18품 전시과(문>무)
경정전시과	문종	현직 관리	관등(18관등)	직전법, 공음전 병행

03 다음은 고려 시대의 화폐이다. 시대순으로 옳게 나열한 것은?

> ㉠ 건원중보   ㉡ 삼한통보
> ㉢ 은병   ㉣ 지원보초

① ㉠ → ㉡ → ㉢ → ㉣

② ㉠ → ㉢ → ㉡ → ㉣

③ ㉡ → ㉠ → ㉢ → ㉣

④ ㉡ → ㉣ → ㉠ → ㉢

> **해설** ㉠ 건원중보는 고려 성종 때 주조된 한국 최초의 화폐이다.
> ㉢ 은병은 고려 숙종 때(1101) 은으로 만든 병으로 고가의 화폐이다.
> ㉡ 삼한통보는 고려 숙종 때(1102) 주전도감에서 만들어졌다.
> ㉣ 지원보초는 원나라 지폐로 고려 말에 국내에 통용되었다.
>
> 답 ②

04 고려 시대 경제 활동에 대한 설명으로 옳지 <u>않은</u> 것은?

① 상업은 크게 발달하지 못했으나 개경에는 상행위를 감독하고 물가를 조절하기 위한 경시서(京市署)가 있었다.

② 관청 수공업이 중심이 되었으나 불교가 융성함에 따라 제지, 직포 등의 사원 수공업도 발달하였다.

③ 윤작법의 보급, 이암의 「농상집요」 저술 등으로 보아 농업 기술에 진전이 있었음을 알 수 있다.

④ 대외 무역 발전에 따라 예성강 어귀의 벽란도는 가장 큰 국제 무역항으로 발전하였다.

 「농상집요」는 원나라의 농서로 이암이 국내에 소개한 것이다.

答 ③

더 알아보기➕

고려의 수공업과 상업 활동

수공업 활동	상업 활동
• 관청 수공업 : 공장과 농민 부역 • 소(所) 수공업 : 먹 · 종이 · 옷감 등 제품을 공물로 납부 • 민간 수공업 : 농촌 가내 수공업 형태 • 사원 수공업 : 기술있는 승려, 노비 활용 • 관청 · 소 수공업 중심(전기) → 사원 · 민간 수공업 발달(후기)	• 도시 : 시전 · 관영 상점 · 비정기 시장 설치, 경시서 설치 • 지방 : 관아 근처 시장 형성, 행상의 활동 • 사원 : 곡물과 수공업품을 민간인에게 판매 • 고려 후기 : 개경 시전 규모 확대, 항구 · 조운로 · 육상로 중심의 상업 발달, 소금 전매

05 고려 시대의 토지제도에 대한 설명으로 옳은 것은?

① 민전은 매매, 상속, 증여가 가능한 사유지로서 백정도 소유할 수 있었다.

② 하급 관료와 군인의 유가족에게는 한인전을 지급하여 생활 대책을 마련해 주었다.

③ 개정전시과의 과등(科等; 등급)별 토지 지급 액수는 시정전시과의 그것보다 많았다.

④ 후삼국 통일 후 태조는 통일 과정에서 공을 세운 사람들에게 구분전이란 토지를 나누어 주었다.

> **해설**
> ② 하급 관료와 군인의 유가족에게는 구분전을 지급하였다.
> ③ 목종 때 개정전시과는 경종 때 시정전시과보다 등급별 전지와 시지의 지급 액수가 줄어들었다.
> ④ 태조는 후삼국 통일의 공신들에게 역분전을 지급하였다.
>
> 답 ①

더 알아보기 ➕

고려의 토지 종류

전시과	지급 대상	모든 문무 관리 대상 - 관등 기준(18등급)	
	지급 내용	전지와 시지의 수조권 지급　　　*수조권 세습 불가	
	지급 원칙	소유권(국가), 수조권(관리), 경작권(농민)	
	토지 종류	• 과전 : 문무 관리에게 보수로 지급 • 공음전 : 5품 이상 고위 관리 → 문벌 귀족의 세습적인 경제적 기반 • 한인전 : 6품 이하 하급 관료 자제 → 관인 신분의 세습 목적 • 군인전 : 군역 대가(중앙군) → 군역 세습으로 토지 세습 • 구분전 : 하급 관료 · 군인의 유가족 → 생활 대책 마련 • 외역전(향리), 내장전(왕실 경비), 공해전(관청 운영), 사원전(사원)	
민전	백성 사유지	• 소유권 보장(매매, 상속, 기증, 임대 가능), 국가에 세금 납부(1/10) • 민전은 전시과와 더불어 고려 시대 토지제도의 근간 형성	

06 고려 시대에 농민을 보호하기 위한 대책으로 옳지 <u>않은</u> 것은?

① 농번기에는 농민을 잡역에 동원하지 못하게 하였다.

② 이자가 원곡과 같은 액수가 되면 그 이상 이자를 받지 못하게 하였다.

③ 흉년에 빈민을 구제하는 기관으로 의창을 두었다.

④ 고리대업을 막기 위해 각종 보를 운영하였다.

> **해설** '보'는 기금을 만들어 그 이자로 각종 목적의 사업 경비를 충당하기 위해 설립한 것이었으나, 본래의 목적에서 벗어나 농민들의 생활에 막대한 폐해를 주기도 하였다.
>
> 답 ④

더 알아보기⊕

고려의 경제 정책

구분	농업을 중시하는 정책	상공업 발전에 관심
배경	재정의 토대가 되는 주요 산업으로서 중시	자급자족적 농민 경제 구조 → 상공업 발달 부진
경제 체제	• 농업 안정 : 개간 장려, 농번기 잡역 동원 금지 • 농민 안정책 : 재해시 세금 감면, 고리대 이자 제한, 의창 실시	• 상업 : 시전과 국영 점포 개설, 금속 화폐 유통 • 수공업 : 관청 수공업, 소 수공업

07 고려 시대 농업에 대한 설명으로 옳은 것만을 묶은 것은?

> ㉠ 우경에 의한 심경법 보급
> ㉡ 2년 3작의 윤작법 보급
> ㉢ 벼와 보리의 이모작 성행
> ㉣ 시비법의 발달과 휴경 방식의 소멸

① ㉠, ㉡

② ㉡, ㉢

③ ㉠, ㉡, ㉢

④ ㉡, ㉢, ㉣

> **해설** ㉢ 이양법이 보급되어야 이모작이 가능해지는데 이양법의 보급은 조선 전기에 시작되었다.
>
> ㉣ 시비법이 발달되었으나, 휴경지가 소멸된 것은 아니다.
>
> 답 ①

08 고려의 전시과와 조선의 과전법에서 공통점에 해당되는 것으로 묶은 것은?

> ㉠ 관리들에게 18등급에 따라 차등적으로 지급하였다.
> ㉡ 과전은 본인 사후 반납이 원칙이었다.
> ㉢ 현직 관리에게만 지급하였다.
> ㉣ 5품 이상의 관리들에게 세습이 허용된 별도의 토지가 지급되었다.

① ㉠, ㉡   ② ㉠, ㉢
③ ㉡, ㉣   ④ ㉢, ㉣

해설

전시과와 과전법

구분	전시과	과전법
공통점	• 관리들의 등급에 따라 18등급으로 나누어 수조지를 차등 지급 • 원전반납이 원칙(세습금지)	
차이점	전지, 시지 지급	전지만 지급
	전국을 대상	경기에 국한
	농민의 경작권 보장 안 됨	농민의 경작권 법적 보장
	수조권 직접행사 불가(국가가 수조하여 관리에게 지급)	관리가 수조권 직접 행사
	내장전 · 공신전 · 공음전 · 외역전 · 군인전 세습	공신전 · 수신전 · 휼양전 세습

답 ①

09 고려 시대의 수공업에 대한 설명으로 옳지 <u>않은</u> 것은?

① 고려 시대의 수공업은 관청 수공업, 소(所) 수공업, 사원 수공업, 민간 수공업으로 구분할 수 있다.
② 고려 후기에는 소(所)에서 죽제품, 명주, 삼베 등 다양한 물품을 만들어 민간에 파는 소 수공업이 발달하였다.
③ 소(所)에서는 금, 은, 철 등 광산물과 실, 종이, 먹 등 수공업 제품 외에 생강을 생산하기도 하였다.
④ 중앙과 지방의 관청에서는 그곳에서 일할 기술자들을 공장안(工匠案)에 등록해 두었다.

해설 고려 전기에는 관청 수공업과 소 수공업이 발달하였고 고려 후기에는 민간 수공업과 사원 수공업이 발달하였다.

답 ②

더 알아보기 ➕

고려의 수공업

관청 수공업	• 수공업의 중심이며 기술자를 공장안에 등록시켜 생산하였다. • 국가에서 필요한 무기류, 귀족들의 장식물, 도자기 등을 제조하였다.
민간 수공업	• 가내 수공업 중심이며 후기에는 수공업품이 다양화되었다. • 자급자족을 위한 필수품을 제조하였다.
사원 수공업	제지, 직포 등을 생산하였다.
소(所) 수공업	공납을 위한 특수물품과 제조(수공업)의 특수 행정 기관이었다.

10 다음 고려의 산업과 관련된 설명으로 옳지 <u>않은</u> 것은?

> ⊙ 2년 3작의 윤작법과 휴한농법이 확립되었다.
> ⓛ 숙종 때 주전도감을 설치하여 은병을 만들었다.
> ⓒ 공민왕 때 문익점이 목화씨를 들여왔다.
> ⓔ 예성강 하구에 국제 무역항인 벽란도가 있었다.

① ⊙ – 농업생산력 증대와 지력을 높이는 데 기여하였다.
② ⓛ – 일부 상류층 귀족에게만 한정되어 유통되었다.
③ ⓒ – 선박의 돛이 면포로 바뀌어 선박 속도가 빨라지게 되었다.
④ ⓔ – 아라비아로부터 비단, 서적, 약재, 자기 등을 수입하고 은을 주로 수출했다.

고려는 아라비아로부터 수은, 향료, 호박, 산호 등을 수입하였고, 은과 비단을 수출하였다. 서적, 약재, 비단, 자기, 차 등은 고려가 송으로부터 수입한 물건들이다.
① 고려 시대에는 우경에 의한 심경법이 널리 행해져 휴경기간이 단축되고 시비의 효과가 있었으며, 2년 3작의 윤작법으로 농업 생산력을 증대시켰다. 또 새로운 시비법의 발달로 지력이 높아지고 효율적인 농지활용이 가능하게 되었다.
② 성종 때 건원중보라는 철전을 주조하였으나 널리 사용되지 않았고, 숙종 때 의천의 건의로 주전도감을 설치하여 활구라 하는 은병을 만들어 화폐로 사용하였으나, 널리 유통되지는 못했다.
③ 문익점의 목화씨 전래는 마포에서 면포로의 의생활 혁명, 선박의 돛을 면포로 활용함으로써 배의 속도 증가, 면포의 현물 화폐로의 이용 등 커다란 변화를 가져왔다.

답 ④

11 고려 시대 토지제도의 변천에 대한 설명이다. 시대순으로 옳게 나열된 것은?

> ㉠ 논공행상에 따라 공신들에게 토지를 지급하였다.
> ㉡ 4색 공복과 인품을 반영하여 지급하였다.
> ㉢ 녹봉 지급이 어려워지자 경기 8현의 토지를 현직 관리에게 지급하였다.
> ㉣ 현직 관리에게만 토지를 지급하였다.

① ㉠ → ㉡ → ㉣ → ㉢   ② ㉢ → ㉠ → ㉡ → ㉣
③ ㉠ → ㉢ → ㉣ → ㉡   ④ ㉢ → ㉠ → ㉣ → ㉡

 ㉠ 태조 때 역분전에 대한 설명이다.
㉡ 경종 때 시정전시과에 대한 설명이다.
㉣ 문종 때 경정전시과에 대한 설명이다.
㉢ 원종 때(1271) 녹과전에 대한 설명이다.

답 ①

12 다음 글과 같은 상황이 전개되던 시기의 사회상으로 볼 수 <u>없는</u> 것은?

> 재상가에는 녹(祿)이 끊이지 않았다. 노예가 3,000명이고 비슷한 수의 갑옷과 무기, 소, 말, 돼지가 있었다. 바다 가운데 섬에서 길러 필요할 때 활로 쏘아서 잡아먹었다. 곡식을 꾸어서 갚지 못하면 노비로 삼았다.
> – 「신당서」

① 권문세족들이 농민의 토지를 빼앗아 거대한 규모의 농장을 만들었다.
② 귀족들은 당이나 아라비아에서 수입한 비단, 양탄자, 유리그릇, 귀금속 등 사치품을 사용하였다.
③ 향이나 부곡에 사는 사람들은 농민보다 더 많은 공물 부담을 져야 했다.
④ 남시가 설치되었고 시장 감독 기관으로 시전을 두었다.

해설 제시문은 신라 말의 귀족의 생활을 나타내고 있다.
① 권문세족에 의해 거대한 농장이 만들어진 것은 고려 후기의 일이다.
④ 통일 이후인 효소왕 때 남시가 설치되었다. 통일 이전인 지증왕 때 설치된 동시와 함께 상업발전을 엿볼 수 있다. 한편 시장 감독 기관으로 시전도 함께 설치하였다.

답 ①

13 고려 시대의 경제 생활에 대한 설명으로 옳은 것은?

① 조세, 공물, 부역 등을 부과하기 위해서 그 근거가 되는 양안과 호적을 작성하였다.
② 밭농사에는 2년 3작의 윤작법이 전기부터 일반화되었다.
③ 대외 무역에서 가장 큰 비중을 차지한 것은 당과의 무역이었다.
④ 일본에서 수입된 주요 품목으로는 수은, 향료, 산호 등이 있다.

 ② 밭농사에는 2년 3작의 윤작법이 점차 보급되어 고려 후기에 일반화되었다. 고려 후기에는 산전(한전) 개발은 어느 정도 한계(최고점)에 도달했던 것으로 보이며 따라서 농경지 개발은 연해안 저습지 개발로 이어졌다. 14세기에는 휴한법이 극복되어 평지가 한전으로 개발되었는데 이로써 평지가 많은 하삼도가 한전농업의 중심이 되었다.
③ 고려의 대외 정책으로 '친송 북진 정책'을 들 수 있다. 이것은 송의 선진 문화를 수용하는 한편 고구려의 옛 영토를 회복하려는 것이었다. 따라서 대외 무역에서 가장 큰 비중을 차지한 것은 송이다.
④ 고려는 아라비아(대식국) 상인과도 중국을 거쳐 무역을 하였는데 주로 수은, 향료, 산호, 호박 등을 가져왔다. 이들의 왕래를 통해 고려(Corea)라는 이름이 서방에 알려지게 되었다. 일본과는 수은, 황 등을 수입하고 식량, 인삼, 서적 등을 수출하였다.

답 ①

14 고려 시대 대외 무역과 교류에 대한 설명으로 옳지 <u>않은</u> 것은?

① 팔관회는 여진인 등 외국인들도 함께 참여하는 국제적인 행사였다.
② 아라비아(대식국) 상인들에 의해 고리가 서방 세계에 알려지게 되었다.
③ 예성강 하구의 벽란도가 국제 무역항으로 번성하였다.
④ 북송과는 벽란도 – 흑산도 – 밍저우로 연결되는 항로를 이용하여 교류하였다.

 북송과는 '벽란도 – 산둥 반도 – 덩저우', 남송과는 '벽란도 – 흑산도 – 밍저우'로 연결되는 항로를 이용하여 교류하였다.

답 ④

더 알아보기➕

고려의 대외 무역

대송 무역	• 벽란도(예성강)와 합포(마산)가 국제 무역항으로 번성 • 비단 · 약재 · 책 수입 ↔ 종이 · 인삼 · 나전칠기 · 화문석 수출
거란 · 여진	은 · 말 · 모피 등 수입 ↔ 식량 · 문방구 · 철제 농기구 등 수출
일본	• 송, 거란, 여진에 비해 부진 → 11세기 후반부터 내왕 • 수은 · 유황 수입 ↔ 식량 · 인삼 · 서적 수출
아라비아	• 수은 · 향료 · 산호 수입 • 고려의 이름이 서방에 알려짐
원 간섭기	• 공무역과 함께 사무역도 활발 → 상인들의 독자적 무역 활발 • 금 · 은 · 소 · 말의 과도한 유출이 사회 문제화

|STEP3| 근세의 경제

01 조선시대 토지제도와 수취제도에 대한 설명으로 가장 옳지 <u>않은</u> 것은?

① 과전은 18품계에 따라 관리들에게 지급한 것이므로 수조권적으로 사전에 속하는 토지였다.

② 과전은 수신전, 휼양전 등으로 세습되어 점차 신진 관료에게 지급할 토지가 부족하게 되었다.

③ 요역은 성종 때 경작하는 토지 8결을 기준으로 한 사람씩 동원하게 하고, 1년에 동원할 수 있는 날은 6일 이내로 제한하였다.

④ 양반, 서리, 향리 신분은 군역 대신 군포를 부담하였다.

> **해설** 양반, 서리, 향리 등은 관청에서 일하기 때문에 군역에서 제외되어 군포를 내지 않았다.
>
> **조선시대의 조세제도**
> • 과전법(공양왕, 1391) : 위화도회군으로 권력을 장악한 이성계와 신진사대부가 주도하여 실시한 토지제도로 조선 초기 양반관료사회의 경제기반을 이루었다.
> • 직전법(세조 12년, 1466) : 세조 때 현직관리에게만 수조권을 지급하였다. 관리의 토지 소유 욕구를 자극시켜 농장 확대를 초래하였다.
> • 관수관급제(성종 1년, 1470) : 직전법 하에서 수조권자인 관리(官吏)들의 과다한 조(租)의 수취(농민을 수탈)를 규제하고 국가가 직접 조(租)를 받아서 관리에게 지급한 현물녹봉제이다.
> • 직전법 폐지(명종 11년, 1556)
>
> 답 ④

02 조선 초기 경제 정책에 대한 설명으로 옳은 것은?

① 국가는 상공업을 엄격하게 규제하였다.

② 상품 화폐 경제의 성장을 적극 지원하였다.

③ 가난한 농민들이 상공업에 종사하도록 장려하였다.

④ 최대한 민간차원에 맡기는 경제 정책을 실시했다.

> **해설** 조선 초기에 지배층들은 중농억상 정책을 표방하였다. 때문에 상공업자는 국가의 허가 없이 마음대로 영업할 수 없었다.
>
> 답 ①

03 다음 (가)에 해당하는 것을 〈보기〉에서 고르면?

> 전시과 → 과전법 → 직전법 → (가) → 직전법 폐지

보기
⊙ 현직 관리에게만 수조권을 지급하였다.
ⓒ 국가의 토지 지배권을 강화하였다.
ⓒ 등급에 따라 토지와 임야를 지급하였다.
ⓔ 관리들의 수조권 남용을 방지하기 위해 실시하였다.

① ⊙, ⓒ   ② ⊙, ⓔ
③ ⓒ, ⓒ   ④ ⓒ, ⓔ

해설
(가)는 성종 때 도입된 관수 관급제이다. 관수 관급제는 직전법의 시행으로 관리들이 과다하게 농민을 수탈하자 이를 막기 위해서 국가에서 수조권을 관리하게 된 조치이다. 국가가 직접 수조권을 행사하게 됨으로써 토지에 대한 국가의 지배력이 강화되었다.
⊙ 직전법
ⓒ 고려 전시과제도

답 ④

04 조선 시대 토지제도와 수취제도에 대한 설명으로 옳지 **않은** 것은?

① 양반, 서리, 향리 신분은 군역 대신 군포를 부담하였다.
② 과전은 수신전, 휼양전 등으로 세습되어 점차 신진 관료에게 지급할 토지가 부족하게 되었다.
③ 요역은 성종 때 경작하는 토지 8결을 기준으로 한 사람씩 동원하게 하고, 1년에 동원할 수 있는 날은 6일 이내로 제한하였다.
④ 과전은 전·현직 관리들에게 지급한 것이므로 수조권적으로 사전에 속하는 토지였다.

해설
양반, 서리, 향리 등은 관청에서 일하기 때문에 군역에서 제외되어 군포를 내지 않았다.

답 ①

05 조선 전기의 수취 체제에 대한 설명으로 옳은 것은?

① 조세는 쌀, 콩으로 냈는데 평안도, 황해도 등은 바닷길로 강원도는 한강, 경상도는 낙동강과 남한 강을 통해 경창으로 운송하였다.

② 요역은 토지 1결을 기준으로 정남의 수를 고려하여 뽑고 성, 왕릉, 저수지 등의 공사에 동원하였다.

③ 군역에 있어서 양반, 서리, 향리들도 정군과 보인에 교대로 복무하였다.

④ 세종 때에는 조세제도를 체계적으로 운영하기 위하여 토지 비옥도에 따라 전분 6등법, 풍흉의 정도에 따라 연분 9등법을 실시하였다.

해설
전분 6등법, 연분 9등법은 세종 때 실시된 조세제도이다.
① 평안도와 함경도는 잉류 지역으로 특히 평안도는 사신의 내왕이 잦은 곳이라서 그 곳의 조세는 군사비와 접대비로 사용되고 서울로 보내지 않았다.
② 요역은 토지 8결을 기준으로 한 사람씩 동원하였으며, 연 6일 이내로 제한하도록 규정하였다. 그러나 실제로는 임의로 징발하였다.
③ 조선은 양인 개병제에 따라 양인(16세 이상 60세 이하)이면 누구나 정군이나 보인이 되었으나 운영상에 있어서는 현직 관료, 학생, 향리 등은 군역이 면제되었다.

답 ④

06 다음 조선 전기의 토지제도에 대한 설명으로 옳지 <u>않은</u> 것은?

> (가) 지방 관청에서 그 해의 생산량을 조사하고 조(租)를 거두어 관리에게 나누어 주었다.
> (나) 국가 재정과 관직에 진출한 신진 사대부의 경제적 기반을 확보하기 위해 만들었다.
> (다) 과전의 세습 등으로 관료에게 지급할 토지가 부족해지자 현직 관리에게만 토지를 지급하였다.

① (가)가 실시되어 국가의 토지 지배권이 한층 강화되었다.

② (나)에서 사전은 처음에 경기 지방에 한정하여 지급하였다.

③ (다)가 폐지됨에 따라 지주 전호제 관행이 줄어들었다.

④ 시기 순으로 (나), (다), (가)의 순서로 실시되었다.

해설
(다) 직전법이 폐지되자 관리들은 녹봉만을 지급받게 되었고, 이에 관리들의 소유권에 바탕을 둔 지주 전호제가 강화되었다.
① 국가에서 직접 수조했기 때문에 국가의 토지 지배력이 강화되었다.
② 과전법은 경기 지역의 토지로 한정되어 있었다.
④ (나) 과전법(공양왕) → (다) 직전법(세조) → (가) 관수 관급제(성종)의 순서로 실시되었다.

답 ③

07 다음의 수취제도에 대한 설명으로 옳지 <u>않은</u> 것은?

> 각 도의 수전·한전의 소출 다소를 자세히 알 수가 없으니 공법(貢法)에서의 수세액을 정하기가 어렵다. 지금부터는 전척(田尺)으로 측량한 매 1결에 대해 상상(上上)의 수전에는 몇 석을 파종하고 한전에서는 무슨 곡종 몇 두를 파종하여, 상상년에는 수전은 몇 석, 한전은 몇 두를 수확하며, 하하년에는 수전은 몇 석, 한전은 몇 석을 수확하는지, 하하(下下)의 수전에서는 역시 몇 두를 파종하고 한전에서는 무슨 곡종을 몇 두를 파종하여 상상년에는 수·한전 각기의 수확이 얼마며, 하하년에는 수·한전 각기의 수확이 얼마인지를, …… 각 관의 관둔전에 대해서도 과거 5년간의 파종 및 수확의 다소를 위와 같이 조사하여 보고토록 하다.
>
> – 「세종실록」

① 1결당 30두로 정하고, 매년 풍흉을 조사하여 그 수확량에 따라 납부액을 조정하였다.
② 이 시기에는 남부 지방에서 모내기가 보급되어 일부 지역은 벼와 보리의 이모작이 가능해졌다.
③ 시비법의 발달로 경작지를 묵히지 않고 계속 농사지을 수 있게 되었다.
④ 토지비옥도에 따라 조세를 부과하였다.

> **해설** 제시문은 세종대의 토지 비옥도에 따라 조세를 부과하는 전분 6등법과 풍흉의 정도에 따라 조세를 부과하는 연분 9등법에 대한 설명이다. 이를 바탕으로 조세 액수를 1결당 최고 20두에서 최하 4두를 차등 있게 내도록 하였다.
> ① 과전법에 대한 설명이다.
>
> 답 ①

08 조선 전기의 수공업에 대한 설명으로 옳지 <u>않은</u> 것은?

① 관장이 관청에서 근무하는 대가로 국가는 녹봉을 지급하였다.
② 관장들은 매년 일정 기간 책임량을 제조하여 납품하였다.
③ 관장들은 공장안에 등록되고 중앙과 지방의 관청에 소속되었다.
④ 관장의 주요 생산품은 의류, 활자, 무기, 문방구, 그릇 등이었다.

> **해설** 관청에 등록된 장인(관장)들은 근무하는 동안에 식비 정도만 지급받았기 때문에 자신의 책임량을 초과한 생산품에 대해서는 세금을 내고 판매하여 가계를 꾸렸다.
>
> 답 ①

09 다음과 같은 조선 시대 경제관으로 나타날 수 있는 경제 현상으로 옳지 <u>않은</u> 것은?

> • 검소한 것은 덕(德)이 함께 하는 것이며, 사치는 악(惡)의 큰 것이니 사치스럽게 사는 것보다는 차라리 검소해야 할 것이다.
> • 농사와 양잠은 의식(衣食)의 근본이니, 왕도 정치에서 우선이 되는 것이다.
> • 우리나라에서는 이전에 공상(工商)에 관한 제도가 없어, 백성들이 게으르고 놀기 좋아하는 자들이 수공업과 상업에 종사하였기 때문에 농사를 짓는 백성이 줄어들었으며, 말작(상업)이 발달하고 본실(농업)이 피폐하였다. 이것을 염려하지 않을 수 없다.
> - 「조선경국전」

① 상공업을 말업(末業)이라 하여 천시하였다.
② 검약한 생활을 강조하여 소비가 억제되었다.
③ 사농공상의 직업 평등과 전문화를 주장하였다.
④ 상공업은 국가에서 영업을 규제하여 시전상업과 관영 수공업이 중심이었다.

> **해설** 제시문은 성리학적 경제관에 관한 글이다.
> ③ 조선은 재정 확대와 민생안정을 위해 농본주의 경제 정책을 내세워 농업을 장려하였고 반면에 상공업은 천시하였다. 이러한 이유로 조선 전기 상공업자는 농민에 비해 차별을 받았다.
>
> 답 ③

10 다음과 같은 문제점을 해결하기 위해 개편한 수취제도에 대한 설명으로 옳지 <u>않은</u> 것은?

> 지방에서 토산물을 공물로 바칠 때 중앙 관청의 서리가 공납을 일체 막고 본래 값의 백배가 되지 않으면 받지도 않습니다. 견디지 못하여 납부하지 못하고 도망하는 백성들이 줄을 이었습니다.
> - 「선조실록」

① 국가에서 필요로 하는 공물은 해당 관청에서 직접 징수하게 되었다.
② 궁방이나 관청에서 필요한 물품을 공급하는 공인을 지정하게 되었다.
③ 과세의 기준을 가호 단위에서 토지 결수로 바꾸게 되었다.
④ 공물을 현물 대신 미곡이나 포, 화폐로 징수하게 하였다.

> **해설** 제시문은 방납의 폐단을 지적한 내용이다. 이러한 문제점을 해결하기 위해 시행한 것이 대동법으로, 토지의 결수에 따라 쌀, 삼베(무명), 동전 등으로 징수한 뒤 국가에서 필요한 물품은 공인을 통해 구입하도록 하였다.
>
> 답 ①

11 다음의 토지제도 변화 현상 중 옳은 것은?

> 과전법 → 직전법 → 관수 관급제 → 녹봉제

① 지주 전호제가 약화되었다.
② 관리들의 수조권이 강화되었다.
③ 지급되어진 토지의 세습이 강화되었다.
④ 국가가 토지에 대한 지배권을 강화하였다.

 조선 시대 토지제도의 변화는 관리의 수조권이 약화되어 가는 과정이며, 이는 국가의 토지에 대한 지배권이 강화되었음을 의미한다.

답 ④

더 알아보기➕

조선의 토지제도

개념	과전법	직전법	관수 관급제	녹봉제
시기	고려 말기	세조	성종	명종
대상	현 · 퇴직 관리-사후 반납	현직 관리	현직 관리	현직 관리
배경	권문세족의 대농장 확대 → 재정 궁핍	경기도 과전 부족	양반 관료의 수조권 남용	직전법 체제 붕괴
목적	사대부의 경제 기반 마련	토지 부족의 보완	국가의 토지 지배권 강화	관리의 생활 수단 마련
영향	• 농민의 경작권 인정 • 수신전 · 휼양전 · 공신전 세습	농장 확대	• 농장 확대 가속화 • 지주 전호제의 일반화	• 수조권 지급제도 소멸 • 농장의 보편화

※ 분석 : 외형적으로 국가 통제가 강화된 것으로 보이나 실제는 지주 전호제가 강화되고 농민 생활은 더욱 어려워져 결국 토지로부터 이탈하여 도적이나 유민이 됨

12 다음과 같은 조선의 경제 정책에 대한 설명으로 옳지 않은 것은?

> 성세창이 아뢰기를 "임금이 나라를 다스리는 데 백성을 교화시키는 것이 중요합니다. 그러나 먼저 살게 한 뒤에 교화시키는 것이 옳습니다. 세종 임금이 농상(農桑)에 적극 힘쓴 까닭에 수령들이 사방을 돌면서 살피고 농상을 권하였으므로 들에 경작하지 않은 땅이 없었습니다. 요즘에는 백성 중에 힘써 농사짓는 사람이 없고, 수령도 들에 나가 농상을 권하지 않습니다. 감사 또한 권하지 않습니다. 특별히 지방에 타일러 농상에 힘쓰도록 함이 어떻습니까?"라고 하였다. 왕이 8도 관찰사에게 농상을 권하는 글을 내렸다.
> – 「중종실록」

① 조선은 재정 확충과 민생 안정을 위한 방안으로 이러한 경제 정책을 내세웠다.
② 건국 초부터 토지 개간을 장려하고 양전 사업을 실시하여 토지가 160여만 결로 크게 증가하였다.
③ 사·농·공·상 간의 직업적인 차별이 있어 상공업자들이 제대로 대우받지 못하였다.
④ 정부가 발행한 저화, 조선통보 등이 전국적으로 유통되었다.

> **해설** 제시문은 조선의 농본주의 경제 정책에 관한 것으로 검약한 생활을 강조하는 유교적인 경제관을 보여주고 있다.
> ④ 정부는 화폐를 만들어 보급, 유통시키려 하였으나 자급자족적인 농업 중심의 경제로 화폐 유통과 상공업 활동은 부진하였다.
> 답 ④

13 다음은 16세기경 경제면에 나타난 변화상이다. 내용을 종합하여 볼 때 결론으로 가장 적절한 것은?

> • 군역제도에서 대립제가 나타났다.
> • 공물을 대신 납부하는 방납인이 등장하였다.
> • 지주제가 발달하고 병작반수제가 성행하였다.
> • 관장의 의무를 벗어난 납포장이 증가하였다.

① 농업생산력의 증대를 초래하였다.
② 사림의 경제적 지위가 강화되었다.
③ 국가 재정 수입의 증대를 가져왔다.
④ 국가의 통제 체제가 약화되어 갔다.

> **해설** 제시문은 16세기 수취제도의 문란에 따른 국가의 통치 체제가 약화되어 가는 현상을 나타내고 있다.
> 답 ④

더 알아보기⊕

16세기 수취제도의 문란

구분	조세제도(15세기)		농민 부담 가중(16세기)
전세	과전법(30두) → 전분 6등법 · 연분 9등법(20~4두)		지주 전호제, 병작 반수제 → 몰락 농민 증가
공납	토산물 징수(호구 기준)-상공, 별공, 진상		방납제, 인징, 족징 → 수미법 주장(조광조, 이이)
역	군역과 요역(8결당-1인, 1년-6일)		군역의 요역화 → 방군 수포제 · 대립제
환곡	빈민 구제 목적-춘대 추납법(이자 : 1/10)		이자의 고리대화

14 조선 전기는 고려 시대의 농업 기술이 개량되면서 생산력이 향상되었다. 이에 대한 설명으로 옳지 <u>않은</u> 것은?

① 밭농사는 조, 보리, 콩의 2년 3작이 널리 행해졌다.
② 시비법이 발달하여 경작지를 묵히지 않고 계속 농사를 지을 수 있었다.
③ 쟁기, 낫, 호미 등의 농기구가 개량되었다.
④ 모내기가 전국적으로 보급되어 벼, 보리의 이모작이 가능해졌다.

> 해설 이모작이 가능해진 것은 조선 후기이다.
>
> 답 ④

15 조선 초기의 과전법에 대한 설명으로 옳은 것은?

① 현직 관리에게만 지급했다.
② 죽으면 원칙적으로 반납해야 했다.
③ 관직에 등용되지 않는 사람에게 한인전을 지급했다.
④ 문무 관리를 9등급으로 나누어 지급했다.

> 해설 수조권은 1대로 제한하였으므로 죽으면 반납해야 했다.
> ① 전 · 현직 관리에게 지급하였다.
> ③ 고려 시대의 제도이다.
> ④ 18등급으로 나누어 지급하였다.
>
> 답 ②

16 수취제도에 대한 설명이다. 시기적으로 가장 늦게 나타난 것은?

① 편성된 호는 인구와 장정의 많고 적음에 따라 9등급으로 나누어 부역시켰다.

② 전세를 토지 1결당 4두로 고정하였다.

③ 조세는 토지의 비옥도에 따라 6등급, 풍흉에 따라 9등급으로 나누어 거두었다.

④ 가구는 사람의 다과에 따라 9등급으로 나누었고 사람은 연령에 따라 6등급으로 구분하였다.

전세를 토지 1결당 4두로 고정한 것은 조선 인조 대의 영정법이다. 영정법은 풍년이든 흉년이든 관계없이 전세를 토지 1결당 미곡 4두로 고정시켰다(1635).

① 고려의 9등호제는 인구나 장정의 많고 적음에 따라 9등급으로 나누어 부역시킨 제도이다.

③ 조선 세종 때 조세의 효율화를 위해 토지비옥도와 풍흉에 따라 전분 6등법, 연분 9등법으로 나누고, 조세 액수를 1결당 최고 20두에서 최하 4두를 내도록 하였다.

④ 신라장적(민정문서)은 사람을 연령에 따라 6등급으로 구분하고 가구는 사람의 다과에 따라 9등급으로 나누었다.

답 ②

더 알아보기 ⊕

조선의 수취제도

조세	공물	역	기타
토지 소유주 부담	토산물 징수, 호구 기준	16세 이상 정남 대상	–
• 과전법(답험손실법) • 연분 9등법 · 전분 6등법 (20~4두/결)	각종 수공업 제품, 광물, 수산물, 모피, 과실, 약재	• 군역 : 정군, 보인 • 요역 : 1인/8결, 6일/1년	• 염전, 광산, 산림, 어장 • 상공업자에게 징수
• 조운(조창 → 경창) • 잉류 지역(평안도, 함경도)	생산량 감소, 생산지 변화로 공물 확보 곤란 → 전세<공물 부담	양반 · 서리 · 향리 등은 군역 면제	–
※ 조세 지출 : 군량미 · 구휼미 비축, 왕실 경비 · 공공 행사비 · 관리의 녹봉 · 군량미 · 빈민 구제비 · 의료비로 지출			

| STEP4 | 경제 상황의 변동

01 조선 후기 농업 경제에 대한 설명으로 가장 옳지 <u>않은</u> 것은?

① 가뭄의 피해를 막기 위해 농민들은 작은 보(洑)를 쌓아서 물을 확보하였다.

② 보리 농사는 소작료의 수취 대상이 되지 않았기 때문에 논을 밭으로 바꾸는 현상이 많아졌다.

③ 면화는 경상도를 비롯한 삼남 지방과 황해도에서 집중 재배되고 있었다.

④ 소작료는 일정 액수를 곡물이나 화폐로 내는 방식으로 변화하였다.

조선 후기에는 쌀의 상품화가 활발하고 수요가 증가하여 밭을 논으로 바꾸는 현상이 활발하였다. 보리 농사는 벼를 수확한 후 가을에 논에서 경작하여 다음해 봄에 수확하였다.

조선 후기 농업 경제의 발전

• 농민 경제의 발전 : 농민은 황폐한 농토를 다시 개간하고 수리 시설을 복구하였으며, 생산력을 높이기 위하여 농기구와 시비법을 개량하고, 새로운 영농 방법을 시도하였다.

• 모내기법의 확대와 이모작 : 모내기로 벼와 보리의 이모작이 가능하여 단위 면적당 생산량을 증가시켜 소득을 증대하였다. 이모작이 널리 행해지면서 보리의 재배가 확대되었고, 논에서의 보리농사는 대체로 소작료의 수취 대상이 되지 않았기 때문에 소작농들은 보리 농사를 선호하였다.

• 광작

• 상품작물의 재배

답 ②

02 다음 중 조선 후기에 대한 설명으로 옳은 것은?

> ㉠ 임진왜란 이후 일본에서 감자, 고구마가 들어오면서 농민들의 식생활이 안정되었다.
> ㉡ 신해통공으로 시전의 특권이 없어진 후 사상의 자유로운 시장 활동이 가능해졌다.
> ㉢ 상업 활동은 사상에서 공인으로 주도 세력이 변화하였다.
> ㉣ 매년 일정한 소작료를 징수하는 도조법은 전국적으로 널리 시행되지 않았다.

① ㉠, ㉡   ② ㉠, ㉢

③ ㉡, ㉣   ④ ㉢, ㉣

㉠ 고구마는 18세기 일본에서, 감자는 19세기 청나라에서 유입되어 재배를 시작하였다.

㉢ 조선 후기의 상업 활동은 초기에는 공인들이 주도하였으나 18세기 이후에는 장시를 바탕으로 사상이 상권을 확장하였다.

답 ③

03 다음 제시된 조선 후기의 수취 체제의 개편으로 인해 나타난 결과로 옳은 것은?

> • 정부는 연분 9등법을 따르지 않고 풍년이건 흉년이건 관계없이 전세를 토지 1결당 4두로 고정시켰다.
> • 농민 집집마다 부과하여 토산물을 징수하였던 공물 납부 방식을 토지의 결수에 따라 쌀, 삼베나 무명, 동전 등으로 납부하게 하였다.
> • 2필씩 내던 군포를 농민들은 1년에 1필만 내면 되었다.

① 양반 지주들의 적극적인 호응으로 전국적으로 실시되었다.
② 농업 경제가 조세의 전세화로 인해 자급자족적 체제로 고착화되었다.
③ 농민의 지위가 장기적으로 향상되었다.
④ 소작농의 세금 감면이 이루어지지 않았다.

해설 제시문은 조선 후기 조세제도의 개편으로 나타난 영정법, 대동법, 균역법에 대한 설명이다. 영조 때 시행된 균역법은 군포 부담이 줄어들어 농민들의 부담도 일시적으로 경감되었으나 지주에게 부과한 결작을 소작농에게 전가하여 소작농의 세금감면은 이루어지지 않았고, 군적 문란이 심해져 농민들의 부담은 더욱 증가하였다.

답 ④

더 알아보기 ➕

조선 후기 조세제도의 개편

구분	전세제도 개편	공납제도 개편	군역제도 개편
배경	농경지 황폐화, 토지제도 문란 → 농민 몰락	특산물 현물 징수 곤란, 방납 폐단 → 농민의 유망	양인 장정의 납포군화, 군포 징수 폐단(인징, 족징, 백골징포, 황구첨정)
개편	• 영정법(1결당 4두) • 양전 사업(54만결 → 140만결)	대동법(1결당 12두 − 쌀, 옷감, 돈) * 양반 지주 반대로 전국적 실지연	• 균역법(군포 1필) • 선무군관포(양반), 결작(지주) • 잡세(어장세, 선박세)의 징수
영향	전세율 감소 → 지주 · 자영농 부담 감소	• 공납의 전세화, 조세의 금납화 • 농민 부담 감소, 국가 재정 수입 증가 • 공인 등장(상공업 발달)	농민 부담의 일시적 감소
한계	• 병작농 혜택 미비 • 부가세 징수 증가	• 현물 부담(별공과 진상)의 존속 • 수령 · 아전의 수탈	• 결작의 소작농 전가 • 군적 문란 → 농민 부담 증가

04 조선 후기 산업상의 변화에 대한 설명으로 옳지 <u>않은</u> 것은?

① 농업 - 이앙법과 광작의 발달이 경영형 부농의 배경이다.
② 상업 - 18세기 후반에 이르러 화폐가 제조되었으나 유통은 부진하였다.
③ 수공업 - 납포장은 장인세를 부담하는 대신 자유로운 수공업 활동이 가능하였다.
④ 광업 - 국가가 사채를 허용했음에도 불구하고 잠채가 날로 성행하였다.

 숙종 때부터 상평통보가 전국적으로 유통되었다.

답 ②

05 조선 후기 상업 활동에 대한 내용으로 옳지 <u>않은</u> 것은?

① 보부상은 농촌의 장시를 하나의 유통망으로 연계시켰다.
② 개성의 송상은 인삼을 재배 · 판매하고 대외 무역에도 깊이 관여하였다.
③ 의주의 만상은 대중국 무역을 주도하면서 재화를 많이 축적하였다.
④ 동래의 내상은 선박의 건조 등 생산 분야에까지 진출하였다.

 선박의 건조 등 생산 분야에까지 진출한 것은 경강 상인이었다. 경강 상인은 활동의 근거가 선박을 이용한 운수업에 있었으므로 선박의 확보와 제조는 대단히 중요한 사항이었다. 그들이 선박을 보유하는 방법에는 구입하는 경우와 직접 건조하는 경우가 있었다. 동래의 내상은 대일 무역을 한 사상들이다.

답 ④

더 알아보기➕

사상의 활동

공인	대동법 실시로 등장(어용 상인) · 독점적 도매 상인(도고)으로 활동
송상(개성)	송방 설치, 인삼 판매, 대외 무역 관여(중계 무역)
경강 상인	운송업 · 조선업 종사, 한강 · 서남 해안 중심 상권 확대
유상(평양)	청 북경에 파견된 사신을 수행하면서 교역
만상(의주)	청과 무역 활동
내상(동래)	일본과 무역 활동

06 조선 후기 경제 상황에 대한 설명으로 옳지 <u>않은</u> 것은?

① 지주에 대한 지대 납부 방식이 타조법에서 도조법으로 바뀌어 갔다.
② 밭농사는 조, 보리, 콩의 2년 3작이 시작되었다.
③ 쌀 수요 증대로 밭을 논으로 바꾸는 현상이 활발하였다.
④ 세금과 소작료를 동전으로 납부하는 농민이 있었다.

> **해설** 2년 3작의 윤작법의 시작은 고려 시대에 시작되었고, 조선 전기에 들어가서 일반화된다.
> ① 조선 후기에는 소작료(지대)의 형태도 바뀌었는데, 일정 비율로 소작료를 내는 방식의 타조법이 점차 일정 액수를 소작료로 내는 방식인 도조법으로 바뀌어 갔다.
> ③ 조선 후기에는 쌀의 이윤이 크게 늘어 농민들 사이에서 밭을 논으로 바꾸는 현상이 활발하였다.
> ④ 조선 후기에는 상품 경제의 발전으로 인하여 화폐의 유통이 활발해졌다.
>
> 답 ②

 07 다음은 조선 후기 공납제의 개편에 대한 내용이다. ⊙~㉣의 내용으로 옳지 <u>않은</u> 것은?

> 대동법이란 민호에게 토산물을 부과·징수하던 공납을 농토의 결수에 따라 ⊙ 미곡, 포목, 전화(錢貨)로 납부하게 하는 제도였다. 이 제도는 우선 경기도에 시험삼아 실시된 이후 점차 확대되어 ⓛ 전국으로 실시되는 데 100년이라는 기간이 소요되었다. 정부는 수납한 미곡, 포목, 전화를 ⓒ 공인(貢人)에게 지급하여 필요한 물품을 구입하여 썼다. 농민들은 1결당 미곡 12두를 내었으나 시일이 지나면서 왕실에 상납하는 ㉣ 진상이나 별공은 여전히 부담하였고, 상납미의 비율은 점차 증가하였다.

① ⊙ – 상품 화폐 경제의 발달　　② ⓛ – 지주들의 반발로 지연
③ ⓒ – 수공업과 상업의 쇠퇴　　④ ㉣ – 농민들의 현물 징수 잔존

> **해설** 공인의 활동으로 민영 수공업과 도고 상업이 발달하였다.
>
> 답 ③

08 조선 후기의 상업에 대한 설명으로 옳은 것은?

① 경강 상인은 청·일의 대외 무역에 관여하여 부를 축적하였다.
② 금난전권을 철폐함으로써 사상들의 활동이 위축되었다.
③ 장시를 무대로 사상인 보부상들의 활동이 활발하였다.
④ 일부 장시는 상업도시로 성장해 갔다.

> **해설**
> ① 경강 상인은 한강 일대에서 서남 해안을 왕래하면서 미곡, 어물, 소금 등을 운송·판매하였다.
> ② 18세기 말 신해통공으로 인해 육의전을 제외한 금난전권이 철폐되어 난전이 합법화되면서 사상들의 활동이 활발해졌다.
> ③ 보부상은 15세기부터 지방 장시에서 활약한 관허 행상단이다.
>
> 답 ④

 09 조선 후기 경제의 변화에 대한 설명으로 옳지 <u>않은</u> 것은?

① 이앙법의 전개로 농민들은 경작지의 규모를 확대할 수 있었다.
② 광산 경영 전문가인 덕대는 대개 상인 물주에게 자본을 조달받았다.
③ 포구가 새로운 상업 중심지가 되면서, 포구를 거점으로 선상, 객주 등이 활발한 상행위를 하였다.
④ 민간 수공업자들은 선대제 생산방식으로 상업 자본에서 독립할 수 있었다.

> **해설**
> 조선 후기에는 수공업자들이 공인이나, 상인에게 주문을 받는 데 그치는 것이 아니라 그들로부터 자금과 원료를 미리 받아서 제품을 생산하였는데 이를 선대제방식이라 한다. 이는 당시의 수공업 자본이 상업 자본에 예속되었음을 알 수 있다. 조선 후기에는 대부분의 수공업자가 상인자본의 지배를 받고 있었다.
>
> 답 ④

더 알아보기 ➕

민영 수공업과 민영 광산의 발달

구분	민영 수공업	광산의 개발
15세기	관장의 부역 노동	국가가 직접 경영
17세기	• 장인의 등록 기피 • 민간 수공업자(私匠) 대두	• 사채 허용(설점수세제, 1651) • 은광 개발(대청 무역에서 은의 수요 증가)
18세기 후반	• 민영 수공업 발달(공장안 – 납포장) • 점의 발달(철점, 사기점) • 선대제 수공업 유행(상업 자본>수공업자) • 독립 수공업자 출현 • 농촌 수공업의 전문화	• 금광 개발 활발(상업 자본의 광산 경영 참여) • 잠채 성행 • 광산 경영 : 자본(상인), 경영(덕대), 채굴(혈주와 채굴·제련 노동자) • 작업 과정의 분업화

10 다음 자료의 내용과 같은 시기에 일어난 경제 상황으로 옳지 <u>않은</u> 것은?

> 농민이 밭에 심는 것은 곡물만이 아니다. 모시, 오이, 배추, 도라지 등의 농사도 잘 지으면 그 이익이 헤아릴 수 없이 크다. 도회지 주변에는 파밭, 마늘밭, 배추밭, 오이밭 등이 많다. 특히 서도 지방의 담배밭, 북도의 삼밭, 한산의 모시밭, 전주의 생강밭, 강진의 고구마밭 등의 수확은 모두 상상등전의 논에서 나는 수확보다 그 이익이 10배에 이른다.
>
> – 「경세유표」

① 민간 수공업자는 자금과 원료를 미리 받아 제품을 생산하는 선대제가 성행하였다.
② 농민의 경제력 향상으로 지주 전호제가 유명무실해졌다.
③ 청과의 무역으로 은의 수요가 늘면서 은광의 개발이 활기를 띠었다.
④ 상품 화폐 경제가 발달하면서 신용화폐가 점차 보급되었다.

해설 제시문은 조선 후기 상업 작물의 발달로 자본주의의 맹아가 나타나고 있는 상황을 서술하고 있다.
② 조선 후기에는 농업 기술이 향상되면서 지주 전호제 또한 발달하여 지주들의 광작이 성행하게 되었다.

답 ②

11 17세기 후반부터 지방에는 사상들이 활발하게 활동하였는데 그 설명으로 옳지 <u>않은</u> 것은?

① 경강 상인은 한강을 중심으로 경기, 충청 일대의 미곡, 어물의 수송과 판매를 통하여 부를 축적하였다.
② 송상은 개성을 중심으로 활동하였으며 전국에 지점을 두고 대외 무역에까지 종사하였다.
③ 도고는 경향 각지의 소매상으로 상품을 매점매석하여 중소 상인의 몰락을 가져왔다.
④ 대표적인 상업도시는 강경, 전주, 대구, 안동 등이었다.

해설 도고는 소매업이 아니라 상인들에 의해 이루어지는 독점 도매업을 의미한다.

답 ③

12 밑줄 친 '이 시기'의 경제 활동상에 대한 설명으로 옳지 <u>않은</u> 것은?

> • 경공장은 「경국대전」에서 2,800여 명으로 규정되었지만, <u>이 시기</u>에는 약 10분의 1로 줄어 들었다.
> • 황해도 평산읍은 「경국대전」에서 외공장 정원을 7명으로 규정하였지만, <u>이 시기</u>에 편찬된 평산읍지에는 자영 수공업자의 수가 430명으로 기록되어 있다.
> • <u>이 시기</u>에 우정규는 「경제야언」에서 부상대고들이 제각기 재물을 분담하고 고용 노동자들을 모집하여 은점을 경영할 것을 제의하였다.

① 청과의 무역에서 은의 수요가 증가하여 은광 개발이 활발하였다.
② 공납 물품은 수공업자가 생산한 토산물을 직접 납부하였다.
③ 상업적 농업이 발달하여 담배 재배로 많은 돈을 버는 사람도 나타났다.
④ 화폐의 주조가 늘어났으나, 유통이 제대로 되지 않아서 전황이 나타났다.

제시문은 조선 후기의 경제 상황에 관한 것이다. 「경제야언」(1788)은 정조 때 유학자 우정규가 경세제민의 방책을 기술한 책이다.
② 조선 전기의 경제 상황에 관한 내용이다.

정답 ②

13 다음의 글이 보여주는 시기에 일어난 경제적 상황과 가장 관계가 <u>없는</u> 것은?

> 배에 물건을 싣고 오가면서 장사하는 장사꾼은 반드시 강과 바다가 이어지는 곳에서 이득을 얻는다. 전라도 나주의 영상포, 영광의 법성포, 흥덕의 사진포, 전주의 사탄 등은 비록 작은 강이나 모두 바닷물이 통하므로 장삿배가 모인다. 충청도 은진의 강경포는 육지와 바다 사이에 위치하여 바닷가 사람과 내륙 사람이 모두 여기에서 서로의 물건을 교역한다.

① 전국적으로 장시는 1천여 개소였고, 보통 5일마다 열렸다.
② 시전 상인의 금난전권이 더욱 강화됨에 따라 도고상업이 위축되었다.
③ 경강 상인의 활동으로 한강 유역에는 나루터가 많이 늘어났다.
④ 덕대(德大)가 노동자를 고용하여 대규모 광산을 개발하였다.

제시문은 조선 후기 포구에서의 상업 활동에 대한 내용이다.
② 조선 후기 정조는 신해통공(1791)을 실시하여 육의전을 제외한 나머지 시전의 금난전권을 철폐하였고, 이에 따라 도고상업은 더욱 성장하게 되었다.

정답 ②

05 사회 구조와 사회 생활

| STEP 1 | 고대의 사회

01 신라 시대 골품제와 관등제에 대한 설명으로 옳은 것은?

① 골품에 관계없이 능력에 따라 관직을 획득하였다.
② 자색 공복은 진골만 입는 것이 가능했다.
③ 6두품은 이벌찬까지 승진될 수 있었다.
④ 5두품은 중시령에 임명될 수 있었다.

② · ③ 6두품은 아찬까지 승진할 수 있었고 자색의 공복은 착용할 수 없었다.
① 골품제도는 폐쇄적인 신분제도로서 골품에 따라 관등 승진의 상한선이 정해져 있었다.
④ 5두품은 대나마까지 승진할 수 있었고 그들의 활동은 미약했다.

답 ②

02 신라 6두품에 대한 설명으로 옳지 <u>않은</u> 것은?

① 집사부 시중의 관직에 올라 정치적 진출을 확대하였다.
② 중앙 권력에서 배제되어 호족과 연결되었다.
③ 능력 중심의 과거제 실시를 주장하였다.
④ 골품제 모순 시정 등 새 정치 질서 수립 마련에 노력하였다.

6두품은 학문과 종교 분야에서 활발히 활동하였으며 왕권과 결합하여 진골 귀족을 견제하는 등 왕권의 전제화에 기여하였다. 그러나 신분상의 제약으로 6관등인 아찬까지만 승진할 수 있었다.

답 ①

03 일본에 사신을 보내면서 스스로를 '고려국왕 대흠무'라고 불렀던 발해 국왕 대에 있었던 통일신라의 상황으로 옳은 것은?

① 귀족 세력의 반발로 녹읍이 부활되었다.
② 9주 5소경 체제의 지방 행정 조직을 완비하였다.
③ 의상은 당에서 귀국하여 영주에 부석사를 창건하였다.
④ 장보고는 청해진을 설치하고 남해와 황해의 해상 무역권을 장악하였다.

> **해설** 대흠무는 발해의 문왕으로서 8세기 후반 당과의 우호 관계를 체결하였다. 8세기 후반의 신라는 전제 왕권이 동요하던 시기로 8세기 후반 경덕왕 때 귀족 세력의 반발로 녹읍이 부활하였다(757).
> ② 7세기 후반 신라 신문왕, ③ 7세기 후반 신라 문무왕, ④ 9세기 전반 신라 하대 흥덕왕
>
> 답 ①

더 알아보기 ➕

통일신라와 발해의 발전

구분	통일신라	발해
7C	• 무열왕 : 진골 왕위 세습, 백제 정복(660) • 문무왕 : 고구려 멸망(668) 　　　　　 나 · 당 전쟁 승리 → 삼국 통일(676) • 신문왕 : 조직 정비, 관료전 지급, 국학 설립	고왕 : 진 건국(대조영, 698) → 고구려 부흥
8C	• 성덕왕 : 전제 왕권 안정 • 경덕왕 : 녹읍제 부활 • 선덕왕 : 내물왕계 왕위 계승, 왕위 쟁탈전 • 원성왕 : 독서삼품과 실시(788)	• 무왕 : 말갈족 통합, 당과 대결(산둥 반도 공격) 　　　　 만주-연해주 영토 확보, 일본에 국서 보냄 　　　　 (고구려 계승 의식) • 문왕 : 당과 친교 · 문화 수용, 상경 천도, 체제 정비 　　　　 (3성 6부제), 주자감 설치
9C	• 헌덕왕 : 무열계의 항거(김헌창의 난, 822) • 문성왕 : 장보고의 난(846) • 진성여왕 : 농민 봉기 발생, 최치원의 시무 10조 건의 　　　　　 (과거제도와 유교 정치 이념)	선왕 : 해동성국 칭호, 요동 진출, 지방 행정 조직 정비 　　　 (5경 15부 62주)
10C	• 견훤 : 후백제 건국(900) • 궁예 : 후고구려 건국(901) • 왕건 : 고려 건국(918), 신라 멸망(935), 후백제 멸망 　　　 (936)	애왕 : 거란에 멸망(926)

04 발해에 대한 설명으로 옳지 <u>않은</u> 것은?

① 정혜공주 묘를 통하여 고구려 문화의 영향을 볼 수 있다.
② 유득공은 남(南)의 신라와 북(北)의 발해를 남북국이라 하였다.
③ 일본에 보낸 국서에서 발해가 고구려 계승국임을 표방하였다.
④ 3성 6부는 구성 기관들의 명칭이 당과 같았으나 운영 방식은 달랐다.

해설
발해는 문왕 때 당의 3성 6부를 정비하여 중앙관제를 정비하였다. 그러나 명칭이나 운영 방식에서는 당과는 다른 유교적 성격의 독특한 방식을 취하였다. 즉, 당의 6부의 명칭이 이부, 호부, 예부, 병부, 형부, 공부인 데 반해 발해는 충부, 인부, 의부, 지부, 예부, 신부의 명칭을 사용하였다.

답 ④

더 알아보기 ➕

발해의 3성 6부

3성	정당성(합의 기관), 선조성(심의 기관), 중대성(입안 기관)
6부	충부, 인부, 의부, 지부, 예부, 신부 → 유교적 성격

• 이원적인 조직
• 당의 3성 6부제를 수용했지만, 독자적 운영방식을 지님(발해의 독자성)

05 통일신라 시대의 6두품 출신에 대한 설명으로 옳지 <u>않은</u> 것은?

① 학문적 식견과 실무 능력을 바탕으로 정치적 진출을 활발히 하였으나 신분상 제약이 있었다.
② 사회변혁을 열망하던 6두품 지식인들은 선종 승려들과 함께 새로운 중세 사회를 성립시키는 사상적 바탕을 마련하는 역할을 하였다.
③ 6두품들은 진골 귀족과도 연합 정권을 형성하였다.
④ 6두품 출신의 최치원은 당에 유학하여 유학(儒學)을 공부하고 돌아와 개혁을 주장하였으나 받아들여지지 않았다.

해설
6두품 출신들은 왕권과 결합하여 왕의 정치적 조언자로서 전제왕권 강화에 기여한 세력이었다.

답 ③

06 다음의 설명이 가리키는 제도는?

> • 원시 씨족 사회의 청소년 집단이 진흥왕 때 국가 조직으로 발전하였다.
> • 계층 간 대립과 갈등을 완화시키는 기능이 있었다.
> • 세속 5계는 승려 원광이 이것의 실천 윤리로서 강조한 계율로 유교적 도덕 윤리와 불교의 호국적 성격 등이 반영되어 있다.

① 골품제도   ② 화랑도
③ 화백회의   ④ 관등제도

 화랑도는 신라의 청소년 심신 수련 조직으로 국가 차원에서 조직 · 지원하였으며 계층 간 대립과 갈등을 조절 · 완화하는 기능을 갖고 있었다.

답 ②

더 알아보기⊕

신라의 화백회의 · 골품제도 · 화랑도

화백회의	• 기원 : 신라 초기의 전통을 오랫동안 유지함 • 구성 : 의장인 상대등(이벌찬)과 진골 출신의 대등 • 운영 : 만장일치제 → 집단의 단결 강화와 부정 방지 • 역할 : 귀족 세력과 왕권의 권력 조절 기능 → 귀족들의 왕권 견제(국왕 추대 및 폐위)
골품제도	• 배경 : 각 족장 세력 통합 편제 → 왕권 강화, 통치 기반 구축 • 구분 : 왕족(성골, 진골), 귀족(6, 5, 4두품) • 역할 : 사회 활동과 정치 활동의 범위 제한, 일상 생활 규제(가옥, 복색, 수레 등 구분)
화랑도	• 기원 : 원시 씨족 사회의 청소년 집단 → 국가 조직으로 발전(진흥왕, 원광의 세속 5계) • 구성 : 화랑(지도자, 귀족 중 선발)과 낭도(귀족 – 평민) • 기능 : 계층 간 대립과 갈등 조절 · 완화, 전통 사회 규범 습득

07 발해에 대한 설명으로 옳은 것은?

① 발해는 중국의 연호를 사용하였다.
② 당과는 처음에 적대관계였으나 문왕 이후부터 친선관계로 발전하였다.
③ 발해의 분묘는 신라의 영향을 받아 대부분이 돌무지덧널무덤이다.
④ 외교문서나 공식 기록은 발해의 고유문자를 사용하였다.

① 발해에서는 인안, 대흥, 건흥 등 독자적인 연호를 사용하였다.
③ 굴식돌방무덤과 벽돌무덤이 정혜공주와 정효공주 묘에서 확인된다.
④ 공식 기록은 한자를 주로 사용하였다.

답 ②

08 다음 글에서 (가) 등이 일으킨 봉기로 옳은 것은?

> 나라 안의 여러 주·군에서 공부(貢賦)를 나르지 않으니 창고가 비어 버리고 나라의 쓰임이 궁핍해졌다. 왕이 사신을 보내어 독촉하였지만, 이로 말미암아 곳곳에서 도적이 벌떼 같이 일어났다. 이에 (가) 등이 사벌주(상주)에 의거하여 반란을 일으키니 왕이 나마 벼슬의 영기에게 명하여 잡게 하였다. 영기가 적진을 쳐다보고는 두려워하여 나아가지 못하였다.
> ─「삼국사기」

① 만적의 난   ② 원종과 애노의 난
③ 홍경래의 난   ④ 김사미의 난

진성여왕 때 조세를 강압적으로 징수하자 상주에서 원종과 애노의 난이 일어났다. 이를 시작으로 농민의 항쟁이 전국적으로 확산되자 중앙 정부의 지방에 대한 통제력은 거의 사라졌다.

답 ②

더 알아보기 ➕

통일신라 말의 사회 모순

농민의 몰락	• 귀족들의 정권 다툼, 대토지 소유 확대, 자연 재해 빈번 → 자영농 몰락 촉진 • 대토지 소유자의 조세 회피 → 농민 부담 가중
지방 세력 성장	지방 세력 성장 지방 토착 세력과 사원의 대토지 소유 → 신흥 세력으로 호족 등장
농민 봉기 발발	농민 봉기 발발 중앙 정부 기강 극도 문란, 국가 재정 고갈, 강압적 조세 징수 → 원종·애노의 난

| STEP2 | 중세의 사회

01 고려 시대 신분제도에 대한 설명으로 옳지 <u>않은</u> 것은?

㉠ 백정은 양민으로 군역과 조세, 공납이 부과되었다.

㉡ 향리는 외역전을 지급받지 못했으며, 과거 응시에서도 제한되었다.

㉢ 노비들은 주로 거주 이전의 제약을 받는 향·소·부곡에 모여 살았다.

㉣ 노비 중 일부는 자신의 재산을 소유할 수 있었다.

---

① ㉠, ㉡

② ㉠, ㉣

③ ㉡, ㉢

④ ㉡, ㉣

해설 ㉡ 고려 시대의 향리는 외역전을 지급받고 직역을 세습하였으며, 과거를 통하여 중앙에 진출할 수 있었다.

㉢ 향·소·부곡은 일반 군·현에서 문제를 일으킨 경우에 강등된 특수 행정 구역으로, 양민 신분이지만 거주 이전의 제약을 받는 등 차별 대우를 받았다.

답 ③

더 알아보기 ⊕

고려의 신분제도

구분	구성	특징
귀족	왕족, 5품 이상 고위 관료	• 음서와 공음전 혜택, 개경 거주, 중첩된 혼인 관계 유지 • 문벌 귀족 → 무신 세력 → 권문세족 → 신진 사대부
중류	서리, 남반, 향리, 하급 장교	• 호족 출신 : 향리 편제(호장, 부호장 등), 지방의 실질 지배층, 하층 향리와 구별 (통혼 관계, 과거 응시 자격) • 말단 행정직 : 직역·토지 세습 – 남반, 군반, 잡류, 하층 향리, 역리 등
양민	일반 농민과 상공업 종사 자, 특수 집단민	• 백정 농민 : 과거 응시 가능, 군인 선발 가능, 납세 의무, 민전 경작 • 향·소·부곡민 : 법적 양민 – 심한 규제, 세금 부담 큼, 거주 이전 금지 • 역·진의 주민 : 육로 교통과 수로 교통에 종사
천민	대다수 노비 (가장 천시)	• 노비 지위 : 재산으로 간주, 매매·증여·상속의 대상, 일천즉천(종모법) • 종류 : 공노비(입역노비, 외거노비), 사노비(솔거노비, 외거노비) • 외거노비 : 농업 종사, 신공 납부, 지위 상승과 재산 증식 가능

02 다음 중 '망이 · 망소이의 난'에 대한 설명으로 옳은 것은?

> ㉠ 무신집권기에 집권층의 농장 확대와 수탈에 저항하며 봉기하였다.
> ㉡ 신분차별에 저항하며 신분해방을 목표로 한 고려 최초의 노비 반란이다.
> ㉢ 신라부흥을 표방하며 경상도 지역에서 전개된 가장 큰 규모의 농민 봉기이다.
> ㉣ 향 · 소 · 부곡이 해방되는 계기를 마련하였다.

① ㉠, ㉢
② ㉠, ㉣
③ ㉡, ㉢
④ ㉢, ㉣

> **해설** 망이 · 망소이의 난은 무신집권기에 집권층의 농장 확대와 수탈에 저항하며 공주 명학소에서 일어난 농민 봉기로, 명학소가 승격되는 결과와 함께 향 · 소 · 부곡이 해방되는 계기를 마련하였다.
> ㉡ 만적의 난
> ㉢ 김사미 · 효심의 난
>
> 답 ②

03 고려 후기의 신분 변동에 대한 설명으로 옳지 <u>않은</u> 것은?

① 무신집권기에 노비들의 신분해방운동이 일어났다.
② 향리들은 음서를 통하여 활발하게 권문세족이 되어 갔다.
③ 신분이 미천한 환관 중에서도 권세가가 나타났다.
④ 일반 농민이 군공을 세워 무반으로 출세하는 경우도 있었다.

> **해설** 음서는 5품 이상 고관의 자손이 무시험으로 관직에 등용되던 제도로서, 품관직이 아니었던 중간 계층의 향리들은 음서로써 관계에 진출할 수 없었다. 권문세족들은 음서를 통해 관계에 진출하고 관직을 세습하였고, 향리들은 과거를 통해 중앙 정계에 진출하여 신진 사대부로 성장하였다.
>
> 답 ②

04 고려 시대의 사회 시설에 대한 설명으로 옳지 <u>않은</u> 것은?

① 상평창 – 개경, 서경, 12목에 설치한 물가 조절 기관이다.

② 구제도감 – 병자의 치료와 빈민 구제를 목적으로 설치한 기관으로 필요에 따라 임시적으로 설치하였다.

③ 흑창 – 가난한 백성에게 곡식을 빌려주었다가 추수기에 상환하도록 한 진대 기관이다.

④ 혜민국 – 환자 진료 및 빈민 구휼을 담당한 국립 의료 기관으로 개경의 동쪽과 서쪽 두 곳에 있었다.

해설

환자 진료 및 빈민 구휼을 담당한 국립 의료 기관은 동서대비원으로 개경의 동쪽과 서쪽 두 곳에 있었다고 하여 이처럼 불리었다. 혜민국은 고려 시대 서민의 질병 치료를 위해 설치한 의료 기관이다.

탑 ④

더 알아보기 ➕

농민의 공동 조직 및 사회 시책

향도(불교 신앙 조직)	사회 시책	사회제도
• 신앙적 성격 : 매향 활동-불상 · 석탑 · 사찰 조성 • 농민 조직 발전 : 공동체 생활을 주도 –마을 노역, 혼례와 상장례, 민속 신앙	• 농번기에 농민 잡역 동원 금지 • 재해시 조세 · 부역 감면 • 고리대 이자율의 법제화 • 황무지나 진전 개간-일정 기간 면세 혜택	• 빈민 구제 기관 : 흑창, 의창 • 물가 조절 기관 : 상평창 • 의료 기관 : 동서대비원, 혜민국 • 재해 대비 기구 : 구제도감, 구급도감 • 보 : 제위보, 학보, 광학보, 경보, 팔관보

05 고려 시대 특수 행정 구역에 대한 설명으로 옳은 것을 모두 고른 것은?

ㄱ 종이, 먹 등을 만들어 팔기 위해 옆 고을로 이사하기도 하였다.
ㄴ 부곡민은 과거에 응시하여 관리가 될 수 있었다.
ㄷ 향, 부곡의 주민은 일반 백성들의 주민보다 세금을 더 부담하였다.
ㄹ 소의 주민이 공을 세우면 소가 현으로 승격될 수 있었다.

① ㄱ, ㄴ

② ㄱ, ㄹ

③ ㄴ, ㄷ

④ ㄷ, ㄹ

해설

ㄱ 향 · 소 · 부곡민은 원칙적으로 거주 이전의 자유가 없었다.
ㄴ 특수 행정 구역민은 국자감 입학이 금지되는 등 관직 진출에 어려움이 많았고, 과거응시가 금지되었다. 관리가 된다 하더라도 승진에 제한이 있었다.

탑 ④

06 다음 설명하는 세력의 특징으로 옳지 <u>않은</u> 것은?

> 고려 후기 성리학을 공부한 이들은 학문적 실력을 바탕으로 과거를 통하여 중앙 관리로 진출하였다. 또, 한편으로는 중소지주로서 향촌에서 사회적 영향력을 행사하였으며, 농민들로부터 어느 정도 지지를 받고 있었다. 이에 이들은 새로운 정치적 주역으로 등장할 수 있었다.

① 하급 관료나 향리 집안 출신   ② 성리학 수용, 불교 배척
③ 대농장 소유   ④ 권문세족과 대립

 대농장을 경제기반으로 삼은 세력은 권문세족이다.

답 ③

더 알아보기 ➕

권문세족과 신진 사대부 비교

구분	권문세족	신진 사대부
출신	중앙 고관	지방 향리
정계 진출	음서 바탕	과거 바탕
경제 기반	대농장 소유	중소지주
사상	비 유학자, 불교 신봉	성리학자 · 불교 배척(정도전)
외교	친원파	친명파
역사 의식	주체성 미약	강한 민족 의식

07 고려의 문벌 귀족에 대한 설명으로 옳지 <u>않은</u> 것은?

① 고려의 귀족 사회는 신라의 골품제적인 사회가 붕괴된 위에서 형성되었다.
② 고려 귀족의 경제 기반은 그들의 출신 지방에 소유하고 있는 광대한 농장이었다.
③ 고려의 귀족들은 신분 사회를 유지하기 위하여 서로 중첩된 혼인 관계를 맺었다.
④ 고려의 귀족 사회는 무신난을 계기로 붕괴하였다.

 지방에 소유하고 있는 광대한 농장으로 경제 기반을 이루고 있는 계층은 권문세족이다.

답 ②

08 고려와 조선의 음서제도에 대한 설명으로 가장 옳지 <u>않은</u> 것은?

① 고려 시대에는 5품 이상 관리의 친속(親屬)에게 이 제도의 혜택이 주어졌다.

② 조선 시대 음서의 혜택은 고려에 비해 그 범위가 크게 축소되었다.

③ 조선 시대 음서의 혜택을 받는 경우에도 취재(取才)시험에는 합격해야 했다.

④ 고려 시대에 음서를 통해 관직에 오른 자는 승진에서 엄격한 제한을 받았다.

> **해설** 음서에 의해 선발된 관리들을 음관이라고 하는데, 원칙적으로 장자(長子)만이 받을 수 있었으나, 장자가 유고인 경우에는 장손이나 차자가 감등하여 음직을 받을 수 있었다. 음자제 중 20세 이상 된 자를 매년 정월 간단한 특별시험(취재)으로 제수하였기 때문에, 과거(科擧)에 따라 출사(出仕)하는 문 · 무관과 구별되었다. 이들은 8 · 9품 품관(品官)과 녹사(錄事)로 초임(初任)되어 대부분 5품 이상으로 진급되었으나, 하위품관으로 있다가 과거를 통하여 문 · 무관으로 진출, 출세의 길을 밟는 음관도 있었다. 승진에 엄격한 제한을 받았다기보다는 과거와 비교하여 부와 조부의 정치적 배경에 따라 승진 속도에 차이를 보이기도 하였다. 음서제도는 혈통을 중시하는 문벌주의(門閥主義)가 여전히 명맥을 유지했음을 보여주는 것이다.
>
> **답 ④**

09 다음은 고려 시대 여러 정책들이다. 이에 대한 각각의 해석으로 옳지 <u>않은</u> 것은?

> ㉠ 황무지를 개간하거나, 갈지 않고 버려둔 진전을 새로 경작하는 경우 일정기간 면세해 주었다.
>
> ㉡ 농민들에게 토지에서 거두는 조세, 집집마다 토산물을 거두는 공물, 장정의 수에 따른 역 등이 부과되었다.
>
> ㉢ 부모의 유산은 자녀에게 골고루 분배되었으며 태어난 차례대로 호적을 기재하였다.
>
> ㉣ 개경과 서경 및 12목에 상평창을 두었으며, 평시에 곡물을 비치하였다가 흉년에 빈민을 구제하는 의창도 두었다.

① ㉠ – 문벌 귀족들의 토지 소유를 확대하는 데 목적이 있었다.

② ㉡ – 국가 재정의 안정적인 확보를 위해 시행된 것이다.

③ ㉢ – 가족 내에서 여성의 지위가 높았음을 보여준다.

④ ㉣ – 물가와 농민 생활의 안정을 위한 것이었다.

> **해설** ㉠ 권농 정책에 관한 설명이다. 목적은 백성들의 생활 안정과 이를 통해서 국가 재정을 안정적으로 확보하고자 함이다.
>
> **답 ①**

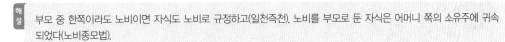

10 고려 시대 노비에 대한 설명으로 옳지 <u>않은</u> 것은?

① 천민의 대다수를 차지하고 있었다.
② 출생하는 노비는 아버지의 신분을 따랐다.
③ 노비 간의 소생은 어머니 소유주에게 귀속되었다.
④ 토지와 함께 귀족 사회의 경제적 바탕이 되었다.

> 해설 부모 중 한쪽이라도 노비이면 자식도 노비로 규정하고(일천즉천), 노비를 부모로 둔 자식은 어머니 쪽의 소유주에 귀속되었다(노비종모법).
>
> 답 ②

11 각 시대별 관리등용제도에 대한 설명으로 옳지 <u>않은</u> 것을 모두 고르면?

> ㉠ 통일신라 – 독서삼품과의 실시로 귀족 세력이 약화되었다.
> ㉡ 고려 – 백정은 과거에 응시할 수 없었다.
> ㉢ 조선 – 서얼은 무과나 잡과에는 제한이 없었다.
> ㉣ 갑오개혁 이후 – 과거제가 폐지되고, 관리임용제도가 실시되었다.

① ㉠, ㉡   ② ㉠, ㉣
③ ㉡, ㉢   ④ ㉢, ㉣

> 해설 ㉠ 신라 하대 원성왕 때 왕권을 강화하기 위한 목적에서 독서삼품과를 실시했으나 진골 귀족의 반발로 실패하고 말았다.
> ㉡ 고려 시대 백정은 일반 농민으로서 원칙적으로 과거에 응시할 수 있었고 주로 잡과에 응시하였다.
>
> 답 ①

더 알아보기

고려와 조선의 과거제도

고려	조선
• 양민 이상의 자제는 누구나 응시 가능 (부곡민, 노비, 승려 등은 응시 제한) • 문과(제술업, 명경업을 시험) • 무과(실시 안 됨) • 잡과(11종류의 전문분야로 나뉘어 실시) • 승과(교종시, 선종시로 구분하여 시행) • 실시(원칙적으로 식년시, 3년마다), 유형 : 격년시	• 원칙적으로 양인 이상이면 누구나 응시 가능 (수공업자, 상인, 서얼 등은 문과 응시 제한) • 소과 : 생원시, 진사시 • 대과 : 문과 • 무과 : 초시, 복시, 전시－28명 • 잡과 : 양반 서자, 중인이 응시 • 승과 : 국초에 실시, 중종 때 폐지되고 명종 때 부활되었다가 다시 폐지 • 1894년 갑오개혁 때 과거제 폐지

12 고려의 향도에 대한 설명으로 옳지 <u>않은</u> 것은?

① 상장례 등 의례를 행할 수 있는 조직이었다.

② 지방의 향소를 중심으로 활동하였다.

③ 매향 활동 등을 하는 불교의 신앙 조직이었다.

④ 마을의 노동력이 동원될 때 주도적 역할을 하였다.

해설

선조 때 경재소를 폐지하면서 유향소가 향소, 향청으로 개편되었다. 유향소는 조선 시대 풍속을 바로 잡고 향리를 감찰하며, 민간에 정령을 전달하고 민의를 대변하던 수령의 자문 기관을 말한다.

답 ②

13 고려의 사회 생활상에 대한 설명으로 옳지 <u>않은</u> 것은?

① 여성의 사회적 진출은 제한되었으나 경제운영에 있어서는 남성과 지위가 거의 대등하였다.

② 재판권은 대부분 지방관이 재량적으로 행사하였으나 중요한 사건의 경우 상부에서 처리하였다.

③ 호적에 자녀 간 차별을 두지 않았고, 재산은 자녀 균분상속으로 이루어졌다.

④ 유교적 규범을 시행하려는 정부의 의도에 따라 유교적 상장 제례를 시행하였다.

해설

고려의 상장 제례는 유교적 규범을 시행하고 정착시키려는 정부의 의도와 달리, 백성들은 대개 토착 신앙과 불교·도교의 풍속을 따랐다.
① · ③ 여성의 지위가 비교적 높아 남성과 지위가 대등하였지만 같거나 우위를 차지하지는 못했다.
② 주로 관습법을 중시하였고, 재판권은 대부분 지방관이 가지고 있었다.

답 ④

14 고려 후기 농민 봉기에 대한 설명으로 옳지 **않은** 것은?

① 공주 명학소는 망이 · 망소이 봉기로 인해 충순현으로 승격되었다.

② 서경에서 최광수는 고구려 부흥을 주장하였다.

③ 개경에서 만적은 노비의 신분해방을 주장하였다.

④ 담양에서 김사미와 효심은 백제 부흥을 주장하였다.

해설 김사미와 효심은 경상도 운문 · 초전에서 신라 부흥을 주장하였다. 전라도 담양에서 봉기한 것은 백제 부흥을 주장한 이연년 형제이다.

답 ④

더 알아보기⊕

고려의 농민 봉기

망이 · 망소이 난	공주 명학소에서 봉기(1176)
만적의 난	개경에서 최충헌의 사노비로 노비신분을 규합하여 신분해방과 정권 장악까지 시도(1198)
김사미 · 효심의 난	경상도 운문과 초전 → 신라 부흥 표방
최광수의 난	서경 → 고구려 부흥 표방
이연년의 난	담양 → 백제 부흥 표방

---

15 고려 시대의 신분제도에 대한 설명으로 옳지 **않은** 것은?

① 귀족은 왕족을 비롯하여 5품 이상의 고위 관직에 오른 일부 특권층만을 가리키는 것이다.

② 아버지는 물론 조부가 문무반 5품 이상의 관리이면 공로에 따라 손자도 음서를 통해 관리가 될 수 있었다.

③ 권문세족은 음서로써 신분을 세습시켰고, 원의 세력을 배경으로 등장한 친원파가 많았다.

④ 사회의 최하층인 천민에는 공 · 사노비, 특수 행정 구역인 향 · 소 · 부곡민, 백정 농민이 포함되어 있었다.

해설 백정 농민과 향 · 소 · 부곡민은 양민에 해당한다.

답 ④

STEP3 | 근세의 사회

01 다음에 제시된 내용을 통하여 알 수 있는 조선사회의 모습에 대한 설명으로 가장 옳은 것은?

> • 백운동 서원 등 많은 서원이 설립되었다.
> • 지방의 유력한 사림이 약정이라는 향약의 간부에 임명되었다.
> • 보학, 즉 족보를 만들어 종족의 내력을 기록하고, 그것을 암기하는 것을 필수적인 교양으로 생각하는 학문이 발달하였다.

① 훈구파들은 사림의 정치 운영에서 나타나는 모순과 부조리를 비판하였다.
② 사림들은 농민에 대하여 중앙에서 임명된 지방관보다도 강한 지배력을 행사하였다.
③ 신진 관료들은 불법적인 방법으로 대토지를 소유하고 있는 사람에 대하여 사전 폐지 등의 개혁을 주장하였다.
④ 세도가와 연결될 수 있는 양반만이 관직을 차지할 수 있었으므로 세도가와 연결되지 못한 지방 양반들의 불만이 컸다.

해설 조선시대의 사림은 향약의 간부인 약정(約正)에 임명되었는데, 향촌 질서를 규율하였고, 이를 어긴 자는 향촌에서 추방시킬 수도 있었다. 따라서 사림들은 농민에 대하여 중앙에서 임명된 지방관보다도 강한 지배력을 가지고 있었으며, 그들의 사회적 기반을 구축할 수 있었다.

서원과 향약
㉠ 서원
　• 시초 : 백운동 서원(중종 때 풍기 군수 주세붕이 설립)
　• 기능 : 선현에 대한 제사, 교육과 학문 연구
　• 사액 서원
　　– 국가의 지원 : 서적, 토지, 노비 등 지급
　　– 시초 : 소수 서원(백운동 서원)
　• 의의 : 개성 있는 학문 발달, 지방 사림의 지위 향상, 성균관과 학문적으로 대등하다는 긍지
㉡ 향약
　• 성격 : 향촌 교화의 규약
　• 성립
　　– 전통적 향촌 규약 계승 : 향규, 계(상부상조) 등
　　– 유교 윤리 가미 : 유교 질서에 입각한 삼강오륜
　• 시행과 운영
　　– 시행 : 중종 때 조광조 등이 보급하기 시작하여 16세기 후반 사림의 집권기에 전국적으로 시행
　　– 운영 : 지방의 유력한 사람이 약정(향약의 간부)에 임명되었고 농민은 자동적으로 포함
　• 결과 : 사림의 향촌지배력 강화, 지방관보다 더 강력한 지배력 행사

사림의 기반
• 학문적 기반 : 서원에 모여 성리학 연구
• 경제적 기반 : 향촌의 중 · 소 지주

답 ②

02 조선의 사회제도에 대한 설명으로 옳은 것은?

① 구제도감에서 유랑자의 수용과 구휼을 담당하였다.
② 사창제는 국가에서 직접 운영하던 빈민구제제도이다.
③ 중앙의 의료 시설로는 혜민서, 동·서 활인서가 있었다.
④ 제위보를 설치하여 지방민의 구호 및 진료를 담당하였다.

해설

① 구제도감은 고려 시대에 설치된 임시 빈민 구제 기관이다. 조선 시대에 유랑자의 수용과 구휼을 담당한 것은 동·서 활인서이다.
② 사창제는 향촌 사회의 민간 자치적 구호제도로, 양반 지주들은 향촌의 농민 생활을 안정시켜 양반 중심의 향촌질서를 유지하고자 하였다.
④ 조선 시대에 지방민의 구호와 진료를 담당하던 곳은 제생원이다. 제위보는 광종이 설치한 것으로, 고려 시대에 기금을 마련한 뒤 이자로 빈민을 구제하기 위해 만들어졌다.

답 ③

더 알아보기 ➕

조선의 사회제도

환곡제	의료 시설
• 국가 운영 : 의창, 상평창 → 빈농 구제 목적 • 양반 지주의 자치적 운영 : 사창제도 → 양반 중심의 향촌 지배 질서 유지가 목적	• 혜민서, 동·서 대비원 : 수도권 내 서민 환자의 구제·약재 판매 • 제생원 : 지방민의 구호 및 진료 담당 • 동·서 활인서 : 유랑자의 수용과 구휼 담당

03 조선 시대 신진 사대부에 대한 설명으로 옳지 <u>않은</u> 것은?

① 향약과 서원은 신진 사대부의 지위를 강화시켜준 기관이다.
② 친명 반원의 정치이념을 가졌다.
③ 대부분이 지방 중소지주 출신이다.
④ 신흥 무인 세력과 협력하여 역성혁명을 통해 조선을 건국하였다.

해설 향약과 서원은 사림의 지위를 강화시켜준 기관이다.

답 ①

04 조선 초기의 신분제에 대한 설명으로 옳지 <u>않은</u> 것은?

① 양인과 결혼한 노비는 양인으로 인정받았다.
② 상민도 법제적으로는 교육과 정치적 출세의 기회가 허용되었다.
③ 양반 신분은 영구히 세습되었다.
④ 농민보다 공장과 상인이 우대받았다.

> **해설** 부모 중 어느 한쪽이 노비인 경우 그 자식은 노비가 된다. 또 모든 양반 신분이 영구히 세습되는 것은 아니었으며, 농민이 공장과 상인보다 우대를 받았다.
>
> 답 ②

더 알아보기 ➕

조선의 신분제도

구분	구성	특징
양반	문반과 무반	• 문 · 무반의 합칭 → 가족과 가문까지 지칭(신분 명칭으로 고정) • 토지와 노비 소유, 고위 관직 독점(과거 · 음서 · 천거 등), 국역 면제 • 지주층(경제적 측면)이며 관료층(정치적 측면), 생산 활동, 관료 지향
중인	기술관, 서리, 향리, 군교, 역리, 서얼	• 양반과 상민의 중간 신분(기술관) → 조선 후기 독립된 신분층 형성 • 서리, 향리, 기술관 : 직역 세습, 동일 신분 간 혼인 • 서얼 : 중서, 한품서용(문과 응시 불가, 무반 등용 가능)
상민	농민, 공장, 상인	• 생산 활동 종사(농업, 수공업, 상업 등) → 조세 · 공납 · 역 부담 • 법적으로 자유민으로 과거 응시 가능 ↔ 현실적 곤란 • 신량역천(염간, 해척, 사기간, 철간, 조졸, 봉수군, 역졸)
천민	노비, 승려, 무당, 백정, 사공, 광대 등	• 노비의 지위 : 매매 · 상속 · 증여 대상 → 일천즉천 • 공노비(신공 납부, 관청에 노동력 제공), 사노비(솔거노비, 외거노비)

05 조선 전기(15~16세기)의 향촌 사회 조직과 운영에 대한 설명으로 옳지 <u>않은</u> 것은?

① 사창제는 사족 중심의 향촌 질서를 유지하기 위해 실시한 자율적 구휼제도였다.

② 사족은 그들의 총회인 향회를 통해서 자신들의 결속을 다지고 지방민을 통제하였다.

③ 선현의 제사와 교육을 주된 목적으로 하는 서원은 향촌 사림을 결집시키는 기능도 하였다.

④ 총액제에 의한 지방 재정의 운영으로 향촌에서 사림의 지위는 강화되었다.

> **해설** 조선 후기 새로 양반에 편입된 신향들은 기존 향촌 사림이었던 구향들과의 향전에서 승리하였고, 수령과 향리에 아부하면서 향임직을 받고 총액제에 의한 세금을 면제받아 조선 중기와는 달리 향촌 사림의 지위는 약화되었다.
>
> 답 ④

06 조선 시대의 사회 정책에 대한 설명으로 옳지 <u>않은</u> 것은?

① 조선 시대의 의료 시설로는 동·서 대비원, 제생원, 동·서 활인서, 혜민국 등이 있었다.

② 재판에 불만이 있을 때에는 상부의 관청에 소송을 제기할 수 있었다.

③ 농민들의 생활고를 구제하기 위하여 자치적으로 상평창과 의창을 설치하고 환곡제를 실시하였다.

④ 조선 시대 범죄 중에서 가장 무겁게 취급된 것은 강상죄, 반역죄였다.

> **해설** 환곡제는 농민들의 생활고 구제를 위해 국가에서 운영하는 제도였으며, 의창제도는 16세기 이후 상평창으로 이관되었으나 점차 고리대화 되었다.
>
> 답 ③

더 알아보기⊕

조선의 사회 시설
- 사창은 원래 향약과 더불어 향촌 사회를 안정시키기 위하여 지방의 양반 지주층이 운영하던 것이었지만, 후에 사창의 진휼책은 주민 자치적으로 운영되었다.
- 양반 지주층은 향약, 사창, 동약 등의 향촌 규약을 제정하여 각종 재난에 대비하고자 하였으나, 한편으로는 향촌 사회를 통제하면서 농민 생활을 안정시키고자 하기 위한 것이었다.
- 의료 기관인 혜민국과 동·서 대비원은 수도권 안의 서민환자의 구제와 약재판매를 담당하였고, 제생원은 지방민의 구호와 진료를 맡았다.
- 특히, 동·서 활인서는 여행자, 유랑자의 수용과 구휼을 담당하였다.

07 **조선 시대 법률에 대한 설명으로 옳은 것은?**

① 재판에 불만이 있더라도 상부 관청에 소송을 하거나 호소할 길이 없었다.
② 민법은 주로 「경국대전」에 따랐고 행정관의 재량은 거의 인정하지 않았다.
③ 강상죄를 저지르면 연좌법이 적용되어 부모, 형제, 처자까지도 함께 처벌을 받았다.
④ 사법 기관은 행정 기관과 분명하게 구분되어 의금부, 형조 등이 있었다.

 해설

① 재판에 불만이 있을 때에는 상부 관청에 상소할 수 있었다.
② 민법은 관습법에 따라 처리하였다.
④ 사법 기관과 행정 기관은 미분화되어 있었다.

답 ③

더 알아보기➕

조선의 법률제도

형법	• 기본법 : 형법(대명률과 「경국대전」 적용)과 민법(관습법 적용) • 반역죄와 강상죄는 중죄 → 연좌법 적용(가족 연좌, 고을의 호칭 강등과 수령 파면) • 형벌 : 태 · 장 · 도 · 유 · 사의 5종이 기본
민법	• 운영 : 지방관(관찰사, 수령)이 관습법에 의거하여 처리 • 사례 : 노비 관련 소송(초기) → 산송(山訟) 문제 증대(후기) • 상속 : 종법에 의거, 조상의 제사와 노비의 상속 중시
사법 기관	• 중앙 : 사헌부, 의금부, 형조(중대 사건 재판), 한성부(수도 치안 담당), 장례원(노비 관련 문제 처리) • 지방 : 지방관(관찰사, 수령)의 사법권 행사 • 재심 청구 : 다른 관청이나 상부 관청에 소송(신문고, 격쟁)

08 **조선 시대의 사회 정책에 대한 설명으로 옳은 것은?**

① 사창의 진휼책은 국가 기관에서, 의창과 상평창의 환곡제도는 주민 자치적으로 운영된 것이다.
② 정부는 농민을 효율적으로 도와주려고 오가작통법과 호패법을 적극적으로 실시하였다.
③ 사법 기관인 사헌부와 의금부는 정치적 사건을, 한성부는 수도의 일반 행정과 토지 가옥에 대한 소송을, 장례원은 노비 소송을 관장하였다.
④ 향촌 사회는 고려의 향, 소, 부곡도 자연촌과 함께 유지했고 면, 리제도 등을 편성하였다.

 해설

① 의창 · 상평창의 환곡제도는 국가 기관에서 운영되었고 사창(社倉)의 진휼책은 향촌 사회에서 자치적으로 운영되었다.
② 오가작통법과 호패법은 정부가 농민들을 효과적으로 통제하기 위해서 실시한 제도이다.
④ 향 · 소 · 부곡은 조선 전기에 모두 소멸되었다.

답 ③

09 조선 시대 촌락과 향촌 사회에 대한 설명으로 옳지 <u>않은</u> 것은?

① 촌락은 향촌을 구성하는 기본 단위로, 자연촌으로 존재하면서 동(洞), 이(里)로 편제된 조직이었다.

② 조선 초기에는 자연촌 단위의 몇 개의 이(里)를 면으로 묶은 면리제를 실시하였다.

③ 공동 노동의 작업 공동체인 오가작통제를 시행하였다.

④ 신흥 사족이 향촌 지역으로 이주하면서 향촌 사회에는 주로 양반이 거주하는 반촌(班村)과 평민이 거주하는 민촌(民村)이 나타나기도 하였다.

해설 농민들의 공동 노동 조직은 두레이다. 오가작통제는 서로 이웃하고 있는 다섯집을 하나의 통으로 묶고, 여기에 통수를 두어 주민을 통제한 제도로 17세기 중엽 이후 정부에서 주민들을 원활히 지배하고자 시행한 것이다.

답 ③

10 16~17세기 재지사족의 향촌 지배와 운영에 대한 설명으로 옳지 <u>않은</u> 것은?

① 향약 조직을 만들어 마을 공동체에 영향력을 행사하였다.

② 유향소를 통해 조세의 부과 및 수세 과정에 관여하며 향리와 농민을 통제하였다.

③ 수령과의 관계를 원활히 하면서 경재소를 만들어 중앙 진출의 발판으로 삼았다.

④ 임진왜란 이후에는 향촌 사회의 안정을 위해 사족들의 동계와 농민들의 향도계가 하나로 합쳐지기도 하였다.

해설 경재소는 중앙 정부가 현직 관료로 하여금 연고지의 유향소를 통제하게 하는 제도로서, 중앙과 지방의 연락 업무를 담당하였다.

답 ③

더 알아보기⊕

향촌 조직 및 향촌 자치 기구

향촌 조직	향촌 자치
• 향(鄕) : 행정 구역상 군현 단위 → 지방관 파견 ○ • 촌(村) : 촌락·마을(면·리 설치) → 지방관 파견 ×	• 유향소 : 향촌 양반의 자치 기구 → 수령 보좌, 향리 감찰, 풍속 교정(향안, 향규, 향회) • 경재소 : 중앙 현직 관료의 유향소 통제 → 중앙과 지방의 연락 업무 • 향약 보급 : 향촌 사회 운영 질서 강구 → 지방 사족의 지배력 확보와 유지 수단
군현제 정비 : 8도(관찰사) – 부·목·군·현(수령) – 면·리(지방관 ×)	유향소 변화 : 경재소가 혁파(1603)되며 유향소는 향소·향청으로 명칭 변경

11 다음 밑줄 친 계층에 대한 설명으로 옳은 것은?

> 조선 시대의 혼인 형태는 일부일처를 기본으로 하였지만 남자들은 첩을 들일 수 있었다. 양반들의 처와 첩 사이에는 엄격한 구분이 있었고, <u>첩의 자식</u>은 처가 낳은 자식에 비해 차별을 받았다.

① 법적으로 모든 관직에 나아갈 길이 금지되어 있었다.
② 재산으로 취급되어 매매, 상속, 증여의 대상이 되었다.
③ 풍헌이라고 불렸으며 조세 · 공물의 징수를 담당했다.
④ 18 · 19세기에 수차례 집단 상소를 하여 허통이 이루어졌다.

> **해설** 첩의 자식은 서얼계층에 해당한다. 서얼층은 임진왜란 이후 납속책이나 공명첩제도가 시행되면서 관직에 진출할 수 있게 되었고 18 · 19세기에는 수차례 집단 상소를 하여 서얼허통조치(철종, 1851)가 이루어졌다.
> ① 법적으로 모든 관직에 나아갈 길이 금지된 것은 아니었으나 일부 관직(무과와 잡과)에 그쳤고 승진에 제한이 있었다.
> ② 재산처럼 취급되어 매매, 상속, 증여의 대상이 된 것은 노비층이다.
> ③ 풍헌은 조선 시대 지방관으로 유향소에서 면(面)이나 리(里)의 일을 맡아보던 중인 신분의 사람을 말한다.
>
> 답 ④

12 조선 시대의 서원에 대한 설명으로 옳지 <u>않은</u> 것은?

① 농장을 소유하고 직접 경영했다.
② 서적, 토지, 노비의 하사가 있어 남설의 폐단이 있었다.
③ 지방 사림들의 집회소와 같은 기능을 수행했다.
④ 노비를 소유하고 군역이 면제되었지만 면세의 특권은 누리지 못했다.

> **해설** 서원은 왕의 사액에 의해 사회적 권위와 면세 · 면역의 특권을 누리고 서적, 토지, 노비의 하사가 있어 남설의 폐단이 있었다.
>
> 답 ④

더 알아보기⊕

서원과 향약의 비교

구분	서원	향약
기능	• 선현 제사 • 학문 연구, 후진 교육	전통적 향촌 규약(향규 · 계 · 향도)+삼강오륜 =향촌 교화 규약
내용	백운동 서원 · 소수 서원(사액 서원)	4덕목(덕업상권, 과실상규, 예속상규, 환난상휼)
영향	• 유교 보급, 향촌의 사림 결집 • 학문의 지방 확대 • 사림의 향촌 지배력 강화	• 상민층까지 유교의 예속 침투 · 백성 교화에 기여 • 향촌 사회의 질서 유지와 치안 담당 • 사림의 지방 자치 구현, 농민 지배력 강화
문제점	• 토호 및 지방 유력자들이 주민을 위협 · 수탈하는 배경 제공 • 향약 간부들의 갈등과 대립으로 풍속과 질서를 해치는 경우가 발생	

---

13 다음과 같은 16세기 이후 조선 사회의 모습에 대한 설명으로 옳은 것은?

> • 예학과 보학에 관한 관심이 높아졌다.
> • 주기론 · 주리론의 학문적 논쟁이 치열하였다.
> • 향촌의 규약과 농민 조직체는 향약으로 대치되었다.
> • 「삼강행실도」와 「효행록」을 언해하여 보급하였다.

① 성리학적 가족윤리, 사회질서가 정착되었다.

② 사화에서 사림이 승리하여 정권을 장악했다.

③ 소중화 의식의 심화를 엿볼 수 있다.

④ 서민 문화의 발달을 짐작하게 한다.

 해설 제시문은 16세기 이후 사림 세력의 성장과 성리학적 사회질서의 강화에 관한 내용이다.

답 ①

더 알아보기⊕

예학과 족보의 보급

구분	예학	보학
성격	상장 제례 의식 연구 학문－종족의 내부 의례 규정	종족(宗族)의 종적 내력과 횡적 관계 기록
배경	성리학적 도덕 윤리 강조－신분 질서의 안정 추구	가족의 내력을 기록하고 암기
영향	• 유교적 가족제도 확립(가부장적 종법 질서 구현) • 향촌 사회에 대한 지배력 강화(향약, 소학) • 양반 사대부의 신분적 우월성 강조 • 사림 간 정쟁의 구실 이용 폐단 발생(예송 논쟁)	• 종적 내부 결속 • 다른 종족이나 하급 신분에 대한 우월 의식 고취 • 결혼 상대나 붕당 구별의 자료 • 양반문벌제도 강화에 기여(족보 편찬, 보학 발달)

14 조선 시대에 다음과 같은 정책을 시행한 근본 목적으로 옳은 것은?

> • 오가작통법을 시행하였다.
> • 신분에 관계없이 남자들에게 호패를 패용하도록 하였다.
> • 춘대추납에 의하여 빈민을 구제하는 환곡제를 시행하였다.
> • 「구황촬요」 등을 편찬하여 만약의 사태에 대비하도록 하였다.

① 농민들의 삶의 질을 근본적으로 향상시키기 위해
② 국방에 필요한 인적 자원 확보를 위해
③ 국가의 재정을 확충하기 위해
④ 양반 지주의 농민 수탈 방지를 위해

 조선은 농민에게 최소한의 생활을 보장하여 농토에서 농민의 유망 · 이탈을 방지하고자 이런 제도를 시행했다. 이를 통해 국가의 재정을 확충하고자 하였다.

답 ③

| STEP4 | 사회의 변동

01 조선 시대 기술직이나 행정사무직에 종사한 신분에 대한 설명으로 옳은 것은?

① 고려 시대에는 백정이라 불리었다.
② 개항반대를 하여 위정척사운동을 벌였다.
③ 직업적 전문성보다 인문적 교양을 중시하였다.
④ 일반적으로 양반 사대부 계층에 비하여 차별대우를 받았으며, 신분과 직업은 세습되었다.

 조선 시대 기술직이나 행정사무직에 종사한 신분은 중인이다.
① 고려 시대의 백정은 농민신분이었다.
② 위정척사운동은 양반 계층에서 보수 유생층이 주도하였다.
③ 인문적 교양을 중시한 것은 사족양반이다.

답 ④

02 다음과 같은 주장이 제기된 시기의 사회상에 대한 설명으로 옳지 <u>않은</u> 것은?

> 지금 양반이 명분상으로 상공업에 종사하는 것을 부끄러워 하지만 그들의 비루한 행동이 상공업자보다 심한 자가 많다. …(중략)… 상공업을 두고 천한 직업이라 하지만 본래 부정하거나 비루한 일은 아니다.

① 이익, 정약용 등이 토지제도의 개혁을 주장하였다.
② 미륵사상이나 「정감록」 등이 민중에게 널리 전파되었다.
③ 정부는 교정청을 설치하여 삼정 문란을 바로잡고자 노력하였다.
④ 서민 생활을 반영하는 풍속화, 한글 소설, 판소리 등이 유행하였다.

해설 제시문은 조선 후기 중상학파 실학자 유수원이 저술한 「우서」의 내용이다. 그는 중국과 우리나라의 문물을 비교하면서 여러 가지의 개혁안을 제시하였다. 또한 상공업의 진흥과 기술의 혁신을 강조하고 사농공상의 직업평등과 전문화를 주장하였다.
③ 조선 후기 삼정의 문란을 바로잡는 기구로는 삼정이정청이 있었으나 별로 효과는 없었다. 교정청은 1894년 동학농민운동 당시 정부가 대대적인 개혁을 약속하면서 설치했던 개혁 기구로, 일본이 강압적으로 요구한 5개조의 내정개혁안을 물리치고 자주적인 내정개혁을 시도하기 위한 것이었다.

답 ③

03 조선 후기의 사회변화에 대한 설명으로 옳지 <u>않은</u> 것은?

① 지배층의 억압에 대해 농민들은 벽서, 괘서의 형태에서 농민 봉기의 형태로 저항해 갔다.
② 양반 중에는 토지를 잃고 몰락하여 전호가 되거나 임노동자로 전락하는 경우도 있었다.
③ 조선 후기에는 향촌 사회에서 수령의 권한이 약화되고 향리의 역할도 이에 비례하여 축소되었다.
④ 사찰 대신 집안에 가묘를 설치하고 영정을 봉안하여 제사를 지냈다.

해설 조선 후기 부농들은 관료 계층과 결탁하여 성장기반을 다져나갔다. 수령과 향리의 역할과 권한이 강화되어 농민에 대한 수탈이 가중되었다.

답 ③

더 알아보기⊕

조선 후기 지주와 임노동자

구분	내용
양반 지주	대부분 양반, 상품 화폐 경제의 발달로 이윤 추구 → 광작을 하는 대지주 등장
농민 지주	• 부의 축적 : 농지의 확대, 영농 방법 개선 • 양반 신분 획득 : 재력을 바탕으로 공명첩, 족보 위조 → 향촌 사회에 영향력 증대 기도
임노동자	• 농민 계층의 분화 결과로 출현 → 다수 농민의 토지 이탈 • 국가의 임노동자 고용(부역제 해이), 부농층의 임노동자 고용(1년 계약 품팔이)

04 조선 후기에 다음과 같은 변동을 겪는 신분에 대한 설명으로 옳은 것은?

> 임진왜란 이후 차별이 완화되기 시작하였다. 더욱이 전란으로 재정적 타격을 받은 정부가 납속책을 실시하고 공명첩을 발급하자 이를 이용하여 관직에 나갈 수 있었다. 영·정조 때에는 적극적으로 상소하여 관직 진출의 제한을 없애 줄 것을 요구하였다. 정조 때에는 유득공, 이덕무, 박제가 등이 규장각 검서관으로 등용되어 제각기 능력을 발휘하였다.

① 법적으로 과거 응시가 금지되었고, 직역이 세습되었다.
② 신량역천으로 양인 중에서도 천역을 담당하는 계층이었다.
③ 재산으로 취급되었으므로 매매, 상속, 증여의 대상이었다.
④ 중인과 같은 신분적 처우를 받았으므로 중서라고도 불리었다.

> **해설** 제시문은 서얼신분에 대한 설명이다.
> ① 서얼은 문과 응시가 금지되었고, 직역이 세습된 것은 서리, 향리, 기술관 등 중인신분에 해당한다.
> ② 신량역천은 천역을 담당하였던 수종(隨從)·조예(皂隸)·나장(羅將)·일수(日守)·조졸(漕卒)·역졸(驛卒)·봉수군(烽燧軍) 칠반천역(七般賤役)이 해당된다.
> ③ 노비에 대한 설명이다.
>
> 답 ④

05 조선 후기의 민간 신앙에 대한 설명으로 옳지 <u>않은</u> 것은?

① 양반 지배계층은 「정감록」 등의 비기를 적극적으로 옹호 장려하였다.
② 학대받던 피지배층들은 무격 신앙을 많이 신봉하였다.
③ 19세기 초부터 예언사상이 현저하게 나타나 정부를 비방하는 벽서 사건이 잦았다.
④ 서민 대중 사이에 미륵 신앙이 크게 유행하였다.

> **해설** 조선 후기에 유행한 비기, 도참 등의 각종 예언사상들은 왕조 교체, 말세의 도래 등 현실 부정적 성격을 내포함으로써 민중들의 정신적인 피난처 역할을 하였다.
>
> 답 ①

06 조선 후기 사회의 동요와 종교의 새 기운을 설명한 내용으로 옳은 것은?

① 양천제가 해체되면서 이를 대신해서 정부는 반상제를 법제적 신분제로 규정하였다.

② 조선 후기 민란의 선구는 진주민란이었고, 홍경래의 난을 계기로 전국적으로 파급되었다.

③ 19세기 전후의 신분제도의 동요는 정치권력을 좌우하는 단계에 이르렀다.

④ 중인은 대규모 소청운동을 일으켜 신분 상승에 성공하였다.

 해설

① 조선 전기에는 법적 · 원칙적 신분제도로서 양천제가 있었으며, 조선 중기 이후 중인계급이 등장하고 양반계급이 고정되면서, 반상제가 실질적 신분제도가 되었다.

② 민란의 선구는 1811년 홍경래의 난이고, 전국적으로 파급된 것은 1862년 임술 농민 봉기(진주 농민 봉기)이다.

④ 중인은 철종 때 대규모 소청운동을 일으켰지만 당시 이들의 노력은 성공하지 못했다.

답 ③

07 다음은 조선 후기의 어떤 종교를 설명한 글이다. 빈칸의 종교에 대한 설명으로 옳지 <u>않은</u> 것은?

> 죽은 사람 앞에 술과 음식을 차려 놓는 것은 _____에서 금하는 일입니다. 살아 있을 동안에도 영혼은 술과 밥을 받아먹을 수 없는데, 하물며 죽은 뒤에 영혼이 어찌하겠습니까? … 자식 된 도리로 어찌 허위와 가식의 예(禮)로써 이미 죽은 부모를 섬기겠습니까?

① 정조 때에는 비교적 관대하였으나, 순조가 즉위한 직후 대대적인 탄압이 가해졌다.

② 17세기 프랑스 신부에 의하여 우리나라에 서학으로 처음 소개되었다.

③ 전래 초기에는 서양학문으로 양반층에서 수용되었다.

④ 신유박해로 인해 청나라 신부인 주문모가 사형을 당하고 정약용이 유배되었다.

 해설

제시문은 천주교에 대한 설명이다.

② 천주교(서학)는 17세기 중국 베이징 천주당을 방문한 우리나라의 사신들이 천주교 서적을 들여오면서 처음 도입되었다.

답 ②

08 동학에 대한 설명으로 옳지 <u>않은</u> 것은?

① 농민과 몰락한 양반층을 중심으로 보급되었다.

② 유교, 불교, 도교는 물론 천주교의 교리도 일부 흡수하였다.

③ 혁명사상을 내포하고 보국안민을 내세우며 외세를 배척하였다.

④ 철학적으로는 주리론의 영향을 받았다.

> 해설 철학사상으로서의 동학은 주기론에 가까웠다.
>
> 달 ④

더 알아보기 ➕

동학의 발생

구분	전개 과정	기본사상
동학 창시	• 최제우(1860) 창시 • 유 · 불 · 선사상과 민간 신앙 결합	• 성격 : 19세기 후반의 사회상 반영 → 사회 모순 극복, 일본 · 서양의 침략 방어 주장 • 사상 : 시천주와 인내천사상 → 신분 차별과 노비 제도 타파, 여성과 어린이의 인격을 존중하는 사회 추구
정부 탄압	신분 질서 부정 → 최제우 처형(혹세무민죄)	
교세 확장	• 최시형의 교리 정리(「동경대전」, 「용담유사」) • 교단 조직 정비, 교세 확장	

09 다음 글은 「안동 권씨 성화보」의 일부이다. 이와 관련이 가장 적은 것은?

> 내가 생각하건대 옛날에는 종법이 있어 대수(代數)의 차례가 잡히고, 적자와 서자의 자손이 구별지어져 영원히 알 수 있었다. 종법이 없어지고는 족보가 생겨났는데, 무릇 족보를 만듦에 있어 반드시 그 근본을 거슬러 어디서부터 나왔는가를 따지고, 그 이유를 자세히 적어 그 계통을 밝히고 친함과 친하지 않음을 구별하게 된다.

① 이를 통해 향촌 자치를 구현하고 일반농민에 대한 통제를 강화하고자 하였다.

② 가문의 내력을 기록하여 성리학적 질서를 유지하고자 하였다.

③ 혼인상대자를 구하거나 붕당을 구별하는데 중요 자료로 활용하였다.

④ 안으로 종족 내부의 결속을 다지고, 밖으로 다른 집안이나 하급 신분에 대한 우월의식을 가지게 하였다.

제시문은 성종 때(1476) 간행된 안동 권씨 족보로서 이는 현존 최고(最古)의 족보이다. 보학은 종족의 횡적, 내적 관련을 통해 양반 중심의 신분적 지배질서를 유지하기 위한 목적으로 양반 스스로 제작하였다.

① 향촌자치를 구현하고 일반농민에 대한 통제를 강화하고자 한 것은 향약이다. 향약은 서원과 함께 사림의 세력 기반을 이루고 상민층에까지 유교의 예속을 침투시켜 백성을 교화시키려 하였다.

답 ①

10 조선 후기의 신분에 대한 설명으로 옳은 것은?

① 양반의 수는 줄고, 상민과 노비의 숫자는 늘어났다.
② 서민 지주가 성장함으로써 양반들의 토지 집적 현상이 완화되었다.
③ 중앙과 지방에서는 향촌질서의 변화로 지배층의 분열이 전개되었다.
④ 조선 후기 향촌 사회에서는 향리의 역할이 점차 약화되었다.

 ① 반대로 설명되었다. 상민과 노비의 숫자는 줄어들고, 양반의 수는 더욱 증가하였다.
② 양반들의 토지 집적 현상이 강화되어 농민들은 더욱 어려운 생활을 하였다.
④ 조선 후기 향촌 사회에서는 수령을 중심으로 한 관권이 강화되었고, 관권을 맡아 보고 있던 향리의 역할도 강화되었다.

답 ③

11 조선 후기 향촌 사회의 변화에 대한 설명으로 옳지 <u>않은</u> 것은?

① 양반들은 청금록과 향안을 작성하여 주도권을 지키고자 노력하였다.
② 천민들 중 부농층으로 성장하여 양반으로의 신분 상승을 하기도 하였다.
③ 구향 세력과 신향 세력 간의 갈등이 생겼는데 수령은 구향 세력을 비호하였다.
④ 양반들은 동족마을을 형성하고 촌락 단위의 동약을 실시하였다.

조선 후기 신분제가 흔들리면서 기존의 양반 세력인 구향 세력과 경제적으로 성장한 신향 세력이 대립하였다. 수령을 중심으로 한 신향 세력은 자신들의 영향력을 확보하기 위해 향임직에 진출하거나 향안에 이름을 올리는 등 적극적으로 움직여나갔다.

답 ③

06 민족 문화의 발달

| STEP 1 | 고대의 문화

01 고대의 교육 기관에 대한 설명으로 옳지 **않은** 것은?

① 고구려 소수림왕은 수도에 태학을 설립하여 유교 경전과 역사를 교육하였다.

② 백제는 5경 박사를 두어 유교 경전과 기술학을 교육하였다.

③ 신라는 귀족 자제들로 구성된 화랑도를 통해 무술을 가르치고 문무겸비를 중시하였다.

④ 고구려는 지방에 경당을 설치하여 한학과 무술을 교육하였다.

> **해설** 신라의 화랑도는 진골 귀족으로 이루어진 '화랑'과 귀족의 자제, 평민의 자제로 이루어진 '낭도'로 구성되어 있어 귀족부터 평민에 이르는 다양한 계급을 수용하였다.
>
> 답 ③

더 알아보기 ⊕

역사 편찬과 유학의 보급

구분	고구려	백제	신라	통일신라	발해
교육 기관	• 태학(경서, 역사) • 경당(한학, 무술)	박사제도 (경전과 기술 교육)	화랑도	• 국학(신문왕) • 독서삼품과(원성왕)	• 주자감(유교 경전) • 당에 유학생 파견
대표적 한문	• 광개토대왕릉비문 • 중원고구려비문 • 을지문덕 5언시	• 개로왕의 국서 • 사택지적비문 • 무령왕릉지석	• 울진봉평신라비 • 진흥왕 순수비 • 임신서기석	• 강수(외교문서) • 설총(이두 정리) • 최치원(「계원필경」)	• 정혜공주 묘지 • 정효공주 묘지 • 한시 (양태사, 왕효렴)
역사서	「유기」, 「신집」 (이문진, 영양왕)	「서기」 (고흥, 근초고왕)	「국사」 (거칠부, 진흥왕)	「화랑세기」, 「고승전」 (김대문)	―

02 고대의 고분 문화에 대한 설명으로 옳지 <u>않은</u> 것은?

① 고구려 벽화는 초기에는 사신도와 같은 상징적인 그림이 중심이었는데 후기로 가면서 무덤 주인의 생활을 표현한 그림을 주로 많이 그렸다.

② 백제의 초기 고분인 계단식 돌무지무덤은 고구려의 영향을 받은 것이다.

③ 통일신라 시대에는 봉토 주위에 둘레돌을 두르고, 12지 신상을 조각하는 독특한 양식이 새롭게 나타났다.

④ 발해 정혜공주 묘의 굴식돌방무덤과 천장의 모줄임 구조는 고구려 고분양식의 영향을 받은 것이다.

> **해설** 고구려 고분 벽화는 초기에는 주로 무덤 주인의 생활을 표현한 그림을 그렸으나 후기로 가면서 도교의 영향으로 사신도 같은 상징적 그림을 많이 그렸다.
>
> 답 ①

03 고대 문화에 대한 설명으로 옳지 <u>않은</u> 것은?

① 백제는 일본 고대 문화의 성립과 발전에 가장 큰 영향을 끼쳤다.

② 백제의 굴식돌방무덤은 남조의 영향을 받은 것으로, 무령왕릉이 유명하다.

③ 신라의 미술은 초기에는 고구려, 후기에는 백제의 영향을 많이 받았다.

④ 돌무지무덤은 고구려 초기의 무덤 양식이며, 점차 굴식돌방무덤으로 바뀌었다.

> **해설** 중국 남조의 영향을 받았으며, 무령왕릉으로 유명한 무덤 양식은 벽돌무덤이다.
>
> 답 ②

04 삼국문화의 일본 전파 중에서 고구려 문화의 일본 전파 사실만을 고른 것은?

> ㉠ 아직기의 한자(천자문)
> ㉡ 다카마쓰 고분의 벽화
> ㉢ 혜총의 계율종
> ㉣ 왕보손의 천문, 역법
> ㉤ 담징의 호류사 금당벽화

① ㉠, ㉣　　　　　　　　　　　　　② ㉡, ㉢
③ ㉡, ㉤　　　　　　　　　　　　　④ ㉢, ㉤

㉠ · ㉢ · ㉣은 백제가 일본에 전파한 문화이다.

고대문화의 일본 전파
- 백제
  - 아직기(근초고왕) : 일본 태자에게 한자 전수
  - 왕인(근구수왕) : 천자문과 논어를 가르쳐 일본인으로 하여금 문학의 필요성 인식, 유교의 충효사상을 보급
  - 노리사치계(성왕) : 불경과 불상 전파(552)
  - 아좌태자(위덕왕) : 성덕태자상을 그림(597)
  - 관륵(무왕) : 천문 역법, 둔갑 방술 전수(602)
  - 불상과 가람양식 : 7세기 경에 만들어진 광륭사(고류사)의 반가사유상(일본 국보), 법륭사(호류사)의 백제 관음상과 5층 탑 · 가람 양식
- 고구려
  - 혜자(영양왕) : 쇼토쿠 태자의 스승
  - 담징(영양왕) : 5경, 종이 · 먹의 제조법, 맷돌의 제조법(연회법), 법륭사의 금당 벽화(610)
  - 혜관(영류왕) : 일본 삼론종의 시조
  - 도현(보장왕) : 「일본세기」 저술
  - 다카마쓰 고분은 1972년 일본 나라시에서 발견, 고분의 벽과 천장에 그려진 사신도, 남녀사인군상, 성수도 등의 벽화는 고구려의 수산리 고분 벽화 양식과 기법을 따르고 있음
- 신라
  - 조선술, 축제술(한인의 연못), 도자기 제조술, 의약, 불상, 음악 등
  - 금동미륵보살반가사유상 → 일본의 미륵보살반가사유상

답 ③

05 신라의 주요 지식인의 활동에 대한 설명으로 옳은 것으로만 묶인 것은?

> ㉠ 원광 – 「세속오계」를 짓고, 수나라에 군사를 청하는 걸사표(乞師表)를 작성하였다.
> ㉡ 강수 – 외교문서 작성에 큰 공을 세웠으며, 왕에게 풍간의 뜻을 담은 「화왕계(花王戒)」를 지어 바쳤다.
> ㉢ 원효 – 「금강삼매경론」, 「대승기신론소」와 같은 걸출한 저술을 남겼으며 황룡사 9층 목탑을 세울 것을 건의하였다.
> ㉣ 최치원 – 신라 하대 도당유학생을 대표하는 지식인으로 「계원필경」, 「제왕연대력」과 같은 저술을 남겼다.

① ㉠, ㉡   ② ㉠, ㉣
③ ㉡, ㉢   ④ ㉢, ㉣

해설 ㉡ 설총은 「화왕계(花王戒)」를 지어 왕에게 바쳤다.
㉢ 자장은 선덕여왕 때 황룡사 9층 목탑을 세울 것을 건의하였다.

답 ②

06 다음은 발해의 굴식돌방무덤을 견학하고 나서 그린 그림이다. 이와 유사한 성격을 가진 것을 모두 고르면?

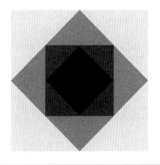

> ㉠ 문자   ㉡ 온돌장치   ㉢ 와당
> ㉣ 주작대로   ㉤ 정혜공주 묘   ㉥ 정효공주 묘

① ㉠, ㉡, ㉤   ② ㉠, ㉢, ㉥
③ ㉡, ㉢, ㉤   ④ ㉢, ㉣, ㉤

해설 그림은 굴식돌방무덤의 모줄임 구조를 나타낸 것으로 고구려의 영향을 받은 발해 문화를 고르는 문제이다.
• 고구려의 색채를 띤 문화 : 석등, 온돌장치, 와당, 정혜공주 묘(굴식돌방무덤)
• 당의 색채를 띤 문화 : 주작대로, 정효공주 묘(벽돌무덤)

답 ③

07 우리 문화의 일본 전파와 관련된 내용으로 옳지 <u>않은</u> 것은?

① 고구려는 일본에 종이와 먹의 제조 방법 등을 전파하였다.
② 삼국 시대의 문화 전파는 일본의 하쿠호 문화를 성립시켰다.
③ 신라 문화의 영향을 받아 '한인의 연못'이라는 이름도 생겼다.
④ 백제 가람이란 백제가 일본에서 유행시킨 건축 양식을 말한다.

해설 삼국 시대의 문화는 일본의 아스카 문화 형성에 영향을 주었고, 통일신라 시대의 문화는 하쿠호 문화 형성에 영향을 주었다.

정답 ②

더 알아보기 ✚

일본으로 가져간 우리 문화

백제	고구려	신라	통일신라
• 아직기(한자 교육) • 왕인(천자문과 논어 보급) • 노리사치계(불경과 불상)	• 담징(종이 · 먹의 제조 방법, 호류사의 벽화) • 혜자(쇼토쿠 태자의 스승) • 혜관(불교 전파)	• 배 만드는 기술 • 제방 쌓는 기술	• 원효, 설총, 강수의 불교 · 유교 문화 • 심상의 화엄사상 – 일본 화엄종 발달에 영향
• 고류사 미륵반가사유상 • 호류사 백제 관음상 • 백제 가람 양식	다카마쓰 고분 벽화(수산리 고분 벽화와 흡사)	한인의 연못	일본에서 파견해 온 사신을 통해 전해짐
야마토 조정 성립(6세기경), 아스카 문화 형성(7세기경)			하쿠호 문화 성립

08 삼국의 불교에 대한 설명으로 옳은 것은?

① 신라는 눌지왕 때 불교를 공인하였다.
② 백제는 침류왕 때 중국의 전진에서 전래되었다.
③ 고구려는 미천왕 때 중국의 동진에서 전래되었다.
④ 삼국 시대의 불교는 귀족 사회를 중심으로 전래되었다.

해설

① 신라는 눌지왕 때 고구려 승려 묵호자에 의해 불교가 처음 전래되었으나 귀족들의 반대로 공인되지는 못하였고, 법흥왕 때 이차돈의 순교로 불교가 공인되었다.
② 백제는 침류왕 때 중국의 동진에서 불교가 전래되었다.
③ 고구려는 소수림왕 때 중국의 전진에서 불교가 전래되었다.

답 ④

더 알아보기⊕

삼국의 불교 문화

구분	불교의 전래	불교사상의 발달	선종의 등장
시기	중앙 집권 체제 정비 무렵	통일신라	통일신라 말기
과정	• 고구려 : 소수림왕(372) • 백제 : 침류왕(384) • 신라 : 눌지왕~법흥왕(527)	• 원효(「대승기신론소」, 「금강삼매경론」, 「십문화쟁론」) • 의상(「화엄일승법계도」 – 화엄사상 정립) • 혜초(「왕오천축국전」)	• 참선(개인 수양) → 실천적 경향 • 신라말 교종의 권위에 대항 • 9산 성립
주체	왕실, 귀족 주도	불교의 대중화	지방 호족, 6두품과 결합
사상	업설, 미륵불 신앙	아미타 신앙(원효), 관음사상(의상)	불립문자, 견성성불
영향	• 새로운 국가 정신 확립 • 왕권 강화의 이념적 토대 • 문화 발전에 기여	삼국 불교 토대+중국과 교류 → 불교사상의 확대와 본격적 이해 기반 확립	• 지방 문화 역량 증대 • 고려 사회 건설의 사상적 바탕

09 발해 문화의 특징에 대한 설명으로 옳지 <u>않은</u> 것은?

① 발해 문화는 당 문화의 기반 위에 고구려 문화를 융합시켰다.
② 지배층의 무덤은 돌로 무덤칸을 만들고, 그 위에 흙을 덮은 굴식돌방무덤이다.
③ 정혜공주 묘지의 비문은 유려한 변려체 문장으로서, 발해의 높은 한문학 수준을 보여 준다.
④ 불교는 지배계급과 밀착하여 지배 체제를 합리화하는 귀족적 성격이 강하였다.

 발해 문화는 고구려 문화의 기반 위에 당 문화를 수용하여 독자적인 문화를 이루었고, 귀족 중심으로 발달하였다.

답 ①

더 알아보기➕

발해의 문화와 불교의 발전

문화	• 고구려 문화의 토대+당의 문화 흡수 • 소박한 말갈 문화가 광범위하게 퍼져있어, 문화 전반을 끌어올리는 데 한계

불교의 발전	• 왕실·귀족 중심의 불교
	  – 고구려 불교를 계승
	  – 문왕 : 스스로를 불교적 성왕이라 일컬음

10 삼국 시대의 불교에 대한 설명으로 옳지 <u>않은</u> 것은?

① 신라는 삼국 중 불교수용이 가장 늦었고, 그 과정에서 전통사상과 마찰을 빚었다.
② 삼국은 중앙 집권 체제의 확립과 지방 세력의 통합을 힘쓰던 시기에 불교를 수용하였다.
③ 신라 불교는 왕실의 강력한 비호 아래 호국불교로 진흥하였다.
④ 고구려는 '왕즉불(王卽佛)' 사상을 수용하여 불교식 왕명을 사용하였다.

 왕이 곧 부처라는 왕즉불(王卽佛) 사상은 왕이 곧 살아있는 부처라는 의미로서 왕실과 불교를 일체화시키는 것이다. 신라에서 이러한 사상을 수용하였으며, 불교를 공인한 법흥왕부터 진흥왕, 진지왕, 선덕여왕, 진덕여왕이 불교식 왕명을 사용하였다(신라 중고).

답 ④

11 다음 사료의 내용과 관련된 인물의 업적으로 옳은 것은?

> 중생들이… 비처럼 흩뿌리고 쓸데없는 공론이 구름처럼 흩어졌다. 어떤 사람은 내가 옳고 다른 사람이 그르다 하였으며 어떤 사람은 내가 그렇고 다른 사람이 그렇지 않다 하여 말이 한도 끝도 없게 되었다. … 융통하여 서술하고는 그 이름을 「십문화쟁론」이라 하였다.
>
> — 서당화상비문

① 화엄사상을 바탕으로 교단을 형성하고 아미타 신앙과 함께 관음 신앙을 이끌었다.
② 정혜쌍수를 바탕으로 철저한 수행을 강조하였다.
③ 황룡사 9층 목탑을 건립할 것을 건의하였다.
④ 일심사상을 바탕으로 불교종파들의 사상적 대립을 조화시키고자 하였다.

해설

제시된 사료의 인물은 원효이다.
④ 원효는 아미타 신앙을 직접 전도하며 불교의 대중화를 위해 노력하였고, 일심사상을 바탕으로 다른 종파들과 사상적 대립을 조화시키고 「십문화쟁론」을 지었다.
① 통일신라 시대 의상은 화엄사상을 바탕으로 교단을 형성하였고, 부석사 등 많은 사원을 건립하였다.
② 지눌은 선과 교학이 근본에 있어 둘이 아니라는 사상 체계인 정혜쌍수를 사상적 바탕으로 철저한 수행을 선도하였다. 지눌은 내가 곧 부처라는 깨달음을 위한 노력과 함께 꾸준한 수행으로 깨달음의 확인을 아울러 강조한 돈오점수를 주장하였다.
③ 신라 선덕여왕 때 승려 자장은 황룡사 9층 목탑의 건립을 왕에게 건의하였다.

답 ④

12 다음 괄호 안에 들어갈 사상과 가장 관련이 깊은 것은?

> 그는 전 국토의 자연 환경을 유기적으로 파악하는 인문지리적 지식에 경주 중앙 귀족들의 부패와 무능,
> 지방 호족들의 대두, 오랜 전란에 지쳐서 통일의 안정된 사회를 염원하는 일반 백성들의 인식을 종합하여
> 체계적인 (   )을(를) 만들었다.

① 신라의 임신서기석
② 마니산 초제
③ 고려 시대 남경길지설
④ 백제의 산수무늬 벽돌

 해설 제시문은 풍수지리설에 대한 설명이다.
① 임신서기석은 신라의 두 화랑이 유교 경전을 3년 안에 공부할 것을 서약한 비문으로 유교사상과 관련이 있다.
② 마니산 초제는 도교의 제천행사이다.
④ 도교사상과 관련이 있다.

답 ③

더 알아보기 ✚

도교의 전래와 풍수지리설

구분	도교의 전래	풍수지리설의 전래
과정	• 고구려 : 사신도, 연개소문의 장려 → 열반종 • 백제 : 산수무늬 벽돌, 백제 금동 대향로 • 발해 : 정효공주 묘지의 불로장생사상	• 신라 말기 전래 : 신라 정부의 권위 약화 • 고려 시대 : 서경 길지설 – 북진 정책의 근거 • 조선 시대 : 산송 문제 발생 → 현재까지 계승
영향	• 산천 숭배와 신선사상과 결합 • 귀족 사회를 중심으로 전래	• 인문지리학설 → 국토의 효율적인 이용과 관련 • 도참 신앙 결합 → 지방 중심의 국토 재편성 주장

13 삼국 시대 고분에 대한 설명으로 옳지 <u>않은</u> 것은?

① 쌍영총의 전실과 후실 사이에 있는 8각 돌기둥은 서역의 건축 양식을 모방한 것이다.
② 무령왕릉은 북조 문화의 영향을 받은 전축분으로 양과의 교류를 말해준다.
③ 천마총은 돌무지덧널무덤으로 말다래에 그려진 그림인 천마도가 발견되었다.
④ 고구려 초기에 주로 돌무지무덤이었으나 점차 굴식돌방무덤으로 바뀌어 갔다.

> **해설** 무령왕릉은 중국 남조 문화의 영향을 받은 백제의 벽돌무덤이다.
>
> 답 ②

더 알아보기 ➕

삼국 시대의 고분·벽화

구분	고분 양식	대표 고분	벽화	특징
고구려	돌무지무덤	장군총	×	석(石)총
	굴식돌방무덤	강서 대묘, 쌍영총	○	쌍영총의 팔각형의 쌍기둥
백제	돌무지무덤	석촌동 고분	×	고구려 초기 고분과 유사
	굴식돌방무덤	송산리 고분	○	토(土)총
		능산리 고분	○	세련미
	벽돌무덤	무령왕릉	×	중국 남조와의 교류
신라	돌무지덧널무덤	천마총	×	천마도 출토
	굴식돌방무덤	어숙묘	○	고구려·백제의 영향

14 도교사상과 관련이 <u>없는</u> 것은?

① 조선 시대 소격서와 마니산의 초제
② 산송 문제
③ 신라의 화랑도
④ 고구려 안악 고분의 비천도

> **해설** 산송 문제는 풍수지리사상과 관련이 있다.
> ① 소격서는 조선 시대 도교의 관청이고, 초제는 도교에서 하늘에 제사 지내던 의식이다.
>
> 답 ②

15 고대의 불교사상에 대한 설명으로 옳지 <u>않은</u> 것은?

① 원효는 모든 것이 한마음에서 나온다는 일심사상을 바탕으로, 종파 간의 융합을 주장하였다.

② 의상은 모든 존재가 상호 의존적인 관계에 있으면서 서로 조화를 이루고 있다는 화엄사상을 정립하였다.

③ 도의는 인도와 중앙 아시아 여러 나라를 순례하고 「왕오천축국전」을 저술하였다.

④ 신라 말에는 선종 불교가 확산되어 지방 호족의 이념적 기반을 제공해 주었다.

 혜초는 당에서 바닷길로 인도에 들어가 인도와 중앙 아시아 여러 나라를 순례하고 풍물을 생생하게 기록한 「왕오천축국전」을 저술하였다. 1권 필사본이 전하고 있다.

답 ③

더 알아보기✚

고대의 불교사상

1. 삼국 시대

고구려	• 소수림왕(372) : 전진의 순도에 의해 전래 • 삼론종(대승불교) 중심
백제	• 침류왕(384) : 동진의 마라난타에 의해 전래 • 율종(소승불교) 중심. 겸익은 인도에 가서 구법, 노리사치계는 일본에 불교 전파
신라	• 눌지왕 때 고구려의 승려 묵호자에 의해 전래 • 법흥왕 때 이차돈의 순교로 공인(527)

2. 원효와 의상

구분	원효	의상
저술	「십문화쟁론」(일심사상)	「화엄일승법계도」(원융사상)
사찰	분황사(경주)	부석사(영주)
사상	아미타 신앙(극락에 가고자 하는 신앙을 직접 전도하여 불교의 대중화에 기여)	아미타 신앙과 관음 신앙(현세에서 고난을 구제받고자 하는 신앙)

16 통일신라 문화의 성격으로 옳지 <u>않은</u> 것은?

① 원측은 당의 서명사에서 규기와 대항하여 자기 학설을 강의하였다.
② 중기에는 조형 미술이 크게 발달하였다.
③ 황룡사 9층 목탑이 백제의 아비지에 의해 건축되었다.
④ 귀족 종교로 머물러 있던 불교가 민간에까지 퍼졌다.

> 해설 통일신라 시대가 아닌 삼국 시대 선덕여왕 때의 사실이다.
>
> 답 ③

17 다음에서 설명하는 사상과 관련된 것으로 옳지 <u>않은</u> 것은?

> • 경험에 의한 인문지리적 지식을 활용한 학설로 뒤에 예언적인 도참사상과 결부되었다.
> • 국토를 지방 중심으로 재편성할 것을 주장하여, 신라 정부의 권위를 약화시켰다.

① 통일을 전후하여 승려 도선에 의해 중국에서 들여왔다.
② 묘청의 서경천도운동에 영향을 주었다.
③ 신라 말기 6두품과 지방 호족은 이 학설을 지지하였다.
④ 조선 시대 산송 문제와 관련이 있다.

> 해설 제시문에서 설명하는 사상은 풍수지리사상이다. 풍수지리사상은 신라 말기에 도선이 중국에서 들여왔으며, 조선 시대에는 사대부들이 풍수지리설을 바탕으로 명당자리에 묘지를 선정하고자 하여 산송 문제가 발생하였다.
>
> 답 ①

18 고대의 문화재에 대한 설명으로 옳은 것은?

① 화엄사 4사자 3층탑은 백제 말기의 대표적인 석탑이다.
② 신라의 익산 미륵사지 석탑은 목조탑의 건축 양식을 모방한 초기 형식의 석탑이다.
③ 부여 정림사지 5층 석탑은 백제의 대표적인 석탑으로 안정되면서도 경쾌하다.
④ 통일신라의 감은사지 3층 석탑은 기단과 탑신에 부조로 불상을 조각한 건축물이다.

 ① 통일신라의 대표적인 석탑이다.
② 익산 미륵사지 석탑은 백제의 석탑이다.
④ 통일신라의 진전사지 3층 석탑에 대한 설명이다.

답 ③

더 알아보기 ⊕

삼국 시대의 석탑

구분	대표적 탑파	특징
고구려	주로 목탑 건립	현존하는 탑파 없음
백제	익산 미륵사지 석탑	목탑 양식의 석탑, 서탑만 일부 존재
	부여 정림사지 5층 석탑	안정되면서 경쾌한 모습
신라	황룡사 9층 목탑	거대한 규모, 고려 시대 몽골의 침입으로 소실
	분황사 모전 석탑	벽돌 모양 탑 양식 모방
통일신라	감은사지 3층 석탑	장중하고 웅대, 삼국 통일을 달성한 기상 반영
	불국사 3층 석탑	석가탑, 통일신라 석탑 양식의 전형, 높은 예술성과 건축술 반영
	진전사지 3층 석탑	기단과 탑신에 부조로 불상을 조각
	승탑과 탑비	팔각원당형 기본, 선종의 영향 및 지방 호족의 정치적 역량이 성장하였음을 반영

| STEP2 | 중세의 문화

01 고려시대 승려 의천에 대한 설명으로 가장 옳지 <u>않은</u> 것은?

① 흥왕사를 근거지로 삼아 화엄종을 중심으로 교종을 통합하려 하였다.
② 이론의 연마와 실천을 강조하는 교관겸수와 지관을 강조하였다.
③ 천태종에서 백련 결사를 제창하였다.
④ 원효의 화쟁사상을 계승하고 교선의 대립을 극복하려 하였다.

 백련 결사는 무신정권기에 활약한 천태종의 요세가 제창하였다.

답 ③

02 우리나라의 과학발전에 대한 설명으로 옳지 <u>않은</u> 것은?

① 고구려 고분 각저총에는 별자리가 그려진 벽화가 있다.
② 신라의 황룡사 9층 목탑은 수학적 기술을 응용하여 만들어졌다.
③ 현존하는 세계 최초 금속활자는 고려의 직지심체요절이다.
④ 최무선이 세계 최초로 화약을 발명하여 왜구를 섬멸하였다.

 중국은 10세기 무렵부터 화약을 발명해 사용해왔다. 그러나 국가 기밀로 제조 기술을 엄격히 통제하였고 최무선은 적극적인 노력 끝에 한국 최초로 화약을 제조·개발하는 데 성공하였다.

답 ④

더 알아보기⊕

고려 시대 과학 기술의 발달

천문학	• 사천대(서운관) 설치 : 천문과 역법 담당 관청 → 천문 관측 기록 풍부(일식, 혜성 등) • 역법 연구 발전 : 당의 선명력(초기), 원의 수시력(충선왕)
의학	• 태의감 : 의료 업무 담당, 의학 교육 실시, 의과 시행 • 자주적 의학 발달 : 「향약방」, 「향약구급방」 편찬
인쇄술	• 목판 인쇄술 : 대장경 간행 • 금속 인쇄술 : 상정고금예문(1234), 직지심체요절(1377) • 제지술 : 닥나무 재배 장려, 종이 제조 전담 관서 설치
무기 제조 및 조선술	• 화약 : 최무선(화통도감) → 왜구 격퇴(진포 싸움) • 조선 기술 : 대형 범선 제조, 대형 조운선, 전함 등장

03 고려 시대 건축에 대한 설명으로 옳지 **않은** 것은?

① 고려 전기의 석탑은 송나라 탑의 영향을 받아 다각형이 많이 나타나고, 층수도 많아졌다.
② 부석사 무량수전은 고려 시대 주심포 양식을 대표하는 건물이다.
③ 법천사 지광국사 현묘탑은 신라 영향을 받은 팔각원당형의 승탑이다.
④ 경천사 10층 석탑은 라마교의 영향으로 화려한 조각이 새겨져 있다.

신라 승탑 양식인 팔각원당형을 계승한 고려 시대의 승탑은 고달사지 원종대사 혜진탑이다. 법천사 지광국사 현묘탑은
사각의 특이한 형태를 취하면서 조형미가 뛰어난 승탑이다.

답 ③

04 고려의 문화에 대한 설명으로 옳지 **않은** 것은?

① 송에서 수입된 대성악이 아악이라는 궁중음악으로 발전하였다.
② 고려 후기에는 「관동별곡」, 「죽계별곡」 등의 경기체가가 유행하였다.
③ 고려의 유학은 무신정권기에 크게 번성하였다.
④ 혜허의 관음보살도는 고려 후기의 대표적인 불화 작품이다.

무신정권기에는 문벌 귀족 세력이 몰락함에 따라 고려의 유학이 번성할 수 없었다.

답 ③

더 알아보기➕

고려 시대 유학의 발달

주요 개념	유학 학풍	교육 발달	대표 학자
초기	자주적 · 주체적, 과거제 실시	국자감, 향교 설치	최승로, 김심언
중기	보수적 · 사대적, 문벌 귀족 사회 발달	사학 12도 발달	최충, 김부식
무신집권기	유학 쇠퇴, 문벌 귀족 몰락	교육 활동 위축	신진 사대부 성장
원간섭기	성리학 수용, 실천적 기능 강조	관학 진흥	안향, 이제현, 백이정 등
고려 말기	사회 개혁적, 배불론(「불씨잡변」)	성균관 부흥	정몽주, 정도전 등

05 고려 시대의 교육 기관에 대한 설명으로 옳은 것은?

① 예종 때에는 국자감에 서적포를 두어 서적 간행을 활성화하였다.

② 숙종 때에는 양현고라는 장학 재단을 두어 관학의 경제 기반을 강화하였다.

③ 지방 관리와 서민의 자제들의 교육 기관은 태학이었다.

④ 중앙에는 국립대학으로 국자감(국학)이 설치되었다.

> **해설**
> ① 숙종 때 국자감에 서적포를 설치하였다.
> ② 예종 때 장학 재단으로 양현고를 두었다.
> ③ 지방에는 향교가 설치되어 지방 관리와 서민 자제들의 교육을 담당하였다.
>
> 답 ④

더 알아보기➕

고려의 교육 기관

관학 장려	사학의 융성	관학 진흥
• 국자감 정비(중앙) : 성종 때 설치(유학부, 기술학부) • 향교 설치(지방) : 주로 지방 관리와 서민의 자제 교육	고려 중기 사학 12도 융성(최충의 9재학당 등) → 관학 위축	• 숙종 : 국자감에 서적포 설치 • 예종 : 국학 7재, 양현고, 청연각 설치 • 인종 : 경사 6학 정비, 유학 교육 강화 • 충렬왕 : 섬학전, 문묘 건립 • 공민왕 : 성균관 부흥(순수 유교 교육)

06 고려의 교육제도에 대한 설명으로 옳지 <u>않은</u> 것은?

① 성종은 국립대학인 국자감을 설립하여 유교적 통치 질서를 뒷받침하였다.

② 7재와 양현고는 관학진흥책의 한 방편이었다.

③ 율학, 산학 등 기술학은 해당 관청에서 교육하였다.

④ 중기 때 최충의 9재학당을 중심으로 사학이 융성하였다.

> **해설**
> 고려 시대 국자감의 기술학부는 8품 이하 및 서민 자제가 입학할 수 있으며 율학, 서학, 산학의 교육을 담당하였다. 조선 시대에는 해당 관청에서 기술교육을 실시하였다.
>
> 답 ③

07 고려 시대에 국가 불교가 발전한 사실과 관련된 내용으로 옳은 것을 모두 고르면?

> ㉠ 승과를 실시하여 합격한 승려들에게 법계를 부여하였다.
> ㉡ 팔관회와 연등회가 성대히 거행되었으며, 왕이 보살계를 받는 보살계도량이 별도로 열렸다.
> ㉢ 승정을 담당한 승록사라는 기구가 있었으며 승군이 조직되어 국방의 일익을 담당하기도 했다.
> ㉣ 현존하는 팔만대장경은 대부분 해인사에서 제작되었다.

① ㉠
② ㉠, ㉡
③ ㉠, ㉡, ㉢
④ ㉠, ㉡, ㉢, ㉣

해설 몽고의 침입을 물리치고자 하는 염원에서 만든 팔만대장경은 최우가 강화도에 대장도감을 설치하여 제작한 것으로, 1237년부터 1248년 사이에 대부분 완성하였으며 조선 초기에 합천의 해인사로 이전하여 보존되고 있다.

답 ③

08 고려 시대의 불교 정책에 대한 설명으로 옳은 것은?

① 고려 전기 보조국사 지눌은 선종 중심으로 교종을 통합하여 조계종을 창시하였으며, 무신 정권의 후원을 받았다.
② 고려 후기 대각국사 의천은 교종을 중심으로 선종을 통합하여 해동 천태종을 창시했다.
③ 고려 성종은 연등회와 팔관회를 폐지했다.
④ 고려 태조 때 승려 제관은 천태학을 중국에 전하였다.

해설 ① · ② 고려 전기 · 중기에는 천태종(의천), 고려 후기에는 조계종(지눌)이 유행하였다.
④ 고려 광종 때의 사실이다.

답 ③

09 고려 시대 불교에 대한 설명으로 옳지 <u>않은</u> 것은?

① 의천의 교관겸수는 교학의 수련을 중심으로 선종을 포용하려는 이론이다.

② 혜심은 유불일치설을 주장하여 장차 성리학 수용의 토대를 마련하였다.

③ 지눌은 흥왕사에서 화엄종을 중심으로 선종을 통합했다.

④ 고려 초기에는 교종이 성행하였다.

해설 흥왕사에서 화엄종을 중심으로 교종을 통합한 승려는 의천이다.

답 ③

더 알아보기 ➕

의천과 지눌의 불교통합운동

구분	천태종(의천)	조계종(지눌)
배경	불교 의식의 폐단 노출(법상종과 화엄종 발달)	선종 부흥과 신앙결사운동 전개(수선사 등)
과정	교종>선종	선종>교종
중심 사찰	국청사	송광사
결사 운동	백련결사(요세)	수선사결사(지눌)
후원 세력	문벌 귀족(고려 중기)	무신 정권(고려 후기)
특징	• 교종사상의 통합 노력 • 교관겸수, 내외겸전 • 원효의 '화쟁사상' 중시	• 선 · 교 일치사상 완성 • 정혜쌍수, 돈오점수 • 불교개혁운동(독경, 선 수행, 노동)
영향	• 불교의 폐단 시정 대책 미흡 • 의천 사후 교단 분열, 귀족 중심 불교 지속	유 · 불교사상 일치설(혜심) : 심성 도야 강조 → 성리학 수용 기반 형성

10 김부식의 「삼국사기」에 대한 설명으로 옳지 <u>않은</u> 것은?

① 고구려 계승의식과 민족 자주정신이 드러난다.

② 현존하는 우리나라 최고의 정사이다.

③ 고려 인종 때 편찬되었다.

④ 본기, 열전, 지, 표로 구성된 기전체 역사서이다.

해설 고려 후기 충렬왕 때 일연이 저술한 「삼국유사」에 대한 설명이다.

답 ①

11 고려 문화에 대한 설명으로 옳지 <u>않은</u> 것은?

① 수도 개경에 첨성대를 설치하고, 서운관에서 천문 관측을 담당하였다.
② 몽골 침입을 격퇴하기 위해 재조대장경판을 강화도에서 조판하였다.
③ 직지심체요절을 청주 흥덕사에서 우왕 때 금속 활자로 인쇄하였다.
④ 고려 청자는 무신 정권 시기에 퇴화하였다.

 고려의 상감청자는 12세기 중엽에 독창적인 상감 기법이 개발되면서 만들어지기 시작하여 13세기 후반인 원간섭기에 퇴화하였다. 무신 정권은 12세기이다.
① 사천대(서운관)를 설치하고 관리들은 첨성대에서 관측 업무를 수행하였다.
② 13세기 중엽(고종) 몽고가 침입하자 최우 등은 강화도로 천도하여 대장도감을 설치하고 고종 24~35년(1237~1248)에 걸쳐 대장경을 만들었다. 이는 부처의 힘으로 몽고군을 격퇴하고자 함이었다.
③ 「직지심체요절」은 청주 흥덕사에서 '백운화상'이 간행한 것으로 현존 세계 최고의 금속 활자본으로 공인되었다. 현재 프랑스 파리 국립 도서관에서 보관하고 있다.

답 ④

12 다음 글을 쓴 인물에 대한 설명으로 옳은 것은?

> 동명왕의 일은 변화의 신이한 것으로 여러 사람의 눈을 현혹한 것이 아니고, 실로 나라를 창시한 신기한 사적이니 이것을 서술하지 않으면 후인들이 장차 어떻게 볼 것인가? 그러므로 시를 지어 기록하여 우리나라가 본래 성인(聖人)의 나라라는 사실을 천하에 알리고자 하는 것이다.

① 교종의 입장에서 정리한 서적을 편찬하였다.
② 고금의 예문을 모은 「상정고금예문」을 편찬하였다.
③ 우리 역사를 중국사와 대등하게 파악한 「제왕운기」를 저술하였다.
④ 그의 시와 글을 모은 「동국이상국집」이 남아있다.

 「동명왕편」이 실려 있는 「동국이상국집」의 저자는 이규보이다. 이규보의 「동명왕편」은 천제의 자손인 고구려 건국의 영웅 동명왕의 업적을 칭송한 일종의 영웅 서사시로서, 고구려의 계승 의식을 반영하고 고구려의 전통을 노래하였다.
① 「해동고승전」을 쓴 각훈에 대한 설명이다.
② 「상정고금예문」은 고려 인종 때 최윤의 등이 지은 것으로 현존하지 않는다.
③ 이승휴가 쓴 「제왕운기」도 우리나라의 역사를 단군에서부터 서술하면서 중국사와 대등하게 파악하는 자주성을 나타내었다.

답 ④

13 다음 글을 쓴 승려에 대한 설명으로 옳은 것은?

> 한마음(一心)을 깨닫지 못하고 한없는 번뇌를 일으키는 것이 중생인데 부처는 이 한마음을 깨달았다. 깨닫고 아니 깨달음은 오직 한마음에 달려 있으니 이 마음을 떠나 따로 부처를 찾을 것이 없다. … 하루는 같이 공부하는 사람 10여 인과 약속하였다. 명예와 이익을 버리고 산림에 은둔하여 결사를 결성하자. 항상 선을 익히고 지혜를 골고루 하는 데 힘쓰자.

① 불교와 유교의 통합을 시도하였다.
② 백성의 신앙적 욕구를 고려하여 백련결사를 제창하였다.
③ 교장을 간행하여 동아시아 각국의 불교학설을 정리하였다.
④ 꾸준한 수행으로 깨달음의 확인을 아울러 강조한 돈오점수를 주장하였다.

> **해설**
> 제시문은 고려 후기 지눌 스님이 엮은 「권수정혜결사문」에서 발췌한 것이다.
> ④ 돈오(사실을 깨닫는 것)는 선종의 특징이고, 점수(꾸준한 수양)는 교종의 특징이다. 즉, 지눌은 깨달음에 그치지 않고 꾸준한 수양을 해야 함을 주장하였다(돈오점수).
> ① 지눌의 제자인 혜심의 유불일치설에 관한 설명이다.
> ② 결사운동을 전개한 천태종 승려 요세에 관한 설명이다.
> ③ 고려 중기 속장경(교장)을 편찬한 의천의 활동에 대한 설명이다.
>
> 답 ④

14 고려 시대의 인쇄술에 대한 설명으로 옳지 **않은** 것은?

① 「상정고금예문」은 세계 최고(最古)의 금속활자본으로 전해지지 않고 있다.
② 「직지심체요절」은 현존하는 세계 최고의 금속활자본으로 공인받고 있다.
③ 인쇄술과 제지술이 발달하였다.
④ 몽골과 전쟁 중이던 강화도 피난 시에 「직지심체요절」을 만들었다.

> **해설**
> ④ 이규보의 「동국이상국집」에 의하면 강화도 피난시절에 최우가 보관하던 「상정고금예문」 50권을 28부 인쇄했다는 기록이 있으나 현존하지는 않는다.
> ② 「직지심체요절」은 현존하는 가장 오래된 금속활자로 청주 흥덕사에서 1377년에 간행되었다.
>
> 답 ④

15 고려 시대 역사서의 특징에 대한 설명으로 옳은 것은?

① 김부식의 「삼국사기」는 종교적 입장에서 고대의 전통 문화를 서술하려 하였다.

② 일연의 「삼국유사」는 당시 보수적인 유교사관을 잘 대변해 주는 사서이다.

③ 이제현의 「사략」에는 유교의 합리적 사관이 반영되고 또한 새로운 성리학적 사관도 반영되어 있다.

④ 이승휴의 「제왕운기」는 민족의식을 바탕으로 고구려의 전통을 장엄한 서사시로 엮은 것이다.

> **해설**
> ① 일연의 「삼국유사」에 대한 설명이다.
> ② 김부식의 「삼국사기」에 대한 설명이다.
> ④ 이규보의 「동명왕편」에 대한 설명이다. 이승휴의 「제왕운기」에는 고조선 계승의식이 나타나 있다.
>
> 답 ③

16 고려 시대 불교와 관련된 설명으로 옳지 않은 것은?

① 태조 – 불교를 숭상하였고 연등회와 팔관회를 개최하였다.

② 광종 – 국사와 왕사제도를 두어 왕실의 고문 역할을 담당하게 하였다.

③ 성종 – 유교 정치이념을 채택하였지만 최승로의 건의로 경종 때 폐지되었던 연등회와 팔관회를 일시적으로 부활하였다.

④ 현종 – 거란의 침입을 부처의 힘으로 막고자 대장경을 조판하였다.

> **해설**
> 성종 때에는 유교 정책이 강조되면서, 연등회와 팔관회 등이 일시적으로 폐지되었다.
>
> 답 ③

더 알아보기➕

고려 시대의 불교 정책

태조	광종	성종	현종 이후
불교 국가의 방향 제시	승과제도 실시	유교 정치 이념 채택	국가 보호로 융성
• 훈요 10조 • 연등회 · 팔관회 개최	• 국사 · 왕사제도 설치 • 불교 통합 노력 　(귀법사 창건) • 천태종 연구(의통, 제관) • 「천태사교의」(제관)	연등회 · 팔관회 폐지	• 현화사 · 흥왕사 건립 • 연등회 · 팔관회 부활 • 초조대장경 조판
• 사원 : 사원전 지급, 승려의 면역 혜택 부여 • 향도 : 불교와 함께 토속 신앙의 면모도 보이며, 불교와 풍수지리설이 융합된 모습도 보임			

17 고려 시대에 들어와 성행했던 도교에 대한 설명으로 옳지 <u>않은</u> 것은?

① 예종 때에 도교 사원인 도관이 설치되었다.

② 불로장생과 현세 구복을 추구하는 특징을 가졌다.

③ 몽고 침입 이후 교단이 성립되어 민간에 널리 퍼졌다.

④ 왕실의 안녕을 비는 국가적인 도교 행사가 거행되기도 하였다.

해설 고려 시대의 도교는 불교적 요소와 도참사상을 수용하였으나 일관성이 결여되었고 교단도 없어 민간 신앙으로 확대되지 못했다.

답 ③

더 알아보기➕

고려 시대 도교와 풍수지리설

구분	도교	풍수지리설
배경	불로장생 · 현세 구복 추구	도참사상이 가미되어 크게 유행
내용	• 국가의 안녕과 왕실의 번영 기원(초제 성행) • 팔관회(도교, 민간 신앙, 불교 복합 행사)	• 서경 길지설 : 북진 정책 배경 → 묘청의 서경천도 운동 • 한양 명당설 : 남경 길지설 → 한양 천도의 근거
영향	불교적 요소 · 도참사상 수용 → 일관성 결여, 교단 성립 못함	훈요 10조에서 중시, 비보 사찰 건립, 과거를 통해 풍수 지리 관리 등용

18 고려의 건축 문화에 대한 설명으로 옳지 <u>않은</u> 것은?

① 고려 시대의 석탑은 형식에 구애받지 않고 여러 형태로 제작되었다.

② 고려 전기의 건축물로는 개성 불일사 5층 석탑, 월정사 팔각 9층 석탑, 경천사 10층 석탑 등이 있다.

③ 고려 시대의 불상으로 전통 양식을 계승한 부석사 소조 아미타여래 좌상이 있다.

④ 고달사지 승탑은 팔각원당형을 계승한 고려 시대의 승탑이다.

해설 경천사 10층 석탑은 고려 후기의 석탑으로 원의 영향을 받았으며, 조선 시대 원각사지 10층 석탑의 원형이다.

답 ②

더 알아보기⊕

고려 시대의 건축과 조각

건축	궁궐과 사찰 중심, 단아하고 세련된 특성	• 주심포 양식 : 봉정사 극락전, 부석사 무량수전, 수덕사 대웅전 • 다포 양식 : 성불사 응진전(후기 건물 → 조선 시대 건축에 영향)
석탑	신라 양식 일부 계승＋독자적 조형미 → 다양한 형태	• 전기 : 개성 불일사 5층 석탑, 월정사 팔각 9층 석탑(다각 다층) • 후기 : 경천사 10층 석탑(원 모방, 조선 원각사지 10층 석탑의 원형)
승탑	선종 유행과 관련	고달사지 승탑(팔각원당형 계승), 법천사 지광국사 현묘탑
불상	균형미 부족, 시기와 지역에 따라 다양한 제작 기법	• 대형 불상 축조 : 광주 춘궁리 철불, 관촉사 석조 미륵보살 입상 • 안동 이천동 석불(민심 안정에 대한 소망 반영) • 부석사 소조 아미타래여래 좌상(전통 양식 계승)

19 고려 시대 승려 의천에 대한 설명으로 옳지 <u>않은</u> 것은?

① 흥왕사를 근거지로 삼아 화엄종을 중심으로 교종을 통합하려 하였다.
② 이론의 연마와 실천을 강조하는 교관겸수와 지관을 강조하였다.
③ 천태종에서 백련결사를 제창하였다.
④ 원효의 화쟁사상을 계승하고 교선의 대립을 극복하려 하였다.

해설 백련결사는 무신정권기에 활약한 천태종의 요세가 제창하였다.

답 ③

20 고려 시대 서화와 음악에 대한 설명으로 옳은 것은?

① 향악 – 송의 속악으로 팔관회에서 연주되었다.
② 아악 – 대표적인 곡으로 동동과 대동강이 전해진다.
③ 서예 – 전기에는 구양순체, 후기에는 송설체가 유행하였다.
④ 회화 – 불화 중심으로 발전하여 문인화는 거의 그려지지 않았다.

해설 향악은 우리나라 고유 음악으로 동동, 대동강 등의 곡이 남아 있으며, 고려 후기에는 문인화가 유행했으나 전하지 않는다.

답 ③

더 알아보기➕

고려 시대 서화와 음악

서예	• 전기 : 구양순체 유행, 신품 4현(유신, 탄연, 최우, 김생) • 후기 : 송설체(조맹부체) 유행, 이암
회화	• 왕실과 귀족의 취미로 발달, 도화원 설치 • 이령(예성강도), 공민왕(천산대렵도 – 원대 북화의 영향), 문인화의 유행 • 불교 회화 : 관음보살도(혜허), 부석사 조사당 사천왕상 · 보살상, 사경화
음악	• 아악(대성악) : 송에서 수입 → 궁중 음악, 전통 음악으로 발전 • 향악(속악) : 우리의 고유 음악이 당악의 영향으로 발달, 동동 · 대동강 · 한림별곡

21 다음과 같은 문화 활동을 전후한 시기의 농업 기술 발달에 대한 내용으로 옳은 것을 〈보기〉에서 모두 고르면?

> • 서예에서 간결한 구양순체 대신에 우아한 송설체가 유행하였다.
> • 고려 태조에서 숙종 대까지의 역대 임금의 치적을 정리한 「사략」이 편찬되었다.

보기

> ㉠ 2년 3작의 윤작법이 점차 보급되었다.
> ㉡ 원의 「농상집요」가 소개되었다.
> ㉢ 우경에 의한 심경법이 확대되었다.
> ㉣ 상품 작물이 광범위하게 재배되었다.

① ㉠, ㉡
② ㉡, ㉢
③ ㉠, ㉡, ㉢
④ ㉡, ㉢, ㉣

해설
• 송설체 : 원대의 문인화가 조맹부의 서체를 말하며 그의 호를 따서 붙여진 이름이다. 우리나라에는 고려 말기에 유입되어 조선 초기에 안평대군을 중심으로 크게 유행했었다.
• 「사략」 : 이제현이 태조에서 숙종까지를 분담 집필하기로 했는데 그 초고를 말한다. 그러나 이제현의 초고는 홍건적 침략 때 소실되었다.
따라서 제시문은 모두 고려 후기의 문화에 대한 것이다. 고려 후기에는 2년 3작의 윤작법이 보급되었고, 이암에 의해 원의 농서인 「농상집요」가 소개되었다. 또한, 우경에 의한 심경법이 확대되면서 농업 기술이 발전하였다. 상품 작물이 광범위하게 재배된 시기는 조선 후기이다.

답 ③

STEP3 | 근세의 문화

01 조선 초기 과학기술의 발전에 대한 설명으로 가장 옳지 <u>않은</u> 것은?

① 천체 관측 기구인 혼의와 간의를 제작하였다.
② 우리 풍토에 맞는 약재와 치료법을 정리한 「의방유취」를 편찬하였다.
③ 정밀 기계 장치와 자동시보 장치를 갖춘 물시계 자격루를 만들었다.
④ 세계 최초로 강우량을 측정하는 측우기를 만들었다.

> 해설 우리 풍토에 알맞은 약재와 치료 방법을 개발, 정리한 약학서는 「향약집성방」이다. 「의방유취」는 세종 때 편찬한 의학백과사전이다.
>
> 답 ②

02 「조선왕조실록」에 대한 설명으로 옳은 것은?

① 「태조실록」부터 「순종실록」까지를 정리하여 편년체로 편찬하였다.
② 사관들은 국사에 대한 논의 등 객관적인 기록을 하였고, 주관적인 인물평이나 기밀사항은 기록하지 않았다.
③ 다른 유교 문화권 나라에는 없는 유일한 것으로서 그 가치를 인정 받아 세계 기록 유산으로 선정되었다.
④ 왕은 사관들이 작성한 사초를 볼 수 없었고, 왕이 죽은 뒤에야 실록청을 설치하여 실록을 편찬하였다.

> ① 「조선왕조실록」은 「태조실록」부터 「철종실록」까지의 기록을 말한다. 「고종실록」과 「순종실록」은 일제의 영향으로 왜곡이 심하고 실록의 가치를 훼손하여 「조선왕조실록」으로 보지 않는다.
> ② 사관들은 국사에 대한 논의뿐 아니라 인물 개개인에 대한 평, 잘잘못, 기밀사항을 모두 기록하였다.
> ③ 중국과 일본도 실록을 편찬하였으나 「조선왕조실록」은 25대에 걸친 472년 간의 장기간의 기록 인쇄본으로 그 양과 질적인 면에서 가치를 인정받아 세계 기록 유산으로 선정되었다.
>
> 답 ④

03 다음의 역사관을 가지고 있던 시기의 문화에 대한 설명으로 옳은 것만을 〈보기〉에서 모두 고른 것은?

> 대개 지난 시기 흥망이 앞날의 교훈이 되기에 이 역사책을 편찬하여 올리는 바입니다. …(중략)… 이 책을 편찬하면서 범례는 사마천의 「사기」에 따랐고, 기본 방향은 직접 왕에게 물어서 결정하였습니다. '본기'라고 하지 않고 '세가'라고 한 것은 대의명분의 중요함을 보인 것입니다. 신우, 신창을 세가에 넣지 않고 열전으로 내려놓은 것은 왕위를 도적질한 사실을 엄히 밝히려 한 것입니다. 충신과 간신, 부정한 자와 공정한 자를 다 열전을 달리해 서술하였습니다. 제도 문물은 종류에 따라 나눠 놓았습니다.
> – 「고려사」 서문

보기

㉠ 곤여만국전도가 전해졌다.
㉡ 군현의 연혁, 지세 등을 수록한 「신찬팔도지리지」를 편찬하였다.
㉢ 갑인자를 주조하고 식자판 조립 방법을 개발하였다.
㉣ 한글의 음운 연구서인 「훈민정음운해」를 편찬하였다.
㉤ 규형을 이용하여 토지를 측량하였다.

① ㉠, ㉡, ㉢
② ㉡, ㉢, ㉣
③ ㉡, ㉢, ㉤
④ ㉠, ㉣, ㉤

해설
제시문은 15세기 무렵의 역사관을 밝히고 있다. 세종 때 「신찬팔도지리지」가 편찬되었고 세계 최초로 측우기가 제작되었으며, 정교한 금속 활자인 갑인자가 주조되고 식자판의 조립방법을 개발하였다. 또한 토지 기구인 인지의와 규형을 만들어 전국의 토지 측량과 지도 제작에 이용하였다.
㉠ · ㉣ 「훈민정음운해」는 조선 영조 26년(1750)에 신경준이 지은 음운 연구서이며 곤여만국전도는 17세기에 전해진 지도이다.

답 ③

04 조선 시대의 예학에 대한 설명으로 옳지 <u>않은</u> 것은?

① 예학은 가문의 내력을 파악하기 위해 족보를 편찬하고, 조사하는 학문이다.

② 17세기는 예학이 발달하여 특히 강조되었다.

③ 각 학파 간 예학의 차이로 인해 두 차례의 예송 논쟁이 있었다.

④ 김장생의 「가례집람」은 예학의 기본 경전이라 할 수 있다.

해설 예학은 예법에 관한 학문으로, 종족 내부의 의례를 규정한 것이다.
① 보학에 관한 설명이다.

답 ①

더 알아보기 ➕

예학의 발달

예학의 보급 (16세기)	• 16세기 중반 : 생활 규범서 「주자가례」 출현, 「주자가례」의 학문적 연구 시작 • 16세기 후반 : 성리학을 공부하는 학자들 대부분이 예에 관심을 가짐
예학의 발달 (17세기)	• 양난 이후 유교적 질서의 회복 강조 → 예학 연구 심화(김장생, 정구 등) • 각 학파 간 예학의 차이 → 예송 논쟁 발생

05 조선 초기 공예에 대한 설명으로 옳지 <u>않은</u> 것은?

① 궁중과 관청에서는 금이나 은으로 만든 그릇 대신 백자를 많이 사용하였다.

② 고려와 달리 사치품보다는 생활필수품이나 문방구 등에서 특색을 보였다.

③ 장롱 등에 그림을 그리고 그 위에 쇠뿔을 얇게 쪼개 붙이는 화각 공예가 등장하였다.

④ 공예품의 재료로 금, 은, 구슬 등 값비싼 보석류를 사용하여 세련미를 더하였다.

해설 조선의 공예는 실용성과 검소함을 중요하게 여기고 사대부의 기품을 반영하고자 하였다. 따라서 사치품보다는 생활필수품에서 특색을 드러냈으며, 공예품의 재료로는 금, 은, 구슬과 같은 보석류보다는 나무, 대나무, 흙 등 값싼 재료를 주로 이용하였다.

답 ④

06 밑줄 친 '이 농서'가 처음 편찬된 시기의 문화에 대한 설명으로 옳은 것은?

> 「농상집요」는 중국 화북 지방의 농사 경험을 정리한 것으로서 기후와 토질이 다른 조선에는 도움이 될 수 없었다. 이에 농사 경험이 풍부한 각 도의 농민들에게 물어서 조선의 실정에 맞는 농법을 소개한 <u>이 농서</u>가 편찬되었다.

① 현실 세계와 이상 세계를 표현한 몽유도원도가 그려졌다.
② 선종의 입장에서 교종을 통합한 조계종이 성립되었다.
③ 윤휴는 주자의 사상과 다른 모습을 보여 사문난적으로 몰렸다.
④ 진경산수화와 풍속화가 유행하였다.

해설
'조선의 실정에 맞는 농법'을 소개한 이 농서는 세종 때 간행된 「농사직설」이다.
① 몽유도원도는 15세기에 세종의 아들인 안평대군이 안견에게 꿈에서 본 광경을 이야기하여 그리게 한 것이다.
② 고려 무신정권기
③ 조선 숙종
④ 조선 후기(18세기)

답 ①

07 조선 시대의 실록 편찬에 대한 설명으로 옳지 <u>않은</u> 것은?

① 실록은 사관이 기록한 사초와 춘추관에서 만든 시정기를 토대로 편찬하였다.
② 실록 편찬의 공정성을 기하기 위해 왕이 살아있는 동안에는 그 왕의 실록을 편찬하지 않았다.
③ 실록은 초초 · 중초 · 정초의 세 단계 수정 작업을 거쳐 완성되었다.
④ 보전에 만전을 기하기 위해 실록도 6부를 만들어 여섯 군데 사고에 보관하였다.

해설
이미 편찬된 실록은 수정과 개수가 가능하며, 4대 사고에 보관하였으나 임진왜란 때에 전주 사고본만 제외하고 모두 소실되었다. 이후 전주 사고본을 토대로 광해군 때 5대 사고로 정비되었으나 현재에는 태백산 사고본, 정족산 사고본, 적상산 사고본이 전해진다.

답 ④

08 조선 시대 불교계의 동향에 대한 설명으로 옳은 것은?

① 조선 초기 성리학에 입각한 억불 정책으로 교세가 크게 위축되었으나, 사회적 위신은 약화되지 않았다.

② 민간에서는 여전히 불교가 신봉되었으나 왕실과 궁중에서는 불교 신앙 행위가 근절되었다.

③ 세종은 도첩제를 실시하여 출가를 신고제로 바꿈으로써 위축되었던 불교 교세를 어느 정도 만회시켜 주었다.

④ 세조는 간경도감을 설치하여 불경의 번역에 힘쓰는 등 적극적인 불교 진흥책을 시행하였으나 일시적인 효과에 그치고 말았다.

> **해설**
> ① · ② 사원에 대한 국가적 통제가 강하여 국가의 지도 이념으로서의 지위는 잃었으나, 신앙의 대상으로서 궁중과 민간 사회에서는 여전히 신봉되었다. 또한 왕실의 안녕을 기원하는 행사가 자주 시행되어 불교의 명맥은 유지되었다.
> ③ 태조는 도첩제를 실시하여 승려로서의 출가를 제한하였다.
>
> 정답 ④

더 알아보기 ➕

조선 전기의 불교 정책

구분	억불책	진흥책
배경	• 성리학적 통치이념 확립 • 집권 세력의 경제적 기반 확보	• 왕실의 안녕과 왕족의 명복 기원 • 산간 불교화
정비	• 태조 : 도첩제 실시 → 승려의 수 제한 • 태종 : 사원의 토지와 노비 몰수 • 세종 : 교단 정리 → 선교 양종 36개 절만 인정 • 성종 이후 : 사림들의 불교 비판 → 산간 불교화	• 세조 : 간경도감 설치(한글로 불경 간행) • 명종 : 불교 회복 정책(보우 중용, 승과 부활) • 임진왜란 때 승병 활약(서산대사, 사명대사)

09 다음에서 설명하는 교육 기관에 대한 설명으로 옳은 것은?

> • 성현에 대한 제사와 유생의 교육, 지방민의 교화를 위해 부 · 목 · 군 · 현에 각각 하나씩 설립하였다.
> • 문묘, 명륜당과 기숙사인 동재와 서재가 있었다.
> • 정부에서는 학전을 지급하여 운영 경비를 마련하게 하였다.

① 초등 교육을 담당하는 사립 교육 기관이었다.
② 지방 관학으로 군현의 인구 비례에 따라 입학 정원이 달랐다.
③ 최고 교육 기관으로 입학 자격은 생원과 진사를 원칙으로 하였다.
④ 국가로부터 사액과 함께 서적 등을 받기도 하였다.

 제시문은 조선 시대 중등교육 기관인 향교에 대한 설명이다.
② 향교는 성현에 대한 향례와 유생들의 교육 등을 위해 부, 목, 군, 현에 하나씩 설립되었다.
① 서당, ③ 성균관, ④ 서원

답 ②

10 16세기 조선 예술에 대한 설명으로 옳은 것은?

① 자연 속에서 서정미와 개성을 추구하는 화풍이 유행하였다.
② 사람들은 서화를 즐겨 진취적이고 호방한 작품을 많이 남겼다.
③ 문학은 사설 시조, 가사, 서민 문학 등이 다양하게 발전하였다.
④ 금산사 미륵전, 화엄사 각황전이 건축되었다.

 ② 15세기 서화
③ 17세기 이후의 문학
④ 17세기 건축물

답 ①

더 알아보기 ⊕

15~16세기 조선의 예술 활동

구분	15세기	16세기
건축	• 신분별 건물 규모 법적 규제 • 주위 환경과의 조화 중시 • 궁궐 · 관아 · 성곽 · 성문 · 학교 건축 중심	• 서원 건축 중심(주택 · 정자 · 사원 양식 배합) • 옥산서원(경주), 도산서원(안동)
공예	분청사기(광주 분원 유명)	순수백자(사대부의 취향과 관련)
	목공예(실용성과 예술성의 조화), 화각 공예, 자개 공예(나전칠기), 자수와 매듭 공예	
그림	• 중국 화풍 수용, 독자적 화풍 개발 • 일본 무로마치 시대에 영향 • 몽유도원도(안견), 고사관수도(강희안), 화기(신숙주)	• 자연속의 서정미 추구(산수화, 사군자 유행) • 이암, 이정(대나무), 황집중(포도), 어몽룡(매화) • 신사임당(꽃, 나비, 오리), 이상좌(송하보월도)
글씨	안평대군(조맹부체)	양사언(초서), 한호(해서)
음악	• 아악 정리(박연), 「악학궤범」 편찬(성현) • 궁중 무용(나례춤, 처용무)	• 속악 발달(산대놀이, 꼭두각시놀이, 굿) • 서민 무용(농악무, 무당춤, 승무)

11 다음에 제시된 조선 시대의 과학 기술의 발전에 대한 설명 중 역사적으로 옳은 내용으로만 묶인 것은?

> ㉠ 15세기에 이미 전투선인 거북선이 제작되었다.
> ㉡ 과학의 발달은 중농주의 정책과 밀접한 관련이 있다.
> ㉢ 16세기의 사림유학자들은 기술학을 겸하여 학습하였다.
> ㉣ 토지 조사 및 조세 수입을 계산하기 위하여 「칠정산」이라는 수학 교재가 나왔다.

① ㉠, ㉡
② ㉠, ㉢
③ ㉠, ㉣
④ ㉡, ㉢

 해설

㉠ 태종 때 이미 거북선이 만들어졌으며, 이 외에도 비거도선이 제작되어 왜구 정벌에 사용되었다.
㉡ 중농주의 정책으로 농업 진흥에 대한 관심이 측량 기술 및 천문학, 수학의 발전을 가져왔다.
㉢ 훈구파 유학자들이 기술학을 겸하여 학습하였다.
㉣ 「칠정산」은 중국의 수시력(내편)과 아라비아의 회회력(외편)을 참고로 하여 만든 우리 실정에 맞는 역법서이다.

답 ①

12 조선 초기 건축물에 대한 설명으로 옳지 **않은** 것은?

① 조선 초기에는 사원 위주의 건축물이 중심이 되었다.
② 창덕궁은 자연 환경과의 조화가 뛰어나 세계문화유산으로 지정되었다.
③ 서원 건축은 가람 배치 양식과 주택 양식이 실용적으로 결합되었다.
④ 16세기에는 사림의 진출과 함께 서원 건축이 활발해졌다.

 조선 초기의 건축은 사원 위주로 발달한 고려와 달리 궁궐, 관아, 성문, 학교 등이 중심이 되었다.
② 건국 초기에는 도성을 건설하고 경복궁·창덕궁·창경궁을 세웠는데 특히 창덕궁은 아름다운 정원과 자연과의 조화로 세계문화유산으로 지정되어 있다.
③·④ 16세기 사림의 진출과 함께 서원 건축이 활발하게 진행되었다. 서원 건축 양식은 가람 배치 양식과 주택 양식으로 실용적이고 유교적인 검약 정신을 담았다.

답 ①

13 밑줄 친 '이것'이 완성된 시기의 사실로 옳은 것은?

이것이 완성되어 스스로 시간을 알려주니 이제 정확한 시간을 언제나 알 수 있게 되었구나. 앞서 간의 제작에도 힘쓰더니 이번에도 그의 공이 크다. 비록 천인 출신이지만 그를 대호군으로 임명하도록 하라.

① 농학 – 「농가집성」이 편찬되었다.
② 의약 – 「향약집성방」이 편찬되었다.
③ 건축 – 쌍계사, 개암사, 석남사 등의 사원이 건축되었다.
④ 무기 제조술 – 화약의 제조가 시작되었다.

 제시문은 조선 초기의 자격루(물시계)에 관한 내용이다. 즉, 조선 초기의 과학 기술의 발달로 적절한 것은 ②이다.
①·③ 조선 후기
④ 고려 말

답 ②

14 15세기와 16세기의 문화 내용을 비교하여 정리한 것이다. 옳지 <u>않은</u> 것은?

구분	15세기	16세기
① 주도 세력	훈구파	사림파
② 경향	민족 문화와 기술학 중시	이기론과 예학 중시
③ 건축	사원 건축	궁궐, 성곽, 학교 건축
④ 화풍	독자적 화풍, 일본에 영향	다양한 화풍, 사군자 유행

 해설 조선 초기에는 궁궐, 관아, 성문, 학교 등이 건축의 중심이 되었고, 16세기에는 사림의 진출과 함께 서원의 건축이 활발해졌다.

답 ③

15 조선 시대 역사서술의 경향이다. 시대순으로 바르게 나열된 것은?

> ㉠ 존화주의적, 왕도주의적 정치의식이 반영되었다.
> ㉡ 성리학적 대의명분을 존중하였다.
> ㉢ 자주적 입장에서 「고려사」를 재정리하였다.

① ㉠ → ㉡ → ㉢　　　　　　　　② ㉠ → ㉢ → ㉡
③ ㉡ → ㉢ → ㉠　　　　　　　　④ ㉢ → ㉠ → ㉡

해설 ㉡ 조선 건국 초기 사대부층의 성리학적 사관이다.
㉢ 15세기 자주적 사관에 대한 설명이다.
㉠ 16세기 사림의 존화주의적 사관에 대한 설명이다.

답 ③

더 알아보기⊕

조선 전기의 역사서 편찬

시기	건국 초기	15세기 중엽	16세기
사관	성리학적 사관	자주적 사관	존화주의적 사관
편찬 목적	• 왕조의 정통성에 대한 명분 • 성리학적 통치 규범 정착	역사를 자주적 입장에서 재정리	사림의 정치 · 문화 의식 반영
저서	• 「고려국사」(정도전), 　「동국사략」(권근)	• 「고려사」(기전체), 　「고려사절요」(편년체) • 「동국통감」 　(고조선~고려 말의 통사)	• 「동국사략」(박상) • 「기자실기」(이이)

| STEP4 | 문화의 새 기운

01 조선 후기 실학의 성격을 아래와 같이 규정할 때, 이와 합치되는 실학 운동을 〈보기〉에서 모두 고른 것은?

> • 민족주의적 성격
> • 근대 지향적 성격
> • 민본주의적 성격

보기
> ㉠ 민족의 역사적 정통성을 밝히고자 했고, 발해를 우리의 역사로 인식함으로써 한반도 중심의 협소한 사관을 극복하고자 하였다.
> ㉡ 중앙 집권과 국방력 강화를 위한 필요에서 대동여지도와 같은 지도와 지리서를 제작하였다.
> ㉢ 교조화된 성리학에 대한 비판에서 고증학이 연구됨에 따라 유교 통치 이념을 부정하였다.
> ㉣ 자영농의 육성을 주장한 외에도, 양반 제도의 비생산성을 비판하고 수레, 선박의 이용이나 화폐 유통의 필요성을 강조하였다.
> ㉤ 중국을 통해 들어온 서양의 철학과 정치사상 서적을 통해 유교 사상의 극복을 주장하였다.

① ㉠, ㉡   ② ㉠, ㉣
③ ㉡, ㉤   ④ ㉢, ㉣

해설
실학의 민족주의적 성격은 우리 문화에 대한 독자적인 인식을 강조한 것에서 볼 수 있고, 민본주의적 성격은 피지배층의 입장을 대변·옹호하여 피지배층의 편에서 개혁론을 제기한 것에서, 그리고 근대 지향적 성격은 사회 체제의 개혁과 생산력의 증대를 통해 근대 사회로 지향한 것에서 알 수 있다.

답 ②

02 다음 설명 중 옳지 <u>않은</u> 것은?

① 실학 – 고증학과 서양 과학의 영향을 받아 사회개혁론을 제시하며 18세기에 가장 활발하였다.

② 성리학 – 고려 말 신진 사대부들에 의해 대두되면서 조선 시대에 와서는 통치 이념으로 확립되었다.

③ 풍수지리설 – 신라 말에 가장 활발하였으며, 고려 시대에 들어와서는 퇴조하였다.

④ 양명학 – 강화학파에 의해 계승되어 역사학 · 국어학 · 서화 · 문학 등 새로운 경지를 개척하는 데 영향을 끼쳤다.

> **해설** 삼국 시대에 들어온 풍수지리설은 신라 말부터 활발해져 고려 시대에 전성기를 이루었다. 또한 조선 초기에는 한양으로 도읍을 천도하는 것에 반영되기도 하였다.
>
> 답 ③

03 조선의 문화 · 예술에 대한 설명으로 가장 옳은 것은?

① 아악의 종류로는 가사, 시조, 가곡 외에 각 지방의 민요와 판소리 등이 있었다.

② 안견은 몽유도원도를 통해 우리나라 산천의 아름다움을 사실적으로 그렸다.

③ 궁궐, 관아, 성문, 학교 건축이 발달했던 고려 시대와 대조적으로 사원 건축이 발달하였다.

④ 15세기에 고려자기의 비법을 계승한 분청사기가 유행하였으나, 16세기에는 백자가 유행하였다.

> **해설** 15세기 고려자기를 계승한 분청사기는 궁중이나 관공서에서 널리 쓰이던 사기였다. 백자는 16~17세기 민간에까지 널리 사용되면서 본격적으로 발달하였으며 특히 청화백자가 유행하였다.
> ① 아악은 궁중 음악이다.
> ② 안견의 몽유도원도는 이상 세계를 묘사하였다.
> ③ 15세기는 궁궐 · 성곽 · 성문 · 학교 건축이 중심이었고, 16세기는 서원 건축, 17세기는 사원 건축이 중심이었다.
>
> 답 ④

04 조선 후기 국학연구에 대한 설명으로 옳지 <u>않은</u> 것은?

① 「해동역사」 – 500여 종의 중국 및 일본의 자료를 참고하여 민족사 인식의 폭을 확대하였다.
② 「동사강목」 – 우리 역사의 독자적인 정통론을 체계화하고, 고증사학의 토대를 확립하였다.
③ 「열조통기」 – 안정복이 조선 시대 당대사를 다룬 편년체 사서이다.
④ 「동사(東史)」 – 한국 고대사의 활동 영역을 한반도에만 국한하였다.

해설

이종휘의 「동사」와 유득공의 「발해고」는 고대사 연구의 시야를 만주 지방까지 확대시킴으로써 한반도 중심의 협소한 사관을 극복하는 데 기여하였다. 특히, 「동사」는 단군조선을 중심으로 부여와 고구려, 발해 등 만주지역의 고대사 체계를 확립하였다.
① 「해동역사」는 한치윤이 저술한 역사서로 중국의 사서 등을 500여 종이나 인용한 기전체적 분류사이다. 단군조선에 앞선 동이 문화권을 설정하였으며 정통 자체에 대한 인식을 심화시켰다.
② 「동사강목」(안정복)은 단군, 기자, 마한, 통일신라로 이어지는 한국사의 정통론을 체계화하였다.
③ 「열조통기」는 정조 때 안정복이 조선 시대의 당대사를 다룬 편년 통사이다.

답 ④

더 알아보기 ➕

조선 후기의 국학 연구

이익	실증적 · 비판적 역사 서술		중국 중심 역사관 비판 · 민족 주체적 자각 고취
안정복	「동사강목」	영조	독자적 정통론(단군 – 기자 – 마한 – 통일신라 – 고려), 고증 사학 토대 마련
이종휘	「동사」(고구려사)	영조	고대사 연구의 시야를 만주 지방까지 확대 · 한반도 중심의 사관 극복에 기여
유득공	「발해고」(발해사)	정조	
한치윤	「해동역사」	순조	외국 자료 인용 · 민족사 인식의 폭 확대
이긍익	「연려실기술」	순조	조선의 정치와 문화 정리(외국 자료 인용 – 실증적 · 객관적 역사 서술)
김정희	「금석과안록」	고종	북한산비가 진흥왕 순수비임을 고증

05 **조선 후기 김홍도, 신윤복 그림이 유행하던 시대적 분위기로 옳은 것은?**

① 양반 중심의 성리학적 신분 질서를 확립하였다.

② 회화 부분에서 도화원 출신 전문 화가들이 화단을 이끌고 있었다.

③ 성리학만을 숭상하고 다른 사상을 이단음사로 배척하여 뿌리 내리지 못하였다.

④ 양반뿐만 아니라 일반 서민들도 문예창작에의 참여가 활발하였다.

해설 조선 후기에는 상공업의 발달과 농업 생산력의 증대를 배경으로 서민의 경제적 · 사회적 지위가 향상되었다. 그로 인해 양반을 중심으로 유교적 울타리 안에서 이루어지던 문예 활동에 중인층과 서민층이 참여하면서 큰 변화의 물결이 일어나기 시작했다.

답 ④

06 **다음을 통해 알 수 있는 것은?**

> 서민들의 감정을 솔직하게 나타내는 경향의 판소리와 사설시조가 등장하였으며, 양반의 허구를 폭로하고 현실에 대한 비판을 하였다.

① 상업 발달에 따른 상인 문화 발달

② 성리학의 현실 문제 해결 능력 상실

③ 서민의 사회 · 경제적 지위의 향상

④ 양반 사회의 실용적 태도

해설 조선 후기에는 상공업의 발달과 농업생산력의 증대를 배경으로 서민의 경제적 · 사회적 지위가 향상되었다. 이 시기에 판소리는 서민 문학의 중심이 되었고 한글 소설과 사설 시조가 발달하였다.

답 ③

07 다음과 같은 작품이 유행하던 시기에 새롭게 대두한 문화예술계의 변화는?

> 향단이는 미음상 이고 동농 들고, 어사또 뒤를 따라 옥문간 당도하니, 인적이 고요하고, 사정이도 간 곳 없네. 이때 춘향이 비몽사몽간에 서방님이 오셨는데, 머리에는 금관이요, 몸에는 홍삼이라, 상사 일념의 목을 안고 만단정회하는 차라, 춘향아, 부른들 대답이 있을 쏘냐. 어사또 하는 말이, 크게 한번 불러 보소. 모르는 말이오. 예서 동헌이 마주치는데, 소리가 크게 나면 사또 염문할 것이니 잠깐 지체 하옵소서.

① 우리의 자연을 사실적으로 표현하고, 사람들의 일상적인 모습을 생동감 있게 나타내는 화풍이 유행하였다.
② 관리들의 기이한 행적과 서민들의 풍속, 감정, 역사의식을 수록한 설화문학이 발전하였다.
③ 민간에서 구전되는 이야기를 한문으로 기록한 패관문학이 성행하였다.
④ 악곡과 악보를 정리하고 아악을 체계화하여 아악이 궁중음악으로 발전하였다.

> **해설** 제시문은 조선 후기 판소리인 「춘향가」의 사설 중 일부이다.
> ① 진경산수화와 풍속화는 조선 후기의 대표적인 화풍이었다.
> ② 조선 초기, ③ 고려 후기, ④ 조선 전기
>
> 답 ①

08 다음에 나열된 저서들의 공통점으로 옳은 것은?

> • 「존언」
> • 「동사강목」
> • 「사변록」
> • 「성호사설」

① 북벌론을 주장하였다.
② 성리학의 한계성을 자각하고 이를 비판하였다.
③ 붕당에 따른 폐해를 지적하였다.
④ 서양의 기술과 과학을 받아들이자는 움직임에서 저술되었다.

> **해설** 정제두의 「존언」은 지행합일의 양명학을 주장하며 성리학을 비판한 책이고, 박세당의 「사변록」은 주자(朱子)의 학설 중 불합리한 점을 비판한 책이다. 안정복의 「동사강목」은 종래의 중국적 사관을 탈피하면서 자주적·객관적·실증적으로 한국사를 재구성한 역사서이고, 이익의 「성호사설」은 일종의 백과사전으로 투철한 주체의식과 비판 정신을 토대로 당시의 사회제도를 실증적으로 분석·비판한 책이다.
>
> 답 ②

09 조선 후기 실학자와 저서에 대한 설명으로 옳은 것은?

① 박지원은 「과농소초」에서 한전론을 비판하고 상공업을 발전시킬 것을 주장하였다.
② 유수원은 「우서」에서 국가 통제하의 상공업 육성을 주장하였다.
③ 홍대용은 「임하경륜」에서 성리학을 통하여 부국강병을 이룰 수 있다고 주장하였다.
④ 박제가는 「북학의」에서 청과의 통상을 반대하였다.

해설
① 박지원은 「한민명전의」에서 한전론을 주장하였다.
③ 홍대용은 「임하경륜」에서 균전제를 주장하였다.
④ 박제가는 「북학의」를 저술하여 청의 문물을 적극적으로 수용할 것을 제창하였다.

답 ②

더 알아보기+

상공업 중심의 개혁

실학자	저서	상공업 진흥론	농업 개혁론
유수원	「우서」	• 사농공상의 직업적 평등화와 전문화 추구 • 상인 간 합자를 통한 경영 규모 확대 • 상인이 수공업자 고용(선대제도)	• 농업의 전문화 · 상업화 • 농업 기술 혁신
홍대용	「의산문답」 「임하경륜」	• 기술 문화의 혁신, 문벌제도 철폐 • 성리학 극복 주장 · 부국강병의 근본 강조 • 중국 중심의 세계관 비판(지전설 제기)	균전제(「임하경륜」)
박지원	「열하일기」 「과농소초」 「한민명전의」	• 수레 · 선박 이용 • 화폐 유통의 필요성 강조 • 양반문벌제도의 비생산성 비판	• 한전제 • 영농 방법 혁신, 상업적 농업 장려, 수리 시설의 확충
박제가	「북학의」	• 청과의 적극적 통상 주장 • 수레 · 선박의 이용 • 소비 권장 · 생산 자극 유도 • 생산과 소비의 관계를 우물에 비유	–

10 조선 후기에 나타난 현상에 대한 설명으로 옳지 <u>않은</u> 것은?

① 부농층의 성장으로 관권이 강화되었다.
② 상품 유통이 활발해지면서 사상(私商)들이 성장하였다.
③ 대지주의 토지 지배권이 강화되어 일정한 비율로 나누는 지대가 새롭게 등장하였다.
④ 지주와 전호가 경제적 관계로 바뀌어 갔다.

> **해설**
> ③ 일정한 비율로 나누는 지대는 '타조법'으로, 조선 전기와 후기의 일반적인 지대 납부방식이었다. 조선 후기 도조법이
>   등장하면서 '타조법'의 비율은 점차 감소하였다.
> ① 부농층은 성장 기반을 굳건히 하기 위해 관권과 결탁하여 궁극적으로 관권의 강화를 초래하였다.
> ④ 조선 후기에는 지주와 전호의 관계가 신분적 관계에서 경제적 관계로 바뀌어 갔다.
>
> 답 ③

11 조선 후기 실학자에 대한 설명으로 옳지 <u>않은</u> 것은?

① 박제가는 수레 및 선박의 이용을 강조하면서 소비를 권장하였다.
② 홍대용은 「임하경륜」을 통해서 성인 남자들에게 2결의 토지를 나누어줄 것을 주장하였다.
③ 이익은 나라를 좀먹는 폐단으로 노비제도, 과거제도, 양반문벌제도, 사치와 미신, 승려, 게으름이
  있다고 지적하였다.
④ 유수원은 관리, 선비, 농민 등 신분에 따라 차등 있게 토지를 재분배하고, 조세와 병역도 조정하자
  는 주장을 하였다.

> **해설**
> 유형원은 관리, 선비, 농민 등 신분에 따라 차등 있게 토지를 재분배하여 자영농 육성을 위한 토지제도의 개혁을 주장하
> 였으며, 수확량 단위의 결부법이 아닌 면적 단위의 경무법을 기준으로 사용하고, 호구에 부과하던 역을 토지에 일괄 부
> 과할 것을 주장하였다.
> ① 박제가는 생산과 소비와의 관계를 우물에 비유하면서 절약보다 소비를 권장하였다.
> ② 북학파의 실학자인 홍대용은 청에 왕래하면서 얻은 경험을 토대로 「임하경륜」, 「의산문답」 등을 저술하였고, 이는
>   「담헌서」에 수록되어 전한다. 홍대용은 성리학의 극복이 부국강병의 근본이라고 강조하였으며, 기술의 혁신, 문벌제
>   도의 철폐 등을 주장하였다.
> ③ 이익은 나라를 좀 먹는 여섯 가지의 폐단을 지적하여 고치도록 하였으며(육두론), 사창을 통하여 고리대를 근절할 것
>   을 강조하기도 하였다.
>
> 답 ④

12 조선 후기 과학 기술에 대한 설명으로 옳지 <u>않은</u> 것은?

① 정상기는 최초로 100리 척을 사용하여 지도를 제작하였다.
② 홍대용에 의해 시헌력이 채택되었다.
③ 서호수는 「해동농서」에서 한국 농학을 체계화하였다.
④ 이제마는 「동의수세보원」에서 체질의학 이론인 '사상의학'을 확립하였다.

 시헌력은 효종 때 김육의 주장으로 채택되었다.

目 ②

13 조선 후기 국학 연구에 대한 설명으로 옳지 <u>않은</u> 것은?

① 이익은 실증적·비판적인 역사 서술의 제시와 우리 역사를 체계화할 것을 주장하였다.
② 안정복은 「동사강목」을 저술하여 이익의 역사 의식을 계승하였다.
③ 이긍익은 조선 시대의 정치와 문화를 정리하여 「연려실기술」을 저술하였다.
④ 한치윤은 「발해고」에서 발해사 연구를 심화하였다.

 ④ 한치윤은 「해동역사」를 편찬해 민족사 인식의 폭을 넓히는 데 이바지하였다. 한편 「발해고」는 유득공의 저서이다.
① 이익은 실증적·비판적인 역사 서술의 제시와 중국 중심의 역사관을 탈피하여 우리의 역사를 체계화할 것을 주장하였다.
② 안정복은 이익의 역사 의식을 계승하여 「동사강목」을 저술하였다.
③ 이긍익은 「연려실기술」에서 조선의 정치사를 실증적이고 객관적인 입장으로 정리하였다.

目 ④

14 다음과 같은 주장을 한 실학자에 대한 설명으로 옳지 <u>않은</u> 것은?

> 통치자는 백성을 위해 존재하는 것인가? 백성이 통치자를 위해 사는 것인가? … 세상에서는 백성이 통치자를 위하여 생존하고 있다고 말하나, 이것이 어찌 이치에 합당하겠는가? 통치자는 원래 백성을 위하여 있는 것이다.

① 「마과회통」, 「아방강역고」 등을 저술하였다.
② 「전론」에서 여전론을 주장하였다.
③ 「경세유표」에서 마을 공동경작제도인 정전론을 주장하였다.
④ 조선 후기 실학자이다.

제시문은 정약용의 저서 「원목」의 일부이다.
③ 「경세유표」에서 정전론을 주장한 것은 맞으나, 마을 공동경작제도는 정전론이 아니라 여전론에 대한 설명이다.

답 ③

15 다음의 역사서가 편찬된 시기의 상황에 대한 설명으로 옳은 것은?

> 부여씨가 망하고 고씨(고구려)가 망한 다음 김씨(신라)가 남방을 차지하고 대씨(발해)가 북방을 차지하고는 발해라 하였으니, 이것을 남북국이라 한다. 당연히 남북국사가 있어야 하는데, 고려가 편찬하지 않은 것은 잘못이다. 저 대씨가 어떤 사람인가? 바로 고구려 사람이다. 그들이 차지하고 있던 땅은 어떤 땅인가? 바로 고구려 땅이다.

① 양명학이 수용되기 시작하였다.
② 성리학 수용을 지지하는 여론이 조성되었다.
③ 서얼 출신을 규장각 검서관으로 등용하였다.
④ 우리 역사의 통사 체계가 처음으로 확립되었다.

제시문은 18세기 정조 대의 실학자 유득공이 저술한 「발해고」의 일부이다.
③ 정조는 규장각을 설치하여 붕당을 견제하고 왕권과 정책을 뒷받침할 수 있는 강력한 정치 기구로 육성하였다. 이를 위해서 과거 시험과 초계문신제도를 시행하였으며 서얼을 규장각 검서관으로 진출시켜 자신의 기반을 강화하였다.
① 양명학은 조선 중기 중종 때 처음 수용되었다.
② 성리학은 고려 말 안향에 의해 수용되었다.
④ 우리 역사의 독자적인 통사 체계는 조선 전기 서거정의 「동국통감」의 저술을 통해서 처음으로 확립되었다.

답 ③

| STEP1 | 근현대의 정치 변동

01 19세기 후반에 발생한 다음 사실들을 순서대로 바르게 연결한 것은?

> ㉠ 동학의 창시   ㉡ 임술농민봉기
> ㉢ 제너럴셔먼호 사건   ㉣ 운요호 사건

① ㉠ → ㉡ → ㉢ → ㉣
② ㉡ → ㉠ → ㉢ → ㉣
③ ㉢ → ㉣ → ㉠ → ㉡
④ ㉣ → ㉢ → ㉠ → ㉡

㉠ 동학은 1860년 철종 때 경주 출신의 최제우가 창시하였다. 당시 조선의 지배층은 신분질서를 부정하는 동학을 위험
하게 생각하여 세상을 어지럽히고 백성을 현혹한다는 죄로 최제우를 처형하였다. 그 뒤를 이은 최시형은 교세를 확
대하면서 「동경대전」과 「용담유사」를 펴내어 교리를 정리하는 한편, 의식과 제도를 정착시켜 교단 조직을 정비하였
다. 다시 교세가 커진 동학은 경상도, 충청도, 전라도는 물론, 강원도와 경기도 일대로 퍼져 나갔다.

㉡ 임술농민봉기는 1862년 세도정치, 자연재해, 총액제 수취방식(각 면, 리 단위로 세금의 총액을 미리 정해놓고 징수
하는 방식), 삼정의 문란, 탐관오리의 수탈 등으로 진주를 중심으로 전국으로 확산된 농민들의 항거이다. 한때 농민
들이 진주성을 점령하자 정부는 탐관오리를 파면하고 안핵사·선무사·암행어사 등을 파견하고 삼정이정청을 설치
하였으나 실효를 거두지는 못하였다.

㉢ 1866년 미국 상선 제너럴셔먼호가 대동강에서 소각된 사건이다. 이를 계기로 1871년 신미양요가 발생하였다.

㉣ 1875년 일본 군함 운요호가 일으킨 사건이다. 이를 계기로 조선은 1876년 일본과 강화도조약을 체결하여 처음으로
문호를 개방하게 되었다.

답 ①

02 조·일수호조규의 규정으로 옳지 <u>않은</u> 것은?

① 부산 외에 원산, 인천의 항구를 개항하고 일본인이 와서 통상을 하도록 허가한다.

② 일본국 국민이 죄를 범했을 때에는 일본국 관원이 심판한다.

③ 일본국의 항해자가 자유롭게 해안을 측량하도록 허가한다.

④ 일본 공사관에 군인을 주둔하여 경비하도록 한다.

 해설
조·일수호조규는 우리나라 최초의 근대적 조약으로 3곳의 항구(부산, 원산, 인천)를 개항하게 되었다. 또한 일본에게 치외법권과 해안측량권을 허용하여 자주권이 침해된 불평등 조약이었다.
④ 일본 공사관 보호를 위해 일본군대의 주둔을 허용한 것은 제물포조약이다.

답 ④

03 다음 중 (가)에 들어갈 수 있는 역사적 사실을 모두 고른 것은?

| 교조신원운동 | ⇒ | 전주 화약 | ⇒ | (가) | ⇒ | 전봉준 체포, 처형 |

ㄱ 백산에서 4대 강령이 발표되었다.
ㄴ 전라도 일대에 집강소가 설치되었다.
ㄷ 황토현 전투에서 농민군이 승리하였다.
ㄹ 농민군은 우금치 전투에서 패하였다.

① ㄱ, ㄴ   ② ㄱ, ㄷ
③ ㄴ, ㄷ   ④ ㄴ, ㄹ

 해설
동학농민운동의 전개 과정
최제우 처형 → 교조신원운동 → 고부군수 조병갑의 횡포 → 전봉준 관아 점령 → 안핵사 파견(농민군 자진 해산) → 제2차 안핵사 이용태의 탄압 → 전봉준, 손화중, 김개남 등 백산에서 재봉기 → 농민군의 4대 강령 격문 발표 → 황토현·황룡촌 전투에서 관군 격퇴 → 전주성 점령(1894.4) → 정부의 요청에 따라 청군 파견(5.5, 아산만 상륙) → 톈진조약 위반을 명분으로 일본 군대 파병(5.6, 인천 상륙) → 전주 화약 체결(5.8, 동학 농민군은 외국 군대 철수와 폐정 개혁을 조건으로 정부와 화친) → 집강소 설치(1894.5) → 교정청 설치(1894.6.11) → 일본군이 정부의 철수 요구를 거부 → 일본의 경복궁 장악(6.21) → 청일 전쟁(6.23) → 군국기무처의 설치(1894.6) → 갑오개혁 실시(1894.7) → 전봉준과 손병희, 최시형이 이끄는 연합부대의 논산 집결 → 조일연합군에 대항하여 우금치 전투에서 패배(1894.11) → 전봉준 체포, 처형

답 ④

04 다음 격문과 관련된 운동으로 옳은 것은?

> 대한 독립 만세!
> 횡포한 총독의 정치의 지옥으로부터 벗어나자!
> 동양척식 주식회사를 철폐하라!
> 일본인 공장의 직공은 총파업하라!
> 일본인 지주에게 소작료를 바치지 말자!
> 수감된 혁명가를 석방하라!
> 군대와 헌병을 철수하라!
> 조선인 교육은 조선인 본위로!
> 보통 교육을 의무 교육으로!

① 6 · 10 만세운동
② 광주학생 항일운동
③ 조선청년운동
④ 형평운동

해설 제시문은 6 · 10 만세운동의 격문이다. 6 · 10 만세운동은 일제의 강압적인 수탈과 식민지 교육에 대한 저항운동으로 순종의 인산일을 계기로 일어난 학생 중심의 대규모 독립만세운동이다.

답 ①

더 알아보기 ➕

항일학생운동

구분	6 · 10 만세운동(1926.6.10.)	광주학생 항일운동(1929.11.3.)
배경	사회주의운동 고조	일제의 식민지 차별 교육과 억압, 신간회의 활동
전개	순종의 인산일 → 만세 시위 → 전국적 확산	한 · 일 학생 간의 충돌 → 전국 확대 · 해외 확산
의의	• 학생이 독립운동의 주역으로 변화 • 민족주의 · 사회주의 계열의 갈등 극복 계기	• 3 · 1 운동 이후 최대의 항일민족운동 • 식민 통치의 부정과 민족 독립 주장으로 확대

05 조 · 일수호조규의 내용으로 옳지 않은 것은?

① 조선국은 자주의 나라이며 일본국과 평등한 권리를 가진다.

② 조선국 연해의 도서와 암초는 조사하지 않아 위험하므로 일본국의 항해자가 자유롭게 해안을 측량 하도록 허가한다.

③ 조선국은 부산 외에 두 곳(원산, 인천)의 항구를 개항하고 일본인이 와서 통상을 하도록 허가한다.

④ 일본국 국민이 조선국에서 죄를 범하거나 조선국 국민에 관계되는 사건일 때는 모두 조선국 관원이 심판한다.

해설 조 · 일수호조규의 또다른 명칭은 강화도조약으로, 1876년에 체결되었다. 일본국 국민이 조선국에서 죄를 범하거나 조선국 국민에 관계되는 사건일 때는 모두 일본국 관원이 심판한다는 치외법권이 규정되어 있다.

답 ④

더 알아보기 ⊕

강화도조약(조 · 일수호조규)과 부속조약

구분	강화도조약(조 · 일수호조규)	부속조약과 통상장정
내용	• 조선의 자주국 인정 → 청의 종주권 부인 • 부산, 원산, 인천 개항 → 경제, 정치, 군사 침략 • 연해의 자유 측량권 허용 → 군사적 필요 • 치외 법권 인정 → 주권 침해	• 일본 외교관의 여행 자유 인정 • 일본 거류민 지역(조계) 설정 • 일본 화폐 유통, 상품 수출입의 무관세 • 양곡의 무제한 유출 허용
결과	최초의 근대적 조약, 불평등조약	일본의 경제적 침략의 토대 구축

06 흥선대원군의 정치에 대한 설명으로 옳지 <u>않은</u> 것은?

① 경복궁을 중건하기 위해 당백전을 발행하였다.
② 비변사를 폐지하고 의정부와 삼군부의 기능을 회복시켰다.
③ 5군영을 2영으로 축소하고, 별기군을 설치하는 등 군제 개편을 단행하였다.
④ 삼정을 개혁하여 국가 재정을 확충하고 민생을 안정시키려 노력하였다.

> **해설** 2영과 별기군은 흥선대원군이 하야한 이후인 1881년에 추진된 정부의 개화 정책이다.

답 ③

더 알아보기 ➕

흥선대원군의 개혁
1. 대내적 개혁
   (1) 왕권강화책 : 세도 가문의 인물들을 몰아내고 인재를 고르게 등용하였으며, 왕실의 권위를 높이기 위하여 경복궁을 중건하였다. 또한 비변사를 폐지하고, 의정부와 삼군부의 기능을 복구하였다. 법전을 정비하여 「대전회통」과 「육전조례」를 편찬하였다.
   (2) 서원 철폐 : 붕당의 온상으로 인식되어 온 600여 개소의 서원 가운데 47개소만 남기고 철폐하였다.
   (3) 삼정의 개혁 : 19세기 농민 봉기의 원인이었던 삼정(전정, 군정, 환곡)을 개혁하여 국가 재정을 확충하고 민생을 안정시키고자 하였다.
2. 대외적 개혁
   흥선대원군은 신미양요 직후인 1871년에 척화비를 전국 각지에 세우고 서양과의 수교를 단호히 거부하였다. 이러한 대외 정책은 외세의 침략을 일시적으로 저지하는 데는 성공하였으나, 소선의 문호 개방을 늦추는 결과가 되었다.

---

07 항일 의병 전쟁에 대한 설명으로 옳지 <u>않은</u> 것은?

① 을미의병, 을사의병에 비해 정미의병의 전투력이 한층 더 강화되었다.
② 을사의병 당시 신돌석과 같은 평민출신 의병장도 등장하였다.
③ 을사조약 체결을 계기로 이인영, 허위 등은 13도 창의군을 편성해 서울 진공 작전을 전개하였다.
④ 정미의병에서는 평민 및 군인 출신의 의병장 수가 양반 유생 의병장 수보다 많았다.

> **해설** 13도 창의군은 1907년에 편성되었고, 서울 진공 작전은 1908년에 시행되었다. 이는 을사조약 체결을 계기로 한 것이 아니라 고종의 강제 퇴위와 군대 해산에 항거하여 일어난 것이다.

답 ③

더 알아보기➕

항일 의병 전쟁의 전개

구분	을미의병(1895)	을사의병(1905)	정미의병(1907)
특징	의병 운동 시작	의병 항전 확대	의병 전쟁 전개
배경	을미사변, 단발령	을사조약	고종의 강제 퇴위, 군대 해산
과정	• 유생층 주도(이소응, 유인석 등) • 일반 농민과 동학농민군 참여	• 평민 의병장 등장(신돌석) • 양반 유생장(민종식, 최익현)	• 해산 군인들 가담 · 의병 전쟁 발전 • 서울 진공 작전(의병 연합 전선) • 국내 진공 작전(홍범도, 이범윤)
목표	• 존화양이 내세움 • 친일 관리와 일본인 처단	• 국권회복을 전면에 내세움 • 일본 세력과 친일 관료 축출 주장	• 의병의 조직과 화력의 강화 • 외교 활동 전개(독립군 주장)
기타	활빈당 조직(농민 무장 조직)	• 상소운동(조병세, 이상설 등) • 순국(민영환, 이한응) • 5적 암살단(나철, 오기호) • 언론 투쟁(장지연 등)	• 안중근의 의거(이토히로부미 사살) • 남한 대토벌 작전(1909) → 의병 전쟁 위축 → 만주 · 연해주 이동

 08 일제강점기에 맺은 협약과 그 결과를 짝지은 것으로 옳지 <u>않은</u> 것은?

① 한 · 일 의정서 – 일본인 재정고문과 미국인 외교고문을 두게 되었다.
② 제1차 한 · 일협약 – 고문정치가 실시되었다.
③ 제2차 한 · 일협약 – 외교권이 박탈되고 통감부를 설치하였다.
④ 정미7조약 – 일본인 차관을 두게 되었고 군대가 해산되었다.

해설
한 · 일 의정서는 1904년 2월 러 · 일전쟁 중 일본이 한반도를 세력권에 넣기 위해 체결한 것으로 한반도 내 필요한 군사적 요충지와 시설을 사용할 수 있고, 일본의 승인 없이는 제3국과 자유롭게 조약을 체결할 수 없다는 조항 등을 내용으로 한다.
① 일본인 재정고문과 미국인 외교고문을 두게 된 것은 제1차 한 · 일협약에 대한 내용이다.

답 ①

09 대한민국 정부수립에 대한 설명으로 옳지 <u>않은</u> 것은?

① 일제의 잔재를 청산하고 민족정기를 바로잡기 위해 제헌국회에서 반민족행위 처벌법을 제정하였다.

② 1948년 제주도에서는 남한 단독선거에 대해 반대하는 도민들에 대한 무력 탄압으로 제주 4 · 3 사건이 발생하였다.

③ 김구, 김규식 등 남북협상파는 5 · 10 총선거에서 참여하여 통일정부수립운동을 전개하였다.

④ 1949년 경자유전의 원칙에 따라 농민에게 토지를 분배하기 위해 농지개혁법을 제정하였다.

> **해설** 남북협상파는 남한만의 단독선거인 5 · 10 총선거에 참여하지 않음으로써 통일정부수립운동을 전개하였으나 미 · 소 간의 냉전이 심해짐에 따라 실패하였다.
>
> 답 ③

10 1930년대 무장독립군의 활약에 대한 설명으로 옳지 <u>않은</u> 것은?

① 조선의용대는 중국국민당 정부의 지원을 받아 중국 우한에서 김원봉 등이 조직하였다.

② 국민부는 북만주 지역에서 한국독립당을 조직하였다.

③ 동북항일연군은 국내 진공작전을 전개하여 보천보 전투에서 크게 승리하였다.

④ 한국독립군은 쌍성보, 대전자령 전투에서 중국호로군과 연합작전을 전개하였다.

> **해설** 북만주에서 한국독립당을 조직한 것은 혁신의회 진영이다. 국민부는 남만주에서 조선혁명당을 조직하였다.
>
> 답 ②

11 다음 내용의 결과로 나타난 역사적 사실로 옳지 <u>않은</u> 것은?

> 삼국간섭으로 대륙을 침략하려던 일본의 기세가 꺾이자, 조선 정부 안에서는 러시아의 힘을 빌려 일본의 간섭에서 벗어나려는 움직임이 일어났다.

① 일본은 낭인과 군대를 앞세워 궁중을 침범하여 명성황후를 시해하였다.
② 신변의 위협을 느낀 고종은 러시아 공사관으로 피신하였다.
③ 김홍집 내각이 출범하여 '홍범 14조'를 발표하였다.
④ 박영효는 반역 음모가 발각되어 다시 일본으로 망명하였다.

> **해설** 제시문은 1895년 4월 삼국간섭 이후의 정세에 대한 설명이다. 삼국간섭 이후 일본의 세력이 약화되고 러시아 세력이 강화되자 기존의 친일 내각(제2차 김홍집 내각)이 붕괴되고, 친러 내각이 수립되면서(제3차 김홍집 내각) 갑오개혁이 중단되었다. '홍범 14조'는 갑오개혁이 추진되던 중인 1894년 12월에 발표된 국정 개혁의 기본 강령이다.
> ① 1895년 10월
> ② 1896년 아관파천
> ④ 친일파 내무대신 박영효는 1895년 고종 양위를 도모하였다는 반역 음모 사건으로 체포령을 내려 정계에서 축출되었다.
>
> 답 ③

12 일제의 식민지 정책에 대한 설명으로 가장 옳지 <u>않은</u> 것은?

① 1910년대 토지조사사업 실시로 토지 소유에 필요한 서류를 갖추어 지정된 기간 안에 신고해야만 소유권을 인정받게 하였다.
② 1920년대 산미증식계획으로 일본에 대량의 미곡이 반출되어 농촌경제는 더욱 피폐해졌다.
③ 1930년대부터 치안유지법을 공포하여 소작쟁의와 노동쟁의를 탄압하였다.
④ 1940년대 황국 신민화 정책으로 성씨와 이름을 일본식으로 고치는 창씨개명을 강요하였다.

> **해설** 일제는 1920년대 문화 통치를 표방하면서 한편으로는 치안유지법을 공포(1925)하여 우리민족의 독립운동을 탄압하였다.
>
> 답 ③

13 다음의 내용을 통하여 추론할 수 없는 것은?

> • 탐관오리는 그 죄상을 조사하여 엄징한다.
> • 노비 문서를 소각한다.
> • 왜와 통하는 자는 엄징한다.
> • 토지는 평균하여 분작한다.

① 봉건제도의 타파를 부르짖었다.
② 반외세 · 반침략적 성격을 띤 운동이다.
③ 집강소를 설치하여 그들의 의견이 수렴되게 하였다.
④ 시민 사회로 전환하는 계기가 되었다.

해설 제시된 내용은 동학농민운동 때의 폐정개혁 12조 중의 일부이다. 시민 사회로 전환하는 계기는 독립 협회의 활동에 관한 내용이다.

답 ④

더 알아보기 ➕

동학농민운동의 성격

구분	반봉건 성격	반침략 성격
내용	노비 문서의 소각, 토지의 평균 분작 등	침략적인 일본 세력 축출
영향	갑오개혁에 일정한 영향 → 성리학적 전통 질서의 붕괴를 촉진	동학농민군의 잔여 세력이 의병운동에 가담 → 의병운동과 구국 무장 투쟁의 활성화
한계	근대 사회 건설의 구체적인 방안을 제시하지 못함	

14 구한말 · 일제치하의 역사적 사건들에 대한 설명으로 옳지 않은 것은?

① 일본은 청 · 일전쟁 중에 독도를 시마네현에 편입시킨다고 발표하였다.
② 일본은 청나라에서 안봉선 철도 부설권을 얻어내는 대가로 간도 지방을 청나라에 넘겨주었다.
③ 간도참변은 독립군에 패한 일본군이 간도의 우리 동포를 학살하고, 민가와 학교 등을 불태운 사건을 말한다.
④ 105인 사건은 데라우치 암살음모 조작사건을 만들어 배일 기독교 세력과 신민회의 항일운동을 탄압한 사건이다.

일본은 러·일전쟁 때인 1905년 2월에 독도를 시마네현에 강제 편입시켰다.

② 1909년 간도협약

③ 1920년 청산리 전투에 대한 보복

④ 1911년 신민회의 해산

답 ①

15 대한제국에 대한 설명으로 옳지 않은 것은?

① 대한국국제는 입헌군주제를 추구하였다.

② 구본신참의 개혁 방향을 제시하고 양전사업을 실시하였다.

③ 황제를 호위하는 시위대와 지방 진위대를 대폭 증강하였다.

④ 간도 지방에 이주한 교민을 보호하기 위해 관리를 파견하였다.

해설 전제 왕권을 강화하고자 했던 고종은 진보적 개혁운동인 독립협회의 운동을 탄압·해산시키고(1898), 입법·사법·행정·외교·군통수권을 모두 황제의 대권으로 규정한 대한국국제를 제정하였다(1899). 이러한 대한제국은 전제군주 국가로 퇴보하는 모습을 보여주었다.

답 ①

더 알아보기

광무개혁

정치	• 전제 왕권의 강화 : 대한국국제 제정(1899) → 독립협회의 정치개혁운동 탄압 • 해삼위 통상 사무와 간도 관리사 설치 : 블라디보스토크와 간도 이주교민 보호 • 한·청통상조약 체결 : 대등한 주권 국가로서 대한제국이 청과 맺은 근대적 조약
경제	• 양전사업 : 전정 개혁(민생 안정과 국가의 재정 확보), 지계 발급(근대적 토지 소유권제도) • 상공업 진흥책 : 근대적 공장과 회사의 설립 • 교통·통신·전기 등 근대적 시설 확충
교육	• 실업 교육 강조 : 실업학교(상공학교 – 1899년, 광무학교 – 1900년) • 유학생 파견
군사	• 군제 개혁 : 시위대(서울)와 진위대(지방) 군사 수 증가 • 무관학교 설립 • 원수부 설치

16 신민회에 대한 설명으로 옳지 <u>않은</u> 것은?

① 사회 각계 각층의 인사를 망라하여 조직된 비밀결사였다.
② 국권의 회복과 공화정체의 국민 국가 건설을 목표로 삼았다.
③ 국내에서는 경제적 실력양성운동을 전개하였다.
④ 대한자강회를 계승하여 실력양성운동을 전개하였다.

해설 대한협회에 대한 설명이다.

답 ④

더 알아보기 ➕

신민회
- 안창호, 양기탁 등 중심의 비밀결사 · 국권 회복과 공화정체의 국민 국가 건설
- 표면적 : 문화 · 경제적 실력양성운동(도자기 회사, 태극서관, 대성 · 오산 학교)
- 내면적 : 국외 독립군 기지 건설에 의한 실력양성운동(삼원보, 밀산부 한흥동)
- 105인 사건으로 해산
- 남만주 무장 투쟁의 기초

17 3 · 1 운동에 대한 설명으로 옳지 <u>않은</u> 것은?

① 대한민국 임시정부가 출범하는 계기가 되었다.
② 민족자결주의와 2 · 8 독립 선언의 영향을 받았다.
③ 반제국주의 민족운동의 선구로 다른 아시아 지역의 민족운동에 영향을 주었다.
④ 비폭력주의에서 무력적인 저항운동으로 변모하였고, 농촌에서 도시로 점차 확산되었다.

해설 3 · 1 운동은 도시에서 농촌으로 확산되었다.

답 ④

더 알아보기 ➕

3 · 1 운동의 전개

준비 단계	확대 단계	해외 확산
• 종교 대표 33인 · 학생 조직 중심 • 독립 선언문 작성, 태극기 제작 · 배포	• 1단계 : 점화기, 비폭력주의 표방 • 2단계 : 도시 확산기, 상인 · 노동자 참가 • 3단계 : 농촌 확산기, 무력 저항 변모	간도와 연해주, 미국 필라델피아, 일본 등에서 만세 시위

18 4·19 혁명에 대한 설명으로 옳지 <u>않은</u> 것은?

① 이승만 대통령의 독재정치와 장기 집권이 배경이 되었다.
② 3·15 부정선거가 도화선이 되었다.
③ 대학교수단의 시국 선언은 4월 19일 학생 시위를 촉발시켰다.
④ 학생이 앞장서고 시민이 참여한 민주혁명이었다.

 4·19 혁명의 전개
2월 28일 대구 시위 → 3월 15일 마산 시위 → 4월 11일 마산에서 김주열 사체 인양 → 4월 18일 고대생 피습 → 4월 19일 각지에서의 총궐기 → 4월 25일 대학 교수단의 시국 선언 → 4월 26일 미국 대사의 시위 지지 발언과 이승만 대통령의 하야

답 ③

19 다음의 단체와 관련된 설명으로 옳지 <u>않은</u> 것은?

> 국내에서 8·15 해방 직후 전국에 145개의 지부를 조직하고 본격적인 건국 작업에 들어갔다.

① '조선민주주의인민공화국'을 선포하였다.
② 좌파와 우파 인사들로 조직되었으나, 좌파의 득세로 우파 민족주의자들이 탈퇴하였다.
③ 국내 치안을 담당하기 위해 치안대를 조직하였다.
④ 여운형이 중심이 되어 조직된 조선건국동맹이 모태가 되었다.

 제시문에서 설명하는 단체는 조선건국준비위원회로, 이 단체는 광복 이후 최초의 정치 단체이며 사회주의자 여운형이 민족주의 좌파인 안재홍 등과 함께 발족하였다. 1945년 9월에 '조선인민공화국'을 선포하였으나 미군정청에서 조선인민공화국을 부정하는 성명(1945년 10월 10일)을 발표하자 조선건국준비위원회도 해체되었다.

답 ①

20 1948년 남북연석회의에 대한 설명으로 옳은 것만으로 묶인 것은?

> ㉠ 김구, 김규식이 제안했으며, 김일성, 김두봉이 이에 응함으로써 성사되었다.
> ㉡ 남북연석회의에서는 남한 단독정부 수립을 반대하는 의사를 명확히 했다.
> ㉢ 이승만은 향후 자신의 정치적 입지를 강화하기 위해 막판에 참석했다.
> ㉣ 미국은 '한국문제의 유엔 이관'을 대신할 수 있는 현실적인 대안으로 생각하고 적극 지원했다.
> ㉤ 이 회의에서 미, 소 양군의 동시 철수를 요구하는 결의를 하였다.

① ㉠, ㉡, ㉤
③ ㉡, ㉢, ㉣

② ㉠, ㉣, ㉤
④ ㉡, ㉢, ㉤

 김구, 김규식이 북한에 지도자회의(남북연석회의)를 제안하고 김구, 김규식, 김일성, 김두봉의 4자 회담이 북한에서 이루어졌으나 별다른 소득 없이 끝나 통일정부 수립을 위한 김구, 김규식 등의 남북협상은 실패하였다.
㉢ · ㉣ 이승만과 미국은 남북회담을 반대하였다.

답 ①

21 현대사의 주요 사건들을 순서대로 바르게 연결한 것은?

> ㉠ 3저 호황에 따른 중화학 공업의 고도 성장
> ㉡ 무역 수출액의 100억불 달성
> ㉢ 근면 · 자조 · 협동의 새마을운동의 시작
> ㉣ 우루과이라운드(UR) 협정 타결

① ㉡ → ㉢ → ㉠ → ㉣
③ ㉢ → ㉡ → ㉠ → ㉣

② ㉡ → ㉠ → ㉢ → ㉣
④ ㉣ → ㉢ → ㉠ → ㉡

 ㉢ 새마을운동은 1971년에 시작하였다. 특히, 새마을운동은 농촌의 생활환경을 개선하여 농촌의 모습을 크게 바꾸어 놓았다.
㉡ 수출 100억불 달성은 1977년이다.
㉠ 3저 호황은 1980년대 후반이다. 당시 한국 경제는 안정되고, 3저 호황(저금리, 저유가, 저달러)의 경제 환경으로 자동차, 가전제품, 기계, 철강 등 중화학 분야를 주력으로 한 고도 성장을 이룩하였다.
㉣ UR협정이 타결된 것은 1993년이다. 우루과이라운드는 1989년 우루과이에서 개최된 GATT(관세와 무역에 관한 일반 협정)에서의 다자간 무역 협정을 의미한다. 우리나라는 UR 타결로 공산품 수출이 확대된 반면에, 쌀 시장과 서비스 시장을 개방하게 되었다. 1993년에 타결된 우루과이 라운드 협정과 다음 해에 세계 무역 기구(WTO)의 출범으로 상품과 자본의 자유로운 이동을 중시하는 새로운 국제 무역 질서가 수립되었다.

답 ③

22 남북한이 추진한 통일 정책에 대한 설명으로 가장 옳은 것은?

① 1970년대에는 남북한이 공동으로 자주 통일, 평화 통일, 민족적 대단결의 3대 원칙을 성명하였다.

② 1980년대에는 북진통일론을 철회하고 유엔 감시 아래 남북한의 총선거 실시를 통한 평화적 통일을 주장하였다.

③ 1990년대에는 최초로 남북한 이산가족 고향 방문 및 예술 공연단의 교환 방문이 성사되었다.

④ 2000년대에는 남북이 자주 · 평화 · 민주의 원칙 아래 남북연합을 구성하여 헌법을 제정하자고 제안하였다.

> **해설**
> 1972년 7월 4일 오전 10시에 남북이 공동으로 발표한 7 · 4 남북 공동 성명은 자주 통일, 평화 통일, 민족적 대단결의 3대 통일 원칙에 남과 북이 합의하였고, 통일 문제를 협의하기 위한 남북조절위원회의 설치에 합의하여 남북 대화가 시작되었다.
> ② 1960년대 초반 제2공화국 때에 급진적인 생각을 가지고 있었던 일부 학생들은 '가자 북으로, 오라 남으로'라는 구호 아래 통일을 위한 모임을 조직하고, 남북 학생 회담을 추진(1961)하였는데, 이들은 판문점에서 회담을 개최하여 평화적 통일을 이룩할 수 있다고 생각하였다.
> ③ 1985년 전두환 정부에서 추진하여 최초로 남북한 이산가족이 상봉하였다.
> ④ 한민족 공동체 통일 방안은 1989년에 있었는데 자주 · 평화 · 민주의 원칙 아래 남북연합을 구성하여 남북 평의회를 통해 헌법을 제정하고 총선거를 실시하여 통일 민주공화국을 구성하자고 제안하였다.
>
> 달 ①

23 1972년 7 · 4 남북 공동 성명의 내용으로 옳지 <u>않은</u> 것은?

① 통일은 외세에 의존하거나 외세의 간섭을 받지 않고 자주적으로 해결한다.

② 통일은 무력행사에 의거하지 않고 평화적 방법으로 실현한다.

③ 사상과 이념, 제도의 차이를 초월하여 하나의 민족으로서 민족적 대단결을 도모한다.

④ 남측의 연합제 안과 북측의 연방제 안을 인정하고, 이 방향에서 통일을 지향한다.

> **해설**
> 1972년 7 · 4 남북 공동 성명은 자주, 평화, 민족적 대단결을 3원칙으로 하고 있다. 남측의 통일방안과 북측의 통일방안의 공통성을 최초로 인정한 것은 2000년 제1차 남북 정상 회담의 성과로 발표된 6 · 15 남북 공동 선언이다.
>
> 달 ④

24 1942년 중국 화북 지방에서 결성된 조선독립동맹에 대한 설명으로 옳은 것은?

① 조선의용군을 거느리고 중공군과 연합하여 항일전쟁에 참가하였다.

② 조국광복회를 결성하고 보천보 전투를 수행하였다.

③ 중국국민당군과 합세하여 중국 각 지역에서 항일 투쟁을 전개하였다.

④ 시베리아 지방으로 이동하여 소련군과 합세하여 정탐 활동을 전개하였다.

해설
1942년 중국 화북 지방에서 김두봉을 주석으로 하여 결성된 조선독립동맹은 산하에 조선의용군을 거느리고 중공군과 연합하여 항일 전쟁에 참가하였다.
② 1937년 보천보 전투는 동북항일연군이 국내의 조국광복회의 지원을 받아 추진한 국내진공작전이다.
③ 임시정부에 대한 설명으로 한국광복군의 지휘권은 1944년 이전까지 중국국민당 정부가 통제하고 있었다.
④ 1920년대 초 서일을 총재로 한 대한독립군단은 시베리아 내전에 참전하여 소련군(적색군)과 함께 반혁명군(백색군) · 일본군의 연합부대와 교전을 수행하였다.

정답 ①

25 노태우 정부 시기에 이루어진 남북 관계의 내용으로 옳은 것은?

① 남한과 북한이 동시에 유엔에 가입하였다.

② 7 · 4 남북 공동 성명을 발표하여 통일 3대 원칙을 마련하였다.

③ 6 · 15 남북 공동 선언을 발표하여 남북 경제 교류를 활성화시켰다.

④ 금강산 관광사업을 시작하여 민간 차원에서 교류가 본격화되었다.

해설
노태우 정부 시기(제6공화국, 1988~1993)에는 북방 외교가 활발히 진행되어 소련(1990), 중국(1992) 등 여러 공산권 국가들과 수교를 맺었고, 1991년에 남한과 북한이 동시에 유엔에 가입하였다.
② 박정희 정부(제3공화국, 1972)
③ 김대중 정부(국민의 정부, 2000)
④ 김대중 정부(국민의 정부, 1998)

정답 ①

더 알아보기➕

남북 관계의 새로운 진전

과정	배경	통일 정책 추진
1960년대	북한의 대남 도발로 남북 갈등 고조	반공 강조(북한의 무력 도발 억제)
1970년대	70년대 초 긴장 완화, 평화 공존 분위기 → 남북 대화 및 남북 교류 시작	• 8·15 평화 통일 구상(1970) : 평화 정착, 남북 교류 협력, 총선거 • 남북 적십자 회담(1971) : 이산가족찾기운동 제안 • 7·4 남북 공동 성명(1972) : 자주·평화·민족적 대단결 통일 원칙 • 6·23 평화 통일 선언(1973) : 유엔 동시 가입 제안, 문호개방 제시 • 남북한 상호 불가침 협정 체결 제안(1974) : 상호 무력 불사용, 상호 내정 불간섭, 휴전 협정 존속
1980년대		• 민족 화합 민주 통일 방안(1982) : 민족 통일 협의회 구성 • 남북 이산가족 방문단 및 예술 공연단 교환 방문(1985)
1980년대		• 한민족 공동체 통일 방안 제의(1989) : 자주, 평화, 민주 → 민주 공화제 통일국가 지향 • 남북 고위급 회담 시작(1990) • 남북한 동시 유엔 가입(1991) • 남북 기본 합의서 채택(1991) : 내정 불간섭·불가침 선언 → 2체제 2정부 논리 인정 • 한반도 비핵화 선언(1992)
1990년대	민주화 분위기 확산, 통일 열기 고조, 냉전 체제 붕괴 → 남북 관계의 새로운 진전	• 3단계 3기조 통일 정책(1993) : 화해·협력 → 남북 연합 → 통일 국가 • 민족 공동체 통일 방안 발표(1994) : 한민족 공동체 통일 방안+3단계 3기조 통일 방안 제안 • 남북 경제 교류 지속 : 나진·선봉 지구의 자유시 건설에 참여, 경수로 건설 사업 추진(1996, KEDO)
2000년대	평화와 화해 협력을 통한 남북 관계 개선	• 베를린 선언(2000) : 북한의 경제회복 지원, 한반도 냉전 종식과 남북한 평화 공존, 이산가족 문제 해결, 남북한 당국 간의 대화 추진 표명 • 남북 교류 활성화 : 금강산 관광사업, 이산가족 문제, 경의선 복구, 개성 공단 설치 등 • 제1차 남북 정상 회담(2000) : 6·15 남북 공동 선언 발표 • 제2차 남북 정상 회담(2007) : 10·4 남북 공동 선고 발표

안심Touch

26 6 · 25 전쟁 이전 북한에서 일어난 다음의 사건들을 연대순으로 바르게 나열한 것은?

> ㉠ 북조선 5도 행정국 설치   ㉡ 토지개혁 단행
> ㉢ 북조선 노동당 창당   ㉣ 조선공산당 북조선 분국 조직

① ㉠ → ㉡ → ㉢ → ㉣
② ㉠ → ㉡ → ㉣ → ㉢
③ ㉡ → ㉠ → ㉣ → ㉢
④ ㉣ → ㉠ → ㉡ → ㉢

> ㉣ 1945년 10월 중순(조선공산당 북조선 분국 조직)
> ㉠ 1945년 11월 중순(국장은 조선인이고 소련인 고문을 배치)
> ㉡ 1946년 3월(무상몰수 무상분배)
> ㉢ 1946년 8월(북조선 공산당과 북조선 신민당을 통합하여 북조선 노동당 창당)
>
> 冒 ④

27 1919년 3 · 1 운동 전후의 국내외 정세에 대한 설명으로 옳지 <u>않은</u> 것은?

① 일본은 시베리아에 출병하여 러시아 영토의 일부를 점령하고 있었다.
② 러시아에서는 볼셰비키가 권력을 장악하여 사회주의 정권을 수립하였다.
③ 미국의 윌슨 대통령이 민족자결주의를 내세워 전후 질서를 세우려 하였다.
④ 산둥성에서의 구 독일 이권에 대한 일본의 계승 요구는 5 · 4 운동으로 인해 파리평화회의에서 승인받지 못하였다.

> 파리평화회의에서 중국이 일본의 21개조 요구 취소와 산둥성에서의 독일 이권의 반환을 요구하였으나 열강은 이를 인정하지 않고 독일의 이권을 승전국인 일본의 이권으로 인정하였다. 이를 계기로 5 · 4 운동이 발발하였다(1919).
> ① 1917년 유럽 쪽의 러시아에서 발생한 러시아 혁명은 1920년대 초에 아시아로 확산되었고 시베리아에서 혁명군인 적색군과 반혁명군인 백색군 사이에 내전이 전개되었다. 당시 백색군을 지지한 일본은 시베리아에 출병하여 러시아의 영토 일부를 점령하였다.
> ② 1차 대전 중 레닌이 주도한 러시아의 볼셰비키 혁명에 관한 설명이다(1917.11).
> ③ 1차 대전 종전 후 파리평화회의에서 윌슨은 14개의 평화원칙을 제시하였는데 민족자결주의는 그 중 하나이다. 민족자결주의는 모든 민족은 정치적 운명을 스스로 결정할 권리가 있으며, 다른 민족의 간섭을 받을 수 없다는 주장으로서 1919년 3 · 1 운동에 영향을 주었다.
>
> 冒 ④

28 다음 글에서 설명하는 인물의 정책으로 옳지 <u>않은</u> 것은?

> 서양 오랑캐가 침입하는데 싸우지 않으면 화친하자는 것이니, 화친을 주장함은 나라를 파는 것이다. /
> 우리들의 만대자손에게 경계하노라. / 병인년에 짓고 신미년에 세우다.

① 비변사를 폐지하고 의정부의 기능을 강화
② 삼군부를 부활시켜 군부를 강화
③ 삼정 문란의 시정을 위해 사창제 폐지
④ 만동묘 철폐 및 서원 정리

 흥선대원군은 전정(田政) · 군정(軍政) · 환정(還政)을 개혁하여 민생안정을 도모하고자 하였다. 그중 높은 고리대를 부
과하여 가장 폐단이 심각했던 환곡제를 사창제로 개혁하여 민간에서 자치적으로 운영하도록 하였다.

답 ③

더 알아보기⊕

흥선대원군의 대내외 정책

대내		대외
왕권 강화책	삼정 개혁	쇄국 정책
• 세도 정치 일소, 능력 따른 인재 등용 • 서원 정리(국가 재정 확충, 민생 안정) • 비변사 폐지 – 의정부 · 삼군부 기능 부활 • 경복궁 중건(당백전, 원납전) • 법전 정비(대전회통, 육전조례)	• 전정 : 양전 사업(은결 색출) • 군정 : 호포제(양반) • 환곡 : 사창제(주민)	• 국방력 강화 • 천주교 탄압(병인박해) · 병인양요 • 열강 통상 요구 거절 · 신미양요 • 척화비 건립(1871) 　* 洋夷侵犯 非戰則和 主和賣國
• 전통적인 통치 체제의 재정비, 민생 안정에 기여 • 전통 체제 내에서의 개혁 정책 한계		• 외세 침략의 일시적 저지에 성공 • 조선의 문호 개방 방해 　→ 근대화 지연

29 다음은 1866년 프랑스 공사가 보내온 서한의 내용이다. 이와 관련된 사건에 대한 설명으로 옳지 <u>않은</u> 것은?

> 조선국왕이 프랑스 주교 2인과 선교사 9인 그리고 조선인 신도 다수를 살해했다고 한다. 이러한 잔인한 폭력은 패망을 자초하는 것이다. 조선은 중국에 조공하는 나라이므로 본국이 장차 군대를 일으켜 정벌하러 가기 전에 조선 원정을 알리는 것이 도리에 합당한 줄로 알고 있다.

① 문수산성에서는 한성근의 부대가, 정족산성에서는 양헌수의 부대가 활약하였다.
② 1866년 대원군의 대대적인 천주교 탄압을 구실로 삼아 사건이 일어났다.
③ 이 사건으로 강화도에 있던 외규장각 문화재가 약탈되었다.
④ 남연군의 묘를 도굴하던 중 발각되면서 유생들의 통상거부 요구가 강화되었다.

> **해설** 제시문은 프랑스 공사 벨로네의 서한으로 병인양요(1866)에 대한 설명이다.
> 남연군의 묘를 도굴하는 비도덕적인 행위를 저지른 것은 독일의 상인 오페르트 도굴 사건(1868)으로 병인양요와는 관련 없는 내용이다.
>
> 답 ④

| STEP2 | 근현대의 경제 변화

01 근 · 현대 토지제도에 대한 설명으로 옳지 <u>않은</u> 것은?

① 일제는 토지조사령을 공표한 후 전국적인 토지사업을 실시하였다.
② 일제는 전통적인 토지제도를 개혁하고 토지 평균분작을 실시하였다.
③ 대한민국은 농지개혁에 있어서 유상매입, 유상분배의 원칙을 고수하였다.
④ 대한제국은 양지아문, 지계아문을 설치하고 토지 소유권제도를 확립하였다.

> **해설** 전통적인 토지제도에 반대하며 평균분작을 통한 토지개혁을 주장한 것은 동학농민군의 폐정 개혁안이다. 일제는 토지조사령을 발표하여 지주의 소유권을 강화하였고, 그 결과 대부분의 농민이 소작농으로 전락하였다.
>
> 답 ②

02 우리나라 경제개발계획의 내용으로 옳은 것은?

> ㉠ 1차 경제개발은 공업화의 기초로서 수출 주도산업으로 성장하였다.
> ㉡ 경제 안정을 위한 8 · 3 조치로 기업들은 특혜를 누릴 수 있었다.
> ㉢ 도시에서부터 시작된 새마을운동은 점차 농촌 사회로 확대되었다.
> ㉣ 기초산업과 수출산업을 육성하기 위해 중공업 정책을 추진하였다.

① ㉠, ㉡   ② ㉡, ㉢
③ ㉡, ㉣   ④ ㉢, ㉣

 ㉢ 1970년대 근면 · 자조 · 협동을 바탕으로 실시된 새마을운동은 농촌 마을 환경 개선과 소득 증대를 위한 운동으로 농촌에서 시작되어 점차 도시로 확대되어 갔다.
㉣ 기초산업 성장과 수출산업을 육성하기 위해 경공업 중심의 정책을 추진하였다.

정답 ①

03 물산장려운동에 대한 설명으로 옳지 않은 것은?

① 물산장려운동은 1920년에 대구에서 시작되었다.
② 물산장려운동은 서울에 조선물산장려회가 세워지며 전국적으로 확산되었다.
③ "내 살림 내 것으로"라는 구호 아래 민족 자본가들을 중심으로 전개되었다.
④ 물산장려운동의 실천 요강으로는 국산품 애용, 금주 · 금연운동, 근검 저축 등이 있다.

 물산장려운동은 1920년에 평양에서 시작되어 전국으로 확산되었다.

정답 ①

더 알아보기➕

민족 기업의 육성과 물산장려운동

구분	민족 기업의 육성	물산장려운동
배경	민족 자본과 산업 육성 → 민족 경제의 자립 달성 운동	
경과	• 경성방직 주식회사(지주 자본) • 평양 메리야스 공장(서민 자본) • 민족계 은행 설립(삼남 은행)	• 조선물산장려회 조직(평양 – 1920, 서울 – 1923), 자작회 결성 • 일본 상품 배격, 국산품 애용 • 근검 저축, 생활 개선, 금주 · 금연 등
결과	일제 탄압으로 민족 기업 해체 → 일본 기업에 흡수 · 통합, 기업 활동 침체	민족 기업의 생산력 부족, 상인 · 자본가 계급의 이익만 추구, 민중의 외면 등 → 실패

04 일제 시기의 경제 정책에 대한 설명으로 옳지 <u>않은</u> 것은?

① 일제는 산미증식계획을 이루기 위해 지주제를 철폐하였다.
② 일제는 1930년대 이후에 조선의 공업구조를 군수공업 체제로 바꾸었다.
③ 일제의 토지조사사업으로 많은 양의 토지가 총독부 소유지로 편입되었다.
④ 일제는 1910년에 회사령을 공포하여 조선인의 회사 설립을 통제하였다.

> **해설** 일제는 1910년대 토지조사사업과 1920년대 산미증식계획을 실시하였다. 1920년대에 실시된 산미증식계획은 전반적으로 지주층에게 유리하였다. 즉, 친일 지주의 이익을 보장해주고, 농민들의 토지와 미곡을 수탈하였다.
>
> 답 ①

05 1949년에 제정된 농지개혁법에 대한 설명으로 옳지 <u>않은</u> 것은?

① 제정 즉시 시행되지 못하고 이듬해인 1950년에 시행되었다.
② 유상매입, 유상분배의 원칙을 적용하여 농지를 재분배하였다.
③ 토지 소유의 상한선이 규정되지 않아 실효를 거두지 못하였다.
④ 경작지만을 대상으로 한 점에서 1946년 시행된 북한의 토지개혁과 차이가 있었다.

> **해설** 부재지주의 농지와 3정보가 상한선이었다.
>
> 답 ③

06 일제의 토지조사사업에 대한 설명으로 옳지 <u>않은</u> 것은?

① 우리 농민은 기한부 계약에 의한 소작농으로 전락하였다.
② 농민이 지정된 기간 안에 신고해야 소유권을 인정받을 수 있었다.
③ 소작권과 소유권이 인정되어 지주제가 강화되었다.
④ 당시 토지 신고제는 농민에게 잘 알려지지 않았다.

> **해설** 소작권은 인정되지 않고 지주의 소유권만 인정되었다.
>
> 답 ③

07 1960년대 이후 박정희 정부가 추진한 경제 개발 5개년 계획에 대한 설명으로 옳지 <u>않은</u> 것은?

① 외자 유치를 통해 급속한 경제 성장을 이룩할 수 있었다.
② 원조 물자에 토대를 둔 공업화 정책으로 제분·제당·섬유공업이 성장하였다.
③ 재벌 위주의 독점적 경제 체제가 심화되었다.
④ 자본과 기술의 해외 의존도가 높아서 외화 가득률이 낮았다.

 원조 물자에 토대를 둔 공업화 정책으로 3백 산업이 발달한 것은 1950년대 후반 이승만 정부이다.

目②

08 다음 해당하는 내용에 대한 설명으로 옳은 것은?

> • 3정보 이상을 초과하는 농가의 토지나 부재지주의 토지를 국가에서 매수하고 이들에게 각자 증권을 발급하여 농지의 연 수확량의 150%를 한도로 5년 동안 보상하도록 한다.
> • 국가에서 매수한 농지는 영세 농민에게 3정보를 한도로 분배하고 그 대가를 5년간에 걸쳐 수확량의 30%씩 상환곡으로 수납하게 한다.

① 이승만 정부가 추진한 개혁이며, 자영농 육성을 목적으로 실시되었다.
② 이 법의 실시 결과 많은 소작농들이 몰락하였다.
③ 농민들이 자작농화하여 자본주의로의 발전이 저해되었다.
④ 유상매수, 무상분배를 원칙으로 하였다.

 제시문은 해방 이후 남한에서 실시된 농지개혁법의 일부이다.
② 농민들이 토지를 분배받아 소작농에서 자작농으로 전환되는 계기가 되었으며, 많은 지주들이 몰락하였으나, 토지를 분배받은 농민이 다시 소작농으로 전락하기도 하였다.
③ 자본주의로의 발전이 저해된 사실과는 관계가 없다.
④ 유상매수, 유상분배를 원칙으로 하였다.

目①

09 대한민국 정부수립 후 실시된 농지개혁에 대한 설명으로 옳은 것은?

① 무상몰수와 무상분배의 원칙하에 진행되었다.
② 농경지가 아닌 산림·임야 등은 개혁 대상에서 제외되었다.
③ 지주층이 배제된 농민 중심의 개혁이었다.
④ 지주층은 토지 대금을 산업 자본으로 전환하였다.

농지개혁의 대상은 3정보 이상의 농지를 가진 부재지주의 농지였고, 산림·과수원·임야 등 농경지가 아닌 것은 제외되었다.
① 3정보 이상의 토지를 유상으로 매수하고 영세 농민에게 3정보를 한도로 유상분배하였다.
③ 지주층의 입장이 반영된 유상매수·유상분배가 이루어졌으나 농지개혁이 시행되면서 경작자 농민 토지 소유가 확립되고 많은 지주들이 몰락하였다.
④ 지주층은 토지 대금을 산업 자본으로 전환하지 못하였다.

답 ②

10 1962년 이후 실시된 경제 개발 5개년 계획에 대한 설명으로 옳지 <u>않은</u> 것은?

① 정부 주도로 수출 주도형 산업에 집중한 성장 우선 정책이다.
② 1970년대 말에는 공업 구조가 중공업 중심으로 바뀌는 성과를 보였다.
③ 적극적 외자 도입을 통해 경제 개발의 재원을 마련하였다.
④ 산업 간, 도농 간의 격차는 심화되었으나 빈부 격차는 완화되었다.

경제 개발 계획은 성공적으로 추진되어 고도성장의 길로 나아갔으나 다음과 같은 부작용도 보였다. 첫째 자본·기술·시장 등 모든 면에서의 대외의존도가 높아 국제경제의 국내 파급효과가 크고 아울러 수출경쟁력의 한계가 드러났다는 점, 둘째 공업부문 간, 대기업과 중소기업 간, 공업부문과 농업부문 간 불균형이 크다는 점, 셋째 부와 권력이 편중되고 소득격차가 심하여 서민층의 경제·사회적 욕구불만이 커졌다는 점, 넷째 고율의 물가상승과 일부 생필품 부족 현상으로 민생이 불안정하여 계층 간의 거리감이 커졌다는 점 등이다.

답 ④

11 일제의 경제침탈에 대한 우리 민족의 대항으로서 연결이 옳은 것은?

> ㉠ 조선 각지에서 청국 상인과 일본 상인의 상권침탈 경쟁이 치열해졌다.
> ㉡ 제국주의 열강의 경제침탈이 아관파천 시기에 특히 심하였다.
> ㉢ 러·일전쟁 이후 일본은 화폐정리와 시설개선의 명목으로 차관을 강요하였다.
> ㉣ 1910년대 일본은 토지조사령을 발표하여 우리나라의 토지를 약탈하였다.

① ㉠ – 시전 상인들은 황국중앙총상회를 결성하여 상권수호운동을 전개하였다.
② ㉡ – 대한협회는 러시아의 절영도 조차 요구 저지 등 이권수호운동을 전개하였다.
③ ㉢ – 물산장려운동이 전개되었다.
④ ㉣ – 일본 상인의 농촌시장 침투와 곡물 반출에 대항하였다.

해설
② 독립협회에 대한 설명이다.
③ 국채보상운동이 전개되었다(1907).
④ 일본이 시행한 토지조사사업이 아닌, 방곡령에 대한 우리 민족의 대항이다.

답 ①

| STEP3 | 근현대의 사회 변동

01 다음 사실과 관계있는 정권과 가장 관련이 <u>없는</u> 것은?

> • 7 · 4 남북공동성명 발표
> • 중화학공업에 대한 집중 투자

① 폭력배와 사회질서문란사범의 순화를 내세우며 삼청교육대를 운영하였다.
② 대통령을 통일주체국민회의에서 간접 선출하였다.
③ 10월 유신을 선포하고 대통령 긴급조치권을 발동하였다.
④ YH무역노동운동이 일어났다.

 제시문은 박정희정부 시기이다.
① 1980년초 전두환정부 시기이다.
② · ③ · ④ 모두 박정희정부 중 1970년대의 유신체제와 관련하여 발생한 사건들이다.

답 ①

02 다음 선언문과 관계있는 사건 이후에 단행한 개헌은?

> 민주주의와 민중의 공복이며 중립적 권력체인 관료와 경찰은 민주를 위장한 가부장적 전제권력의 하수인
> 으로 발 벗었다. 민주주의이념의 최저의 공리인 선거권마저 권력의 마수 앞에 농단되었다. 언론 · 출판 · 집
> 회 · 결사 및 사상의 자유의 불빛은 무식한 전제권력의 악랄한 발악으로 하여 깜박이던 빛조차 사라졌다.

① 대통령 직선제, 양원제   ② 의원내각제, 대통령 간선제
③ 대통령 직선제, 국회 단원제   ④ 7년 단임의 대통령 간선제

 제시문은 1960년 이승만 자유당의 독재 권력에 항거하여 일어난 4 · 19 혁명의 선언문이다. 4 · 19 혁명 후 사태 수습
을 위한 과도 정부가 구성되어 내각책임제와 양원제를 골자로 개헌(제3차 개헌)하고 선거를 실시했다. 그 결과 제2공화
국이 수립되었다.
① 제1공화국 정부는 대통령 직선제와 양원제를 골자로 하는 개헌안을 통과시켰다(발췌개헌).
③ 제3공화국 정치 체제는 강력한 대통령 중심제와 국회 단원제를 바탕으로 이루어졌다.
④ 7년 단임 대통령제와 대통령 간접선거를 골자로 하는 개헌(제8차 개헌)이 이루어지고 제5공화국이 성립되었다.

답 ②

03 국외 이주 동포들에 대한 설명으로 옳지 <u>않은</u> 것은?

① 경제적 어려움으로 인해 19세기 후반부터 만주, 연해주 등지로 이주하였다.
② 일본은 1920년대에 연해주로 이주한 우리 동포들을 중앙아시아로 강제이주 시켰다.
③ 미국으로 이주한 동포들은 사탕수수 농장에서 노동하며 불합리한 대우를 받았다.
④ 1923년 관동대지진이 발생하자 일본은 한국인들에 대한 적대감을 조성하여 우리 동포들을 대학살하였다.

해설 | 러시아(소련)은 중·일전쟁을 일으킨 일본이 침략할 것을 우려하여 일본의 간첩 활동을 방지하고, 일본과 전쟁 시 한국인이 일본군이 되는 것을 막는다는 명분으로 1930년대 후반에 연해주로 이주한 우리 동포들을 중앙아시아로 강제이주 시켰다.

답 ②

더 알아보기 ➕

국외 이주 동포의 활동과 시련

구분	만주 이동 동포	연해주 이주 동포
배경	• 조선 후기부터 농민들의 생계 유지 위해 이주 • 국권 피탈 후 정치·경제적 이유로 증가	• 러시아의 변방 개척 정책 • 1905년 이후 급증하여 한인 집단촌 형성
민족운동	• 대한독립선언서 발표(1919) • 독립운동 기지 마련 • 무장독립 전쟁 준비	• 국외 의병운동 중심지(13도 의군 결성, 1910) • 권업회 조직(1911) • 대한광복군 정부 수립(이상설, 1914) • 대한국민의회 수립(손병희, 1919)
시련	• 간도참변(1920) • 미쓰야 협정(1925) • 만보산 사건(1931) 등	• 자유시 참변(1921) • 연해주 동포의 중앙 아시아로 강제 이주(1937) • 볼셰비키 정권의 무장 해제 강요

04 일제하에 일어났던 농민 · 노동운동에 대한 설명으로 옳지 <u>않은</u> 것은?

① 1920년대 소작쟁의는 주로 소작인 조합을 중심으로 전개되었다.

② 1920년대 노동운동 중에서 가장 규모가 큰 투쟁은 원산 총파업이었다.

③ 1920년대 농민운동으로 암태도 소작쟁의가 일어났다.

④ 1920년대에 이르러 농민 · 노동자의 쟁의가 절정에 달하였다.

 해설

농민 · 노동자 계층의 쟁의는 1930년대에 이르러 혁명적(적색) 농민 · 노동조합 중심으로 전개되었으며, 항일 운동의 성격을 띠면서 절정에 달하였다.

① 1920년대 소작쟁의는 소작인 조합을 중심으로 이루어졌으며 고율의 소작료 인하와 소작권 이전 반대 등을 요구하는 생존권 투쟁으로 시작되었다.

② 1929년 원산 노동자 총파업은 항일 운동의 대표적인 본보기로서 이후 노동자 파업이 전국 각지에서 잇따르는 계기가 되었다.

③ 1923년 암태도 소작쟁의는 한국인 지주를 상대로 78~80%의 고율 소작료를 낮추고자 투쟁을 벌여 40%까지 낮추는 성과를 거두었다.

정답 ④

더 알아보기➕

소작쟁의와 노동쟁의의 전개

구분	농민운동(소작쟁의)	노동운동(노동쟁의)
배경	소작민에 대한 수탈 강화 → 농민 생활 파탄	일제의 식민지 공업화 정책 → 열악한 노동 조건
성격	• 1910년대 : 일제의 지주 비호, 농민 지위 하락 • 1920년대 : 생존권 투쟁, 고율 소작료 인하 • 1930년대 : 항일민족운동, 식민지 수탈 반대	• 1910년대 : 농업 중심의 산업 구조, 노동자 계급 형성 부진 • 1920년대 : 생존권 투쟁, 임금 인상, 노동 조건 개선 • 1930년대 : 항일민족운동, 혁명적 노동운동 전개
조직	조선 농민 총동맹(1927) → 농민 조합(1930년대)	조선 노동 총동맹(1927) → 지하 노동 조합(1930년대)
활동	암태도 소작쟁의(1923~1924)	원산 노동자 총파업(1929)

05 다음 내용과 관계 깊은 단체가 활동하던 시대의 우리 민족의 생활 모습으로 옳은 것은?

> • 비타협적 민족주의 계열과 사회주의 계열이 연대하여 만든 민족운동 단체
> • '기회주의 일체 부인'을 강령으로 제시

① 산미증식계획의 추진으로 일제에 의한 식량 수탈이 늘어나면서 우리 민족의 식량 사정이 악화되었다.
② 학교 교실에서는 교사들이 제복과 착검을 하고 수업을 실시하여 학생들에게 공포심을 불러 일으켰다.
③ 국민총동원령이 발표되어 징병, 징용, 학도병 등으로 우리 민족은 일본의 전쟁터로 끌려가게 되었다.
④ 황국신민서사 암송, 창씨개명 강요 등을 통해 일제는 우리 민족의 정체성을 파괴하려 하였다.

> **해설** 제시문에서 설명하는 단체는 1927년에 조직된 신간회이다. 일제는 1920년대에 산미증식계획을 실시하여 생산량보다 많은 미곡을 수탈하여 갔고, 대다수의 우리 농민들은 몰락하거나 화전민으로 전락하게 되었다.
> ② 1910년대 무단통치 시기
> ③ · ④ 1930년대 후반 민족말살통치
>
> **답 ①**

06 1920년대의 시대적 상황에 대한 설명으로 옳지 <u>않은</u> 것은?

① 고등교육 기관으로 대학을 설립해야 한다는 취지 하에 민립대학설립운동을 추진하였다.
② 민족 자본의 육성을 위해 물산장려운동을 추진하였다.
③ 사회주의운동이 활발하게 전개되었고, 조선공산당도 조직되었다.
④ 조선학운동이 전개되었고, 한국 학자들이 결집하여 진단 학회를 창립하였다.

> **해설** 1930년대 초반 신간회가 해산되고 일제의 탄압이 심화되는 상황에서 일부 민족주의자들이 민족적 고유성을 유지함으로써 일제의 동화 정책에 저항하려는 소극적 민족운동가의 자세를 견지하였는데 이것이 조선학운동이다. 진단 학회는 1934년 조직되었으며 실증사관을 표방하였다.
>
> **답 ④**

07 **신간회에 대한 설명으로 옳지 않은 것은?**

① 좌우협력운동의 양상이 확대되어 1927년 조직되었다.

② 김활란 등 여성들이 조직한 근우회가 자매 단체로 활동하였다.

③ 당시 진행되고 있던 자치운동을 기회주의로 규정하여 철저히 규탄하였다.

④ 평양에 자기 회사를 설립하고, 평양과 대구에 태극 서관을 운영하였다.

> **해설** 신민회에 대한 내용이다.
>
> 답 ④

08 **1910년대 국내외에서 활약한 민족운동 단체에 대한 설명으로 옳지 않은 것은?**

① 독립의군부는 고종의 밀지를 받아 유림이 중심이 되어 결성한 단체로 복벽주의(復僻主義)를 표방하였다.

② 대한자립단은 만주에 독립군 사관학교 건립을 위한 군자금을 모집하고 공화주의를 표방하였다.

③ 조선국권회복단은 유생들이 조직한 단체로 3 · 1 운동에 적극 참가하였다.

④ 동제사는 중국 상하이에서 신규식을 중심으로 조직하여 활동한 단체이다.

> **해설** 대한광복회에 대한 설명이다. 1915년 7월 대구에서 광복단과 조선국권회복단의 일부 인사가 통합하여 항일독립운동 단체인 대한광복회를 결성하였다. 이 단체는 국권 회복과 공화제 실현을 목적으로 하였다.
>
> 답 ②

더 알아보기

국내 비밀 결사 조직

독립의군부(1912)	대한광복회(1915)
• 임병찬 등이 고종의 밀지를 받고 조직한 복벽주의 단체 • 조선 총독에게 국권 반환 요구서 제출 계획	• 박상진을 주축으로 결성된 항일독립운동 단체 • 민주공화제 지향 • 군자금 조달, 친일파 처단

09 갑신정변, 동학농민운동, 갑오개혁의 공통적 주장으로 옳은 것은?

① 근대학교와 회사의 설립을 주장하였다.

② 근대적 의회의 설치와 민권의 확립을 주장하였다.

③ 양반 중심의 봉건적 신분제도의 개혁을 주장하였다.

④ 농민을 위한 토지개혁을 단행하고자 하였다.

해설

갑신정변의 '14개조 정강', 동학농민운동의 '폐정개혁안 12개조', 갑오개혁의 '홍범 14조' 모두 봉건적 신분제도의 폐지를 주장하였다.

① 대한제국은 실업학교(상공학교, 광무학교)와 기술 교육 기관을 설립하였고, 유학생을 외국에 파견하였다.

② 독립협회는 만민공동회와 관민공동회를 개최하여 헌의 6조를 결의하였고, 여러 단체, 정부 관료, 학생 및 시민들이 참가하여 국권수호, 인권보장, 국정개혁을 주장하는 등의 의회설립운동을 전개하였다.

④ 동학농민군이 요구한 폐정개혁안 12개조의 내용이다.

답 ③

더 알아보기➕

근대적 사회제도의 형성

구분	갑신정변(1884)	동학농민운동(1894)	갑오개혁(1894)
방향	근대 사회 건설 목표	반봉건적 사회 개혁 요구	민족 내부의 근대화 노력
내용	• 문벌 폐지 • 인민 평등권 확립 • 지조법 개혁 • 행정 기구 개편	• 노비 문서 소각 • 청상 과부의 재가 허용 • 차별적 신분제도 타파	• 차별적 신분제도 폐지 • 여성 지위 향상 • 인권 보장
한계	• 보수 세력 방해와 청의 간섭 • 국민의 지지 부족	• 수구 세력의 방해와 일본의 개입 • 근대적 사회 의식 결여	• 민권 의식 부족 • 민중과 유리
의의	근대화운동의 선구	양반 중심의 신분제 폐지에 기여	근대적 평등 사회의 기틀 마련

10 1950년대 이후 한국 사회의 상황에 대한 설명으로 옳은 것은?

① 1950년에 시행된 농지개혁으로 토지가 없던 농민이 토지를 갖게 되었다.
② 1960년대에 임금은 낮았지만 낮은 물가 덕분으로 노동자들이 고통을 겪지는 않았다.
③ 1970년대에 이르러 정부는 노동 3권을 철저히 보장하는 정책을 채택하였다.
④ 1980년대 초부터는 노동조합을 자유롭게 설립할 수 있게 되었다.

 농지개혁법은 1949년 6월에 제정되어 토지가 없던 소작농들이 토지를 갖게 되는 데 공헌하였다.
② 제3공화국 시기인 1960년대에는 저임금과 인플레이션으로 인해 노동자들이 크게 고통을 겪었다.
③ 제4공화국 시기인 1970년대에는 노동운동을 탄압하는 정책을 취하였다.
④ 제5공화국 시기인 1980년대 초반에는 노동운동을 탄압하는 정책을 시행하였으며, 우리나라에서 노동운동이 활발히 이루어지기 시작한 것은 1987년 6월 민주항쟁 이후부터이다.

답 ①

11 밑줄 친 '이 단체'에 대한 설명으로 옳은 것은?

> 이 단체가 조직되었다. 각 당파가 망라된 통일 조직인 이 단체는 전국 각지에 150여개의 지회를 두고 활발한 활동을 전개하였다. 부녀자들의 통일단체인 근우회 역시 이 무렵 창설되었다. 이 무렵에는 국내뿐만 아니라 해외에도 수많은 역명단체들이 조직되었다. 동북의 책진회, 상해의 대독립당촉성회와 같은 단체는 국내에서 활발한 활동을 전개하고 있던 단체와 깊은 연계를 맺고 있던 통일 조직이었다.
>
> – 구망일보 조선 민족해방운동 30년사

① 일제의 황무지 개간권 요구를 철회시켰다.
② 광주학생 항일운동에 진상 조사단을 파견하였다.
③ 단군 신앙을 중심으로 한 종교운동을 전개하였다.
④ 비밀결사로 조직되어 실력양성운동을 전개하였다.

 제시문은 신간회에 대한 설명이다. 신간회는 1927년 비타협적 민족주의 진영과 사회주의 진영의 민족유일당운동의 결과 결성된 단체로, '정치 · 경제적 각성 촉구', '단결을 공고히 함', '기회주의를 일체 부인'을 강령으로 채택하였다.
② 1929년 광주학생 항일운동이 일어나자 신간회는 진상조사단을 파견하였다.
① 보안회는 1904년 일제의 황무지 개간권 요구에 대항하기 위하여 조직된 항일 단체이다.
③ 나철은 1909년 단군 신앙을 중심으로 한 대종교를 창시하였다.
④ 신민회는 1907년 국내에서 결성된 항일 비밀결사로 실력 양성을 통한 국권 회복과 공화정체의 국민 국가 수립을 궁극의 목표로 삼았다.

답 ②

STEP4 | 근현대 문화의 흐름

01 다음 글을 쓴 역사가에 대한 설명으로 옳은 것은?

> 역사란 무엇이냐? 인류 사회의 아(我)와 비아(非我)의 투쟁이 시간에서 발전하여 공간까지 확대하는 심적
> 활동의 상태의 기록이니, 세계사라 하면 세계 인류의 그리 되어온 상태의 기록이며, 조선사라 하면 조선
> 민족이 그리 되어온 상태의 기록이니라. 그리하여 아에 대한 비아의 접촉이 많을수록 비아에 대한 아의
> 투쟁이 더욱 맹렬하여 인류 사회의 활동이 휴식할 사이가 없으며, 역사의 전도가 완결될 날이 없다. 그러
> 므로 역사는 아와 비아의 투쟁의 기록이니라.

① 우리의 민족정신을 '혼'으로 파악하고, '혼'이 담겨 있는 민족사의 중요성을 강조하였다.
② 우리 고대 문화의 우수성과 독자성을 강조하여 식민주의 사관을 비판하였다.
③ 한국사가 세계사의 보편적 발전 법칙에 입각하여 발전하였음을 강조하여 식민주의 사관의 정체성
   이론을 반박하였다.
④ 진단 학보를 발간하고 문헌 고증을 중시하는 순수 학문적 차원의 역사 연구에 힘썼다.

 제시문은 신채호의 「조선상고사」 머리말 일부분이다.
① 박은식, ③ 백남운, ④ 진단 학회의 활동

답 ②

더 알아보기➕

한국사 연구운동 전개

구분	민족주의 사학	사회 · 경제 사학	실증주의 사학
내용	우리 문화의 우수성과 한국사의 주체성 강조	역사 발전의 보편성을 한국사에 적용	객관적 사실에 근거하는 연구를 통해 한국사를 실증적으로 연구
연구	박은식(혼), 신채호(낭가사상), 정인보(얼), 문일평(조선심), 안재홍	백남운 − 정체성과 타율성을 주장한 식민사관 비판	이병도, 손진태 − 진단 학회 창립, 진단 학보 발행
한계	민족의 주체성 강조 → 실증성이 약하다는 비판	한국사의 발전을 서양 역사의 틀에 끼워 맞추려 한다는 비판	민족사의 현실 인식을 제대로 하지 못했다는 비판

02 다음의 「조선사」와 「한국통사」에 대한 설명으로 옳지 <u>않은</u> 것은?

> 「한국통사」는 간행 직후 중국·노령·미주의 한국인 동포들은 물론이고 국내에서도 비밀리에 대량 보급되어 민족적 자부심을 높여 주고 독립 투쟁정신을 크게 고취시켰다. 일제는 이에 매우 당황하여 1916년 조선반도편찬위원회를 설치하고 「조선사(朝鮮史)」 37책을 편찬하였다.

① 「조선사」 편찬자들은 조선의 역사를 정체성·타율성으로 설명하려 하였다.
② 「한국통사」의 저자는 우리의 민족정신을 '혼'으로 파악하였다.
③ 「조선사」 편찬의 목적은 식민통치를 효율적으로 실시하려는 것이었다.
④ 「한국통사」의 저자는 「조선사연구초」도 집필하여 민족정기를 선양하였다.

> **해설** 제시문은 박은식의 「한국통사」의 영향과 그에 대한 일제의 대응을 설명하고 있다. 「한국통사」는 국권 상실의 과정을 직접 목격하고, 독립운동에 참여한 박은식이 일본 침략으로 인한 아픈 역사를 서술하고 국권 회복의 방향을 제시하는 등 뚜렷한 목적의식을 가지고 저술한 역사서로 평가받고 있다. 당시에 일제는 책의 내용과 그 영향력을 보고 큰 충격을 받아 이에 대항하기 위해서 「조선사」를 편찬하였다.
> ④ 「조선사연구초」는 신채호가 저술한 역사서이다.
>
> 답 ④

03 밑줄 친 '이 신문'에 대한 설명으로 옳은 것은?

> 이 신문은 처음에는 한글과 영어를 겸용했으나, 뒤에 국한문 혼용으로 바뀌었다. 그 뒤, 일반 대중을 위해서는 한글판을, 외국인을 위해서는 영문판을 발간하였다. 당시 일제통감부가 매우 까다롭게 신문을 검열하였으나, 이 신문은 영국인이 경영하는 것으로 되어 있어 통제에서 어느 정도 벗어날 수 있었다. 신문사 정문에 '일본인 출입 금지'라고 써서 붙여 놓고 일본의 침략 행위를 규탄하였다.

① 하층민과 부녀자를 주된 독자층으로 삼았다.
② 서재필 등이 정부의 자금 지원을 발간하였다.
③ 을사조약의 불법성을 폭로하는 고종 황제의 친서를 게재하였다.
④ 조선 정부가 설립한 박문국에서 국민을 계몽하기 위해 발간하였다.

> **해설** 제시문은 대한매일신보(1904~1910)에 대한 설명이다. 영국인 베델이 창간하였고 국한문판·한글판·영문판으로 간행되었으며 신민회 기관지로도 활용되었다. 박은식, 신채호 등이 항일 논조를 펴며 을사늑약부인친서·의병 활동 등 일제 침략을 비판하고 서양문물을 소개하였다.
>
> 답 ③

04 다음 사료와 관련 있는 학자와 그 저서를 올바르게 묶은 것은?

> 어릿어릿하는 사람을 보면 얼이 빠졌다고 하고, 멍하니 앉은 사람을 보면 얼 하나 없다고 한다. … 얼은
> 남이 빼앗아가지 못한다. 얼을 잃었다면 스스로 잃은 것이지 누가 가져간 것이 아니다.

① 백남운 – 「조선봉건사회경제사」
② 이청원 – 「조선사회사독본」
③ 정인보 – 「조선사연구」
④ 신채호 – 「조선사연구초」

해설
제시된 사료는 정인보가 동아일보에 연재한 「5천년간 조선의 얼」의 부분을 발췌한 것이다. 정인보는 얼사상을 강조하
였고, 저서로는 「조선사연구」가 있다.
① 백남운은 사적유물론을 바탕으로 일제 식민 사관의 정체성론을 비판하였다.
② 이청원 역시 사적유물론을 바탕으로 한국사를 여러 발전 단계로 나누어 정리하여 일제 식민 사관에 대항하였다.
④ 신채호는 낭가사상을 중시하였으며, 주로 고대사 연구에 치중하여 민족주의 역사학의 기반을 확립하였다.

답 ③

05 한말의 종교에 대한 설명으로 옳지 <u>않은</u> 것은?

① 개신교 – 신문화운동, 농촌계몽운동, 한글보급운동
② 천도교 – 3 · 1 운동 주도, 잡지 〈경향〉 간행
③ 대종교 – 단군숭배사상을 통해 민족의식 고취
④ 원불교 – 개간사업, 저축운동

해설
잡지 「경향」을 간행하고, 고아원 · 양로원을 설립한 종교는 천주교이다. 천도교가 3 · 1 운동을 주도한 것은 맞다.

답 ②

더 알아보기➕

종교별 항일 투쟁 및 민족 문화 수호운동

개신교	신문화운동, 농촌계몽운동, 한글보급운동, 신사참배거부운동
천주교	• 고아원 · 양로원 설립 • 잡지 「경향」 간행 • 무장 항일 투쟁 전개(의민단 조직 → 청산리 대첩에 참전)
천도교	• 3 · 1 운동 주도 • 잡지 「개벽」 간행
대종교	• 단군숭배사상을 통해 민족 의식 고취 • 무장 항일 투쟁에 적극적 참여(중광단 → 북로군정서 확대)
불교	• 3 · 1 운동 주도 • 교육운동 · 사회운동 전개 • 조선불교유신회(1921) 조직 → 불교정화운동, 사찰령 폐지, 친일주지성토운동 전개
원불교	박중빈 창시(1916)−개간사업, 저축운동, 생활개선운동 전개(남녀 평등, 허례 허식 폐지)

06 현대 문화의 성장과 발전에 대한 설명으로 옳은 것은?

① 1960년대 이후 무비판적으로 수용하였던 서구 문화에 대한 반성이 일어나면서 전통 문화를 되살리는 노력이 펼쳐졌다.

② 1960년대 이후 정치적 민주화와 사회 경제적 평등을 지향하는 민중 문화 활동이 활발하였다.

③ 1987년 6월 민주 항쟁을 거치면서 언론에 대한 정부의 통제와 간섭은 줄어들고 언론의 자유는 확대되었다.

④ 1990년대 이후에는 고등 교육의 대중화를 위하여 대학이 많이 세워졌다.

해설 ① 1970년대 이후. ② 1980년대 이후. ④ 1980년대 이후

답 ③

07 다음 신문 사설이 실렸던 한말 언론에 대한 설명으로 옳은 것은?

> 저 돼지와 개만도 못한 우리 정부의 소위 대신자들이 영리를 바라고 덧없는 위협에 겁을 먹어 놀랍게도 매국의 도적을 지어 4천년 강토와 5백년 사직을 다른 나라에 갖다 바치고 2천만 국민으로 타국인의 노예를 만드니 … 아아 분하도다! 우리 2천만, 타국인의 노예가 된 동포여! 살았는가! 죽었는가! 단군, 기자 이래 4천년 국민 정신이 하룻밤 사이에 졸연히 멸망하고 말 것인가! 원통하고 원통하다! 동포여! 동포여!

① 을사조약의 불법성을 폭로하는 고종 황제의 친서를 게재하였다.
② 하층민과 부녀자를 주된 독자층으로 삼았다.
③ 국한문 혼용의 일간지로 민족주의적 성격이 강한 논설로 유명하였다.
④ 천도교의 기관지로서 국한문 혼용체로 발간되었다.

 해설 제시문은 1905년 황성신문에 게재되었던 장지연의 '시일야방성대곡'의 일부이다.
① 대한매일신보, ② 제국신문, ④ 만세보

답 ③

08 우리 민족 언론에 대한 설명으로 옳지 <u>않은</u> 것은?

① 독립신문은 한글과 영문을 사용하여 발행했던 최초의 민간신문이었다.
② 만세보는 일진회를 공격했던 천도교계 신문이었다.
③ 대한매일신보는 국채보상운동에 적극적으로 참여하여 모금운동을 전개하였다.
④ 한성순보는 일제가 제정한 신문지법에 의해 탄압을 받았다.

 해설 한성순보는 1883년부터 1884년까지 발간되었고, 일제가 민족 언론의 탄압을 위해 제정한 신문지법은 1907년에 시행되었다.

답 ④

01 다음 한자가 경계하고 있는 것은?

> 不能舍己從人, 學者之大病
> 天下之義理無窮, 豈可是己而非人

① 我執   ② 虛勢
③ 巧言   ④ 誇示

제시문은 이황(李滉)의 퇴계집(退溪集)에서 발췌된 내용으로, '자기 자신만이 옳다고 느끼는 我執(아집)을 경계하라.'는
의미이다.
"자기를 버리고 남을 따르지 못하는 것은, 배우는 사람의 큰 병이다.
 천하의 도리가 무궁한데, 어찌 자기 자신만이 옳고 다른 이는 그르다 할까."
② 虛勢(허세), ③ 巧言(교언), ④ 誇示(과시)

답 ①

02 한자의 독음이 옳지 <u>않은</u> 것은?

① 擄掠 – 노략
② 剝離 – 박리
③ 嫉妬 – 질시
④ 猜忌 – 시기

嫉妬의 독음은 '질시(嫉視)'가 아니라 '질투'이다.

답 ③

03 ㉠ 안에 들어갈 한자로 옳은 것은?

> 兩人對酌山花開
> 一盃一盃(㉠)一盃
> 我醉欲眠卿且去
> 明朝有意抱琴來
>
> $\qquad$ ─李白,「山中與幽人對酌」

① 復   ② 浮
③ 簿   ④ 釜

 '한잔 들게 한잔 들게.'라며 술을 더해가는 모습이므로 復(다시 부)를 넣어야 한다.
② 浮(뜰 부) : 뜨다
③ 簿(엷을 박) : 얇다, 엷다
④ 釜(가마 부) : 가마, 솥

답 ①

더 알아보기 ➕

이백의 「산중여유인대작(山中與幽人對酌)」

兩人對酌山花開(양인대작산화개)
그대와 마주하고 술을 마시니 산꽃들이 피는구나.
一盃一盃復一盃(일배일배부일배)
한잔 들게 한잔 들게 더 다시 한잔 들자꾸나.
我醉欲眠卿且去(아취욕면경차거)
나는 취해 잠들 테니 자네는 마음대로 갔다가
明朝有意抱琴來(명조유의포금래)
내일 아침 생각이 있으면 거문고나 안고 오시게나.

04 다음 ㉠~㉣ 중 "先天下之憂而憂 後天下之樂而樂"과 가장 밀접한 표현은?

> 松根을 볘여 누어 픗줌을 얼픗 드니, 숨애 흔 사룸이 날ᄃ려 닐온 말이, 그듸룰 내 모ᄅ랴, ㉠ 上界예 眞仙이라. 黃庭經一字룰 엇디 그릇 닐러 두고, 人間의 내려와셔 우리룰 똘오ᄂ다. 져근덧 가디 마오. 이 술 흔 잔 머거 보오. ㉡ 北斗星 기우려 滄海水 부어 내여, 저 먹고 날 머겨놀 서너 잔 거후로니, 和風이 習習ᄒ야 兩腋을 추혀 드니, 九萬里長空애 져기면 놀리로다. 이 술 가져다가 四海예 고로 ᄂ화, ㉢ 億萬蒼生을 다 醉케 밍근 後의, 그제야 고텨 맛나 쏘 흔 잔 ᄒ쟛고야. 말 디쟈 鶴을 ᄐ고 九空의 올나가니, 空中玉簫소리 어제런가 그제런가. 나도 ᄌ음을 ᄭᅵ여 바다홀 구버 보니, ㉣ 기피룰 모ᄅ거니 ᄀᆞ인들 엇디 알리. 明月이 千山萬落의 아니 비친 듸 업다.
>
> — 정철, 「관동별곡」 중에서

① ㉠   ② ㉡

③ ㉢   ④ ㉣

해설
先天下之憂而憂 後天下之樂而樂(선천하지우이우 후천하지락이락) : 천하의 근심보다 앞서 근심하고 천하의 즐김보다 나중에 즐긴다.
㉢ 億萬蒼生을 다 醉케 밍근 後의 : 억만창생을 다 취하게 만든 후에, '백성(억만창생)'을 생각하는 관리로서의 마음가짐이 先天下之憂而憂 後天下之樂而樂와 밀접하다.
㉠ 上界예 眞仙 : 하늘나라에 살았던 신선
㉡ 北斗星기우려 滄海水부어 내여 : 북두칠성을 술잔으로 삼아 기울여서 창해수를 술로 삼아 부어 내여
㉣ 기피룰 모ᄅ거니 ᄀᆞ인들 엇디 알리 : 깊이를 모르는데 끝인들 어찌 알겠는가.

답 ③

05 다음 중 한자 표기가 옳지 않은 것은?

① 침입자 : 浸入者

② 적절 : 適切

③ 복잡 : 複雜

④ 전유물 : 專有物

해설
浸入者 → 侵入者(침입자)

답 ①

06 밑줄 친 부분의 한자 사용이 적절하지 <u>않은</u> 것은?

> 천연자원이 부족한 우리나라에서는 뛰어난 ㉠ 技術을 가진 사람을 많이 확보하는 것이 매우 중요하다. 따라서 이 문제를 어떻게 ㉡ 技術的으로 해결하느냐가 오늘날 교육의 과제이다. 우선 현재 인재 양성 실태의 정확한 ㉢ 記述을 바탕으로 구체적 방안들을 마련해야 할 것이다. 또한 이론적으로는 가능해 보이지만, ㉣ 記述的으로 불가능한 방안을 폐기해야 할 것이다.

① ㉠   ② ㉡
③ ㉢   ④ ㉣

 ㉣ 記述的[기술적 : 기록할 기, 펼 술, 과녁 적] – 어떤 상황에 대한 내용을 서술하는 것
㉠ 技術[기술 : 재주 기, 재주 술] – 사물을 잘 다루는 재주
㉡ 技術的[기술적 : 재주 기, 재주 술, 과녁 적] – 이론이나 학문상 내용보다도 이를 실생활에 적용하고 활용하는 방안에 대한 것
㉢ 記述[기술 : 기록할 기, 펼 술] – 어떠한 사물의 특징을 문장으로 서술하는 것

답 ④

07 다음은 한자성어이다. 괄호 안에 들어갈 한자가 모두 바르게 된 것은?

> • 進退維( )
> • 送( )迎新
> • 目不( )見
> • ( )故知新

① 容, 旭, 引, 溫
② 谷, 舊, 忍, 溫
③ 谷, 荒, 仁, 顯
④ 俗, 舊, 仁, 癌

 • 進退維谷(진퇴유곡) : 앞으로도 뒤로도 나아가거나 물러서지 못하다. 궁지에 빠진 상태
• 送舊迎新(송구영신) : 묵은 해를 보내고 새해를 맞는다는 뜻으로 관가에서 구관(舊官)을 보내고 신관(新官)을 맞이했던 '송고영신(送故迎新)'에서 유래
• 目不忍見(목불인견) : 차마 눈으로 볼 수 없을 정도로 딱하거나 참혹한 상황
• 溫故知新(온고지신) : 옛것을 익히고 그것을 미루어서 새것을 앎

답 ②

계리직
한국사

부록 | 최신기출문제

2021년 기출문제

2019년 기출문제

01 다음 글이 나오는 책에 관한 설명으로 옳은 것은?

> 대저 옛 성인들은 예악으로 나라를 융성케하고 인의(仁義)로 가르쳤으며, 괴상한 힘이나 난잡한 귀신을 말하지 아니했다. …(중략)… 삼국의 시조들이 모두 신이(神異)한 데서 나왔다고 해서 어찌 괴이하겠는가? 이것이 신이로써 다른 편보다 먼저 놓은 까닭이며, 그 의도도 바로 여기에 있다.

① 현재 전하는 신라의 향가를 가장 많이 수록하고 있다.
② 유교 사서의 관례에 따라 중국 정사의 기전체(紀傳體) 형식을 도입했다.
③ 개인 전기가 실린 열전은 백제인이나 고구려인보다 신라인의 비중이 높다.
④ 신라가 독자적인 연호를 제정하여 사용한 것은 옳지 않다고 논했다.

> 해설
>
> 신이사관이 나타나는 것으로 보아 제시된 사료는 일연이 저술한 『삼국유사』의 일부임을 알 수 있다.
> ① 『삼국유사』에는 향가 14편이 수록되어 있고, 『균여전』에는 11편이 수록되어 전해지고 있다.
> ② 기전체의 형식을 도입한 것은 김부식이 저술한 『삼국사기』이다. 일연의 『삼국유사』는 기사본말체 형식을 가지고 있다.
> ③ 『삼국사기』의 경우 열전에서 백제인이나 고구려인보다 신라인의 비중이 높으며, 신라 계승 의식을 반영하고 있다.
> ④ 김부식은 『삼국사기』에서 신라가 독자적 연호를 제정해 사용한 것에 대해 비판하였다.
>
> 답 ①

02 다음 (   )의 국가에 대한 설명으로 옳은 것은?

> 지금 (   )의 창고에는 옥으로 된 벽(璧)·규(珪)·찬(瓚) 등 여러 대에 걸쳐 내려온 물건이 있어 대대로 보물로 여기는데, 원로들이 말하길 선대(先代) 왕이 하사받은 것이라 한다. 그 인문(印文)은 '예왕지인(濊王之印)'이다.
>
> – 『삼국지』, 「위서」, 동이전 –

① 추수가 끝나는 10월에 동맹이라는 제천 행사를 열었다.

② 단궁, 과하마, 반어피 등의 특산물이 생산되었고 10월에 무천이라는 제천 행사를 하였다.

③ 해마다 씨를 뿌리고 난 5월과 추수를 마친 10월에는 계절제를 열어 하늘에 제사를 지냈다.

④ 사출도를 두었으며 12월에 영고라는 제천 행사를 개최하였다.

해설 제시된 사료는 '부여'에 대한 내용이다.
④ 부여는 왕 아래에 마가, 우가, 저가, 구가가 있었으며, 이들 가(加)는 저마다 행정 구획인 사출도를 다스렸다. 영고는 매년 12월에 부여에서 열린 제천 행사이다.
① 고구려는 매년 추수가 끝나는 10월에 제천 행사인 동맹을 열었다.
② 단궁, 과하마, 반어피는 동예의 특산물이며, 동예는 매년 10월에 무천이라는 제천 행사를 열었다.
③ 삼한에서는 해마다 씨를 뿌리고 난 5월과 추수를 마친 10월에 계절제를 열어 하늘에 제사를 지냈다.

답 ④

03 신라의 발전 과정에 대한 사실들을 시대순으로 바르게 나열한 것은?

> ㄱ. 고령의 대가야를 병합하여 영토를 확장하였다.
> ㄴ. 호국의 염원을 담아 황룡사 9층 목탑을 세웠다.
> ㄷ. 행정기관인 병부(兵部)를 설치하여 왕권을 강화하였다.
> ㄹ. 주군현(州郡縣)의 제도를 정하고 실직주(悉直州)를 두었다.

① ㄷ－ㄹ－ㄱ－ㄴ

② ㄷ－ㄹ－ㄴ－ㄱ

③ ㄹ－ㄷ－ㄱ－ㄴ

④ ㄹ－ㄷ－ㄴ－ㄱ

해설 ㄹ. 6세기 지증왕 때 주군현의 제도를 정비하였고 현재 강원도 삼척 지역에 실직주를 두었다.
ㄷ. 6세기 법흥왕은 병부를 설치하고 율령을 반포하는 등 통치 질서를 확립해 왕권을 강화하였다.
ㄱ. 대가야를 정복한 것은 6세기 진흥왕 때의 일이다.
ㄴ. 황룡사 9층 목탑은 7세기 선덕여왕 때 자장의 건의로 만들어졌다.

답 ③

04 다음 (   )에 해당하는 인물에 대한 설명으로 옳은 것은?

> 현종(玄宗) 개원(開元) 7년에 (   )이/가 죽었다. …(중략)… 아들이 왕위에 올라 영토를 크게 개척하니 동북의 모든 오랑캐들이 겁을 먹고 그를 섬겼으며, 또 사사로이 연호를 인안(仁安)으로 고쳤다.
>
> — 『신당서』, 「열전」, 북적 발해 —

① 5경 15부 62주의 지방 행정 체계를 확립하였다.
② 장수 장문휴(張文休)를 시켜 등주를 공격하였다.
③ 3성 6부의 중앙 관제와 지방 행정 조직을 정비하였다.
④ 당의 군대를 천문령에서 물리치고 동모산에서 건국하였다.

> **해설** 아들이 인안(무왕이 사용한 연호)으로 연호를 고쳤다는 것으로 보아 괄호 안의 인물은 대조영임을 알 수 있다.
> ④ 대조영은 길림성의 동모산 기슭에 나라를 세웠으며, 국호를 '진(震)'으로 하였다.
> ① 5경 15부 62주의 지방 행정 체계를 확립한 왕은 9세기 발해 선왕이다.
> ② 732년 발해 무왕 때, 장문휴는 당의 산둥반도를 공격하였다.
> ③ 당의 제도를 수용하여 3성 6부의 중앙 관제와 지방 행정 조직을 정비한 것은 문왕 때의 일이다.
>
> 답 ④

05 고려 시대 가족 제도와 여성의 지위에 대한 설명으로 옳지 <u>않은</u> 것은?

① 아들과 딸 모두 부모의 제사를 주관할 수 있었다.
② 여성은 사회 활동에 아무런 제한이 없이 남성과 대등한 위치에 있었다.
③ 혼인 형태는 일부일처가 일반적이었으나 축첩(蓄妾)도 가능하였다.
④ 여성이 호주(戶主)가 될 수 있었고 호적에도 아들과 딸을 구분하지 않고 나이에 따라 기록하였다.

> **해설** ② 고려 시대에는 여성의 사회적 지위가 상대적으로 높은 편이었지만, 관직에 진출할 수 없었으며 사회 활동을 하는 데 제한이 있었다.
> ① 고려 시대에는 여자도 제사를 지낼 수 있었으며 형제들이 돌아가면서 제사를 지내는 윤회(輪廻)봉사가 이루어지기도 하였다.
> ③ 일부일처제가 일반적이었지만, 지배층을 중심으로 축첩이 행해지기도 하였다.
> ④ 고려 시대에는 태어난 순서대로 호적에 기재하였으며 여성도 호주가 될 수 있었다.
>
> 답 ②

06 다음 작품이 제작된 시기의 문화 예술에 대한 설명으로 옳은 것은?

(안평대군의 꿈 이야기를 듣고 그린 그림)

① 자연을 벗삼아 사는 모습을 노래한 「청산별곡」이 창작되었다.

② 왕조의 창업과정과 왕실 선조들의 업적을 찬양한 『용비어천가』를 지었다.

③ 강화도에 외규장각을 두어 왕실의 행사를 기록한 의궤 등 중요한 서적을 보관하였다.

④ 중인 · 서얼층이 결성한 시사(詩社)를 중심으로 위항문학(委巷文學)이 유행하였다.

해설 위 그림은 안견의 '몽유도원도'로 조선 전기 세종 대의 작품이다. 도화서 화원이었던 안견이 안평대군의 꿈을 그림으로 형상화한 작품으로, 자연스러운 현실 세계와 환상적인 도원의 세계가 대조를 이루고 있다.

② 『용비어천가』는 조선 전기 세종 때 편찬되었다.

① 「청산별곡」은 고려 후기에 창작된 고려 속요이다.

③ 정조는 왕실에 규장각을 설치하였으며, 왕실 관련 서적을 보관할 목적으로 강화도에 외규장각을 두었다.

④ 위항문학은 조선 후기(18세기)에 유행하였다.

답 ②

07 다음 전투가 일어난 시기를 〈보기〉의 (가)~(라)에서 바르게 고른 것은?

> 이여송이 휘하의 병사들을 거느리고 말을 몰아 급히 진격하였다. 왜적은 벽제관 부근에서 거짓으로 패하는 척하면서 명군을 진흙 수렁으로 유인하였다. 명군이 함부로 전진하다가 여기에 빠지자 왜적들이 갑자기 달려들어 명군을 마구 척살하였다. 겨우 죽음을 면한 이여송은 나머지 부하들을 이끌고 파주, 개성을 거쳐 평양으로 후퇴하였다.
>
> - 『연려실기술』, 선조조 고사본말 -

보
기

신립이 탄금대 전투에서 패하고 자결하다.
↓ (가)
이순신이 이끄는 조선군이 한산도 해상에서 일본군을 크게 이기다.
↓ (나)
김시민 휘하의 조선 군인과 백성들이 진주성에서 일본군의 침입을 막아내다.
↓ (다)
권율이 지휘하는 조선군이 행주산성에서 일본군을 물리치다.
↓ (라)
원균이 칠천량 부근에서 전사하다.

① (가)
② (나)
③ (다)
④ (라)

- 신립의 탄금대 전투 : 1592년 4월
- 이순신의 한산도 대첩 : 1592년 7월
- 김시민의 진주 대첩 : 1592년 10월
- 권율의 행주 대첩 : 1593년 2월
- 원균의 칠천량 전투 : 1597년 7월
③ 제시된 사료는 1593년 1월 파주 벽제관 전투와 관련된 내용으로, 1593년 1월 조명 연합군의 평양성 탈환과 2월 행주 대첩 사이에 일어난 사건이다.

답 ③

08 다음 글이 나오는 책을 지은 학자에 대한 설명으로 옳은 것은?

> 수령이라는 직책은 관장하지 않는 것이 없으니, 여러 조목을 열거하여도 오히려 직책을 다하지 못할까 두려운데, 하물며 스스로 실행하기를 기대할 수 있겠는가? 이 책은 첫머리의 부임(赴任)과 맨 끝의 해관(解官) 2편을 제외한 나머지 10편에 들어 있는 것만 해도 60조나 되니, 진실로 어진 수령이 있어 제 직분을 다할 것을 생각한다면 아마도 방법에 어둡지는 않을 것이다.

① 노론의 중심 인물로 대의명분을 중시하였다.
② 조세제도 개혁을 통해 정전제의 이념을 구현하려 하였다.
③ 자영농 육성을 위해 토지를 재분배하자는 균전론을 제기하였다.
④ 본인의 연행 경험을 바탕으로 상공업 진흥과 기술 발전을 제안하였다.

해설 수령의 역할을 제시하고 있는 것으로 보아 위 사료는 정약용이 저술한 『목민심서』의 일부임을 알 수 있다.
② 정약용은 토지제도 개혁안으로 처음에는 모든 토지의 사유화를 인정하지 않고 농사를 짓는 사람에게만 토지의 점유권과 경작권을 부여하는 여전론을 제시하였으나, 너무 이상적이라 판단하여 후에 현실적 대안인 정전제를 주장하였다.
① 정약용은 남인이며, 노론의 중심 인물로는 송시열이 있다.
③ 유형원은 자영농 육성을 목적으로 한 균전론을 제시하였다.
④ 연행 경험을 바탕으로 상공업 진흥과 기술 발전을 제안한 것은 박지원, 홍대용 등 중상학파 실학자들이다.

답 ②

09 다음에서 묘사한 도시에 대한 설명으로 옳은 것은?

> 운종가는 오가는 수많은 사람들의 바다
> 수레와 말들은 우레 소리 일으키네.
> 점포마다 온갖 상품 가득 쌓여
> 비단 가게에는 능라(綾羅)와 금수(錦繡)
> 어물 가게에는 싱싱한 갈치, 준치, 숭어, 붕어, 잉어
> 숭례문 밖 풍경을 보니 창고에는 곡식이 억만섬
>
> — 『성시전도(城市全圖)』 —

① 동시, 서시, 남시를 개설하였다.
② 건원중보와 해동통보가 화폐로 유통되었다.
③ 국가의 허가를 받아 영업하는 육의전이 번성하였다.
④ 벽란도와 중국의 항저우를 연결하는 해상길을 통해 교역이 이루어졌다.

'운종가', '숭례문' 등을 보면 조선 시대 한성의 모습을 묘사한 사료임을 알 수 있다.
③ 육의전은 조선 시대 한양에 설치된 시전으로, 종이, 명주, 모시, 어물, 삼베, 무명을 파는 상점이다.
① 동시와 서시, 남시를 설치한 것은 신라이다. 지증왕 때 동시가 설치되었고, 효소왕 때 서시와 남시가 설치되었다.
② 건원중보와 해동통보는 고려 시대의 화폐이며, 조선 시대에는 상평통보가 유통되었다.
④ 벽란도는 고려 시대의 국제 무역항이다.

정답 ③

10 밑줄 친 '반란'에 대한 설명으로 옳은 것을 〈보기〉에서 모두 고른 것은?

반란을 일으킨 적도들은 평안도 가산읍 북쪽 다복동에서 무리를 모아 봉기하여 가산과 선천, 곽산 등 청천강 북쪽의 주요 고을들을 점령하고 기세를 떨쳤다.

－『서정록(西征錄)』－

ㄱ. 평안도 지역에 대한 차별에 저항하였다.
ㄴ. 반정 후의 논공행상에 대한 불만이 원인이었다.
ㄷ. 지역의 무반 출신과 광산노동자들이 적극 가담하였다.
ㄹ. 의주와 안주를 연이어 점령하여 조정에 큰 위협이 되었다.

① ㄱ, ㄴ
② ㄱ, ㄷ
③ ㄴ, ㄷ
④ ㄴ, ㄹ

제시문의 '반란'은 1811년 순조 때 발생하였던 홍경래의 난이다.
ㄱ. 홍경래의 난은 당시 서북 지역 차별과 삼정의 문란에 반발하여 발생하였다.
ㄷ. 홍경래의 난에는 광산노동자, 향임층, 무사 등 각계각층이 합세하였다.
ㄴ. 1624년 인조반정 이후 이괄은 논공행상에 불만을 품고 난을 일으켰다.
ㄹ. 홍경래의 난이 발생하였을 때, 반란군은 청천강 이북의 여러 지역을 점령하였지만, 의주와 안주의 점령에 실패하였다.

정답 ②

11 근대문물이 들어오면서 조선 사회가 경험한 새로운 변화와 관련하여 옳은 것을 모두 고른 것은?

> ㄱ. 근대식 우편 제도와 전신 시설은 모두 1884년에 시작하여 원거리 통신의 새로운 시대를 열었다.
> ㄴ. 근대식 의료는 갑오개혁 이후 더욱 확산하여 1895년 정부에 위생국을 설치하고 전염병 예방 규칙도 제정하였다.
> ㄷ. 전등은 1887년 고종과 미국인의 합작으로 설립한 한성전기 회사가 경복궁에 처음 설치하여 운영하였다.
> ㄹ. 철도는 광무개혁 때 경인선을, 러일전쟁 때 경부선을, 간도협약으로 경의선을 모두 일본이 개통하였다.

① ㄱ, ㄴ
② ㄴ, ㄷ
③ ㄷ, ㄹ
④ ㄹ, ㄱ

해설

ㄱ. 근대식 우편 제도는 1884년 우정국이 설치되면서 시작되었고, 전신 시설은 1884년 부산과 일본 사이에 처음 개통되면서 시작하였다. 이는 부산과 일본 사이에서의 전신 개통에 해당하는 것이고 우리나라의 서울과 인천, 서울과 의주의 전신 개통은 1885년에 이루어졌다.
ㄴ. 위생국은 1894년 설치되었고, 1899년 대한제국 시기 '전염병 예방규칙'을 공포하여 당시 유행하던 전염병에 대처하도록 하였다.
ㄷ. 전등은 1887년에 경복궁에서 처음 설치되어 운영된 것은 맞지만, 한성전기 회사는 1898년에 만들어진 회사로, 전등의 설치와 관련이 없다.
ㄹ. 경의선은 간도협약 이전 1906년에 개통되었다.

📖 정답 없음

* 해당 문제는 당초 'ㄱ, ㄴ'이 포함된 ①이 정답으로 공개되었으나, 이의 신청이 받아들여져 11번은 정답 없음으로 응시생 전원 정답 처리되었습니다.

12 밑줄 친 '정변'과 관련한 설명으로 옳은 것은?

> 전에는 …(중략)… 개화당을 꾸짖는 자도 많이 있었으나, 개화가 아름답다는 것을 말하면 듣는 사람들도 감히 크게 반대하지는 않았다. 그런데 정변을 겪은 뒤부터 조정과 민간에서 모두 "이른바 개화당이라고 하는 자들은 충의를 모르고 외국인과 연결하여 나라를 팔고 겨레를 배반하였다."라고 말하고 있다.
> – 『윤치호 일기』 –

① 이 정변을 계기로 주미공사 박정양을 미국에 파견하였다.
② 이 정변 직후 근대화를 위해 통리기무아문을 설치하였다.
③ 이 정변의 평화적 해결을 위한 상호 약속으로 제물포조약이 체결되었다.
④ 이 정변의 주도 세력은 혜상공국의 혁파 등 여러 개혁을 시도하였다.

'개화당'과 '정변'이라는 키워드를 통해 위의 제시문에 해당하는 사건은 갑신정변(1884)임을 알 수 있다.

④ 갑신정변 당시에 급진개화파는 혜상공국의 혁파와 지조법 개혁 등의 내용을 담은 개혁 정강을 발표하고 추진하였다.

① 박정양이 초대 주미공사로 미국에 파견된 것은 1887년의 일이다.

② 통리기무아문은 1880년에 설치되었으며, 1882년 일어난 임오군란으로 인하여 폐지되었다.

③ 갑신정변의 결과 일본과 체결한 조약은 한성조약이다. 제물포조약은 임오군란으로 인해 조선과 일본 사이에 체결된 조약이다.

답 ④

13 다음 (가)의 활동에 대한 설명으로 옳은 것은?

> 1920년대 후반 민족유일당운동의 결과, 만주 지역 민족해방운동의 중심 단체이던 정의 · 신민 · 참의 3부가 국민부와 혁신의회로 재편되었다. 이후 1930년대에 국민부 계통은 (가)을/를 조직하여 남만주 일대를 중심으로 활약했다.

① 영릉가 전투와 흥경성 전투에서 일본군을 격파하였다.

② 혜산진 보천보를 습격하여 일제의 경찰주재소와 면사무소를 파괴하였다.

③ 쌍성보 전투, 대전자령 전투 등에서 일본군을 상대로 대승을 거두었다.

④ 일본군과 6일 동안 10여 회의 전투를 벌여 대승을 거둔 청산리 대첩을 이끌었다.

(가)의 단체는 조선 혁명군이다. 1930년대 국민부 계통은 조선 혁명군을 조직하여 남만주 일대를 중심으로 무장 투쟁을 전개하였다.

① 조선 혁명군은 영릉가 전투(1932)와 흥경성 전투(1933)에서 일본군에 승리를 거두었다.

② 동북 항일 연군의 조선 광복회가 보천보를 습격하여 일제의 경찰주재소와 면사무소를 파괴하였다.

③ 한국 독립군은 쌍성보 전투(1932), 대전자령 전투(1933)에서 일본군을 상대로 대승을 거두었다.

④ 김좌진의 북로군정서군을 중심으로 한 독립군 연합부대가 청산리 전투에서 승리를 거두었다.

답 ①

14 다음 설명에 해당하는 시기로 옳은 것은?

> 조선총독부는 「조선농지령」을 제정하여 지주의 소작료 수탈을 어느 정도 통제하고 소작인의 소작료감면
> 청구권을 법제화했다. 이는 소작인의 소작권을 안정시켜 농촌사회의 불안을 완화하려는 것이었으나, 실제
> 운영과정에서는 지주의 권익을 옹호하고 마름의 횡포를 통제하지 않았다.

	①	②	③	④	
국권피탈		3·1운동	신간회 해산	조선어학회 사건	8·15 해방

해설 「조선농지령」은 1934년에 제정된 법으로, 일제가 소작 문제를 소작료 수탈을 방지하는 것을 목적으로 제정되었으나 성과를 거두지 못했다.
국권 피탈은 1910년, 3·1운동은 1919년, 신간회 해산은 1931년, 조선어학회 사건은 1942년, 8·15 해방은 1945년에 발생한 사건이다.

답 ③

15 한국의 경제성장과 민주화의 진전에 관한 연대별 설명으로 옳지 <u>않은</u> 것은?

① 1960년대 : 노동집약적 수출 주도형 공업화 전략으로 매년 10% 안팎의 성장률을 기록하였다.

② 1970년대 : 근로조건 개선을 위한 전태일의 분신은 노동운동에 대한 관심을 고양하는 계기가 되었다.

③ 1980년대 : 저금리, 저유가, 저달러의 이른바 '3저 호황'에 힘입어 중반 이후 연평균 10%에 가까운 경제 성장률을 기록하였다.

④ 1990년대 : 한때 중단되었던 대통령 직선제를 부활하는 개헌을 통해 정치적 민주화에 진전을 이루었다.

해설 ④ 1987년 6월 민주 항쟁의 결과 대통령 직선제 개헌이 이루어졌다.
① 1960년대에 1·2차 경제개발 5개년 계획이 실시되면서, 노동집약적인 경공업을 집중적으로 육성하였다.
② 1970년에 전태일은 노동자들의 저임금과 장시간의 노동과 같은 노동 실태를 알리고 노동 환경 개선을 요구하였으나 받아들여지지 않자 근로조건의 개선을 위해 분신하면서 노동운동에 대한 사람들의 관심을 고양하는 계기가 되었다.
③ 1980년대 중반 이후에는 저금리·저유가·저달러의 '3저 호황'으로 수출이 증가하였고 높은 경제 성장률을 기록하였다.

답 ④

16 다음 각 자료에 해당하는 시대의 지방 제도에 관한 설명으로 옳은 것은?

> ㄱ. 사람을 죽인 자는 바로 사형에 처하고, 남에게 상해를 입힌 자는 곡물로 배상하게 한다. 남의 물건을 훔친 자는 재산을 몰수하고 그 집의 노비로 삼는다.
> ㄴ. 태조께서 나라를 통일한 후에 외관을 두고자 하였으나 …(중략)… 시행할 겨를이 없었습니다. …(중략)… 청컨대 외관을 두소서.
> ㄷ. 골품을 따져 사람을 쓰기 때문에 그 족속이 아니면 비록 뛰어난 재주와 큰 공이 있어도 자기 신분의 한계를 넘지 못한다.
> ㄹ. 이들은 집합하자마자 우선 독립 만세를 소리 높여 외쳐 …(중략)… 군중의 사기를 높이고 마침내는 경찰 관서를 습격하여 때때로 파괴적 행동에 빠지려 하였다.

① ㄱ : 5부를 설치하고 장관으로 욕살을 두었다.
② ㄴ : 12목을 설치하고 장관으로 목사를 두었다.
③ ㄷ : 8도를 설치하고 장관으로 관찰사를 두었다.
④ ㄹ : 23부를 설치하고 장관으로 관찰사를 두었다.

> **해설**
> ㄱ은 고조선의 8조법이고, ㄴ은 최승로가 고려 성종에게 건의한 시무 28조이다. ㄷ은 신라의 골품제에 관한 내용이며, ㄹ은 3·1운동과 관련된 자료이다.
> ② 고려 성종은 전국 주요 지역에 12목을 설치하였으며 지방관을 파견하였다.
> ① 고구려는 지방을 5부로 나누고 욕살을 장관으로 파견하였다.
> ③ 조선 시대에 8도를 설치하고 장관으로 관찰사를 두었다.
> ④ 제2차 갑오개혁 때 23부를 설치하고 장관으로 관찰사를 두었다.
>
> 目 ②

17 시대별 교육기관에 대한 설명으로 옳지 <u>않은</u> 것은?

① 삼국 가운데 백제와 신라는 모두 국학이라는 최고 교육기관을 설립하였다.
② 고려에서는 국자감과 향교 외에도 9재라는 사립교육 형태가 나타났다.
③ 조선에서는 선현을 모시는 서원이 고등 교육 기능도 함께 담당하였다.
④ 갑오개혁 시기에 신교육을 전담할 정부 부처로 학무아문을 설치하였다.

> **해설**
> ① 신라는 신문왕 때 국학을 설립하여 유학을 가르쳤으며, 백제의 교육기관에 대한 사료는 전하지 않지만, 오경박사와 역박사가 유교 경전과 기술학 등을 가르쳤다는 기록이 있다.
> ② 고려 시대에 최충은 9재 학당을 설립하였으며, 사학 12도가 융성하였다.
> ③ 서원은 선현에 대한 제사를 올리는 활동 이외에도 인재를 모아 교육시키는 교육기관의 기능을 담당하였다.
> ④ 1차 갑오개혁 때는 6조를 8아문으로 개편하였는데, 이 중에서 학무아문은 신교육을 전담하였다.
>
> 目 ①

18 다음 (가) 지역에서 일어난 사건으로 옳지 <u>않은</u> 것은?

(가)의 역사와 문화 탐방 계획

○ 일시 : 2021년 ○○월 ○○일
○ 탐방 장소 및 주제

탐방장소	주제
자연사박물관, 역사박물관	(가) 지역의 자연환경과 역사에 대한 기초적 이해
 〈부근리 고인돌〉	고인돌을 통해 알 수 있는 선사시대의 생활상
〈정족산성〉	병인양요와 정족산성 전투
〈초지진〉	운요호 사건과 초지진

① 몽골군의 침입에 대항하여 수도를 옮겼다.
② 프랑스 군이 침입하여 문화재를 약탈하였다.
③ 을사조약에 반대하여 최익현이 의병을 일으켰다.
④ 진위대의 군인들이 군대해산에 저항하여 봉기하였다.

해설 자료의 (가)에 해당하는 지역은 강화도이다.
③ 을사조약 체결에 반대하여 최익현은 전북 태인에서 의병을 일으켰다. 최익현은 순창에서 진위대와 대치한 상황에서 동포끼리 싸울 수 없다고 하여 스스로 체포되었으며 대마도에 끌려가 순절하였다.
① 최우는 몽골군의 침입에 대항해 강화도로 천도(1232)하였다.
② 병인양요(1866) 당시 프랑스 군은 강화도의 외규장각에 보관되어 있던 의궤를 약탈하였다.
④ 1907년에 군대를 해산하려 하자 이에 대항하여 을미개혁의 일환으로 설치된 근대적 지방군대인 진위대가 봉기를 일으켰다.

답 ③

19 밑줄 친 부분과 의미가 통하는 한자어를 연결한 것으로 옳지 <u>않은</u> 것은?

> ㄱ. 코로나 19로 인해 <u>일을 쉬는</u> 날이 많아졌다.
> ㄴ. 이 연극에서 <u>가장 뛰어난 부분</u>은 마지막 장면이었다.
> ㄷ. 그는 <u>마음속에 간직하고 아직 드러내지 않은 생각</u>이 따로 있었다.
> ㄹ. 다국적 기업들이 시장 점유율을 높이기 위해 <u>치열하게 다투고</u> 있다.

① ㄱ : 休務
② ㄴ : 壓卷
③ ㄷ : 覆案
④ ㄹ : 角逐

③ 覆案(덮을 부, 책상 안)(×) → 腹案(배 복, 책상 안) : 마음속에 품고 있는 계획을 의미한다.
① 休務(쉴 휴, 힘쓸 무) : 집무를 보지 않고 한동안 쉼을 의미한다.
② 壓卷(누를 압, 책 권) : 위의 책이 아래 책을 누른다는 뜻으로 여럿 중에서 가장 뛰어난 것을 의미한다.
④ 角逐(뿔 각, 쫓을 축) : 겨루고 쫓는다는 뜻으로, 서로 이기려고 세력이나 재능을 다툼을 의미한다.

정답 ③

20 밑줄 친 단어의 한자 표기가 모두 옳은 것은?

① <u>의견수렴(意見收廉)</u>을 거쳐 우체국 <u>보험(保險)</u> 상품을 새로 시판했다.
② 예금주는 언제든지 예금거래 기본 <u>약관(約款)</u>의 <u>교부(交付)</u>를 청구할 수 있다.
③ 우정사업본부는 대한민국 <u>우편(郵便)</u> · 금융의 <u>초석 역할(楚石役割)</u>을 하고 있다.
④ 변동금리를 적용하는 <u>거치식(据値式)</u> <u>예금(預金)</u>은 최초 거래 시 이율 적용 방법을 표시한다.

② 약관(約款 : 맺을 약, 항목 관)
　교부(交付 : 사귈 교, 줄 부)
① 의견수렴(意見收斂 : 뜻 의, 볼 견, 거둘 수, 거둘 렴)
　보험(保險 : 지킬 보, 험할 험)
③ 우편(郵便 : 우편 우, 편할 편)
　초석 역할(礎石役割 : 주춧돌 초, 돌 석, 부릴 역, 벨 할)
④ 거치식(据置式 : 근거 거, 둘 치, 법 식)
　예금(預金 : 맡길 예, 쇠 금)

정답 ②

01 (가), (나)의 유물 · 유적을 사용하였던 사회에 대한 설명으로 가장 적절한 것을 〈보기〉에서 모두 고른 것은?

| | (가) | (나) |

보기

ㄱ. (가) – 농경과 목축이 생활에서 차지하는 비중이 점차 높아졌다.
ㄴ. (가) – 주먹도끼, 슴베찌르개, 뚜르개, 찍개 등의 석기를 사용하였다.
ㄷ. (나) – 한반도에서는 주로 강가나 바닷가에 마을을 이루고 살았다.
ㄹ. (나) – 전문 장인이 출현하고 사유 재산 제도와 계급이 나타나게 되었다.

① ㄱ, ㄴ
② ㄴ, ㄷ
③ ㄷ, ㄹ
④ ㄱ, ㄹ

> **해설** (가)는 빗살무늬 토기(즐문토기)로 신석기 시대를 대표하는 토기이고, (나)는 북방식(탁자식) 고인돌로 청동기 시대를 대표하는 무덤이다.
> ㄱ. 신석기 시대의 특징에 해당한다.
> ㄹ. 청동기 시대의 특징에 해당한다.
> ㄴ. 구석기 시대의 특징에 해당한다.
> ㄷ. 신석기 시대의 특징에 해당한다.
>
> 답 ④

02 (가)왕과 (나)국가에 대한 옳은 설명을 〈보기〉에서 모두 고른 것은?

> 경자(庚子)년에 (가)왕이 보병과 기병 5만을 보내 (나)을/를 구원하게 하였다. 관군이 이르자 왜적이 물러가므로, 뒤를 급히 추격하여 임나가라의 종발성(從拔城)에 이르렀다. 성이 곧 항복하자 병력을 두어 지키게 하였다.

보기

> ㄱ. (가)왕의 왕호를 새긴 유물이 신라 왕도에서 출토되었다.
> ㄴ. (가)왕은 아단성 등 백제의 58성 700여 촌을 공략하였다.
> ㄷ. (나)국가는 포상(浦上) 8국의 공격을 받은 가야를 구원하였다.
> ㄹ. (나)국가는 왜(倭)의 아스카[飛鳥] 문화 형성에 큰 영향을 주었다.

① ㄱ

② ㄱ, ㄴ

③ ㄱ, ㄴ, ㄷ

④ ㄱ, ㄴ, ㄷ, ㄹ

해설 제시된 사료에서 (가)이 보병과 기병 5만을 보내어 왜적을 물리치는 것으로 보아 4세기 후반에서 5세기 초의 고구려 광개토 대왕에 관한 것임을 알 수 있다. 그리고 (나)는 광개토 대왕의 도움을 받은 신라 내물왕임을 파악할 수 있다. 그러므로 (나) 국가는 신라이다.

ㄱ. 경주 호우총에서 발견된 호우명 그릇에 관한 내용으로 호우명 그릇에는 광개토 대왕의 왕호를 의미하는 '廣開土地好太王(광개토지호태왕)'이 새겨져 있다.

ㄴ. 광개토 대왕은 아단성 등 한강 이북의 백제 영토 지역(지금의 황해도 일대)의 58촌 700여 성을 공략하였다. 그리하여 백제의 수도 한성까지 공략하여 백제 아신왕의 항복을 받아냈다(396).

ㄷ. 포상 8국은 지금의 경남 해안가에 있던 8개 소국을 말하는데 3세기 초 이들은 아라가야와 신라 일부 지역을 공격하여 신라 내해왕(내해 이사금)이 209년에 포상 8국의 병사들을 격퇴하여 아라가야를 구원하기도 하였다.

ㄹ. 신라는 배를 건조하는 조선술과 제방을 쌓는 축제술을 전달했으나 아스카 문화 형성에 크게 기여한 나라는 백제이다.

답 ③

03 (가), (나)의 사실로 알 수 있는 나라의 풍속에 대한 설명으로 가장 적절한 것은?

> (가) 국왕이 죽으면 옥갑(玉匣)을 사용하여 장례를 치렀다.
> (나) 성책(城柵)을 둥글게 만들었는데 그 모양이 마치 감옥과 비슷하였다.
>
> — 「삼국지」 —

① 머리 폭이 좁으며 남녀 모두 몸에 문신(文身)을 하였다.
② 전쟁을 할 경우에는 소[牛]를 잡아 그 발굽을 살펴 길흉을 점쳤다.
③ 10월에 나라 동쪽의 수혈(隧穴)에서 수신(隧神)을 모셔다 제사를 지냈다.
④ 옹기솥에 쌀을 담아서 목곽 무덤의 한 편에 매달아 두는 매장 풍습이 있었다.

해설
(가)와 (나)에 제시된 내용은 초기 국가인 '부여'에 관한 설명이다.
② 부여의 풍습 중 전쟁을 앞두고 소를 잡아 그 굽으로 점을 치는 우제점법에 관한 내용이므로 정답이다.
① 삼한에 관한 설명이다.
③ 고구려의 제천행사 동맹(10월)에 관한 설명이다.
④ 옥저의 가족공동묘에 관한 설명이다.

답 ②

04 (가)와 (나)의 사건 사이에 신라에서 있었던 일로 옳지 <u>않은</u> 것은?

> (가) 위두(衛頭)를 전진(前秦)에 사신으로 보냈다.
> (나) 아시촌(阿尸村)에 소경(小京)을 설치하였다.

① 실직국과 압독국을 정복하였다.
② 복호(卜好)를 고구려에 볼모로 보냈다.
③ 나을(奈乙)에 신궁(神宮)을 설치하였다.
④ 상복법(喪服法)을 제정해 반포, 시행하였다.

해설
(가)의 위두를 전진에 사신으로 파견한 것은 4세기인 382년 내물왕 때이고, (나)의 아시촌 소경을 설치한 것은 514년 지증왕 때의 일이다.
① 실직국은 지금의 강원도 삼척 일대의 작은 소국이고, 압독국은 경북 경산 일대에 있던 작은 소국이다. 실직국과 압독국을 신라가 정복한 것은 파사왕(파사이사금) 때인 102년의 일이다.
② 내물왕의 아들이자 눌지왕의 동생인 복호를 고구려에 볼모로 보낸 것은 실성왕 때인 412년의 일이다.
③ 박혁거세의 탄생지인 나을(奈乙)에 신궁을 설치한 것은 487년인 신라 소지왕 때의 일이다.
④ 신라에서 상복법을 제정하여 반포, 시행한 것은 지증왕 때인 504년의 일이다.

답 ①

05 다음 글을 저술한 승려에 관한 설명으로 옳은 것은?

> 펼쳐 열어도 번잡하지 아니하고 종합하여도 좁지 아니하다. 주장하여도 얻음이 없고 논파하여도 잃음이 없다. 이것이야말로 마명(馬鳴) 보살의 오묘한 기술이니, 기신론(起信論)의 종체(宗體)가 그러하다. 종래에 이를 해석한 사람들 중에는 그 종체를 갖추어 밝힌 이가 적었다. 이는 각기 익혀 온 것을 지켜 그 문구(文句)에 구애되고, 마음을 비워서 뜻을 찾지 못했기 때문이다.

① 대국통이 되어 신라 불교를 총관하였다.
② 현장(玄奘)에게 신유식학(新唯識學)을 수학하였다.
③ 여러 불교 경전의 사상을 하나의 원리로 회통시키려 하였다.
④ 제자 양성과 함께 교세 확장에 힘써 화엄 10찰을 조성하였다.

해설 제시된 사료에서 '기신론(起信論)'을 통해 원효의 '대승기신론소(大乘起信論疏)'를 유추할 수 있다.
③ 원효의 일심(一心) 사상의 내용이므로 정답이다. 원효는 모든 것이 한마음에서 나온다는 일심 사상을 바탕으로 종파 간 사상적 대립을 조화시켰다. 또한 분파 의식을 극복하고자 화쟁 사상을 주장하였다.
① 7세기 선덕여왕에게 황룡사 9층 목탑 건립을 건의하였던 계율종 승려 자장에 관한 설명이다.
② 유식 불교를 설파하였던 원측에 관한 설명이다.
④ 경북 영주 부석사를 중심으로 화엄종을 수립한 의상에 관한 설명이다.

답 ③

06 (가)왕의 재위 시기의 사실로 옳지 않은 것은?

> 공주는 우리 대흥보력효감금륜성법대왕(大興寶曆孝感金輪聖法大王)의 둘째 딸이다. 고왕과 무왕, 그리고 공주의 아버지 (가)왕은 왕도를 일으키고 무공을 크게 떨쳤다고 말할 수 있다. 만일 이들이 때를 맞추어 정사를 처리하면 그 밝기가 일월이 내려 비치는 것과 같고, 기강을 세워 정권을 주도하면 그 어진 것이 천지가 만물을 포용하는 것과 같을 것이다.

① 신라는 관리 등용을 위해 독서삼품과를 설치하였다.
② 일본에서는 엔닌[圓仁]이 구법을 위해 당으로 갔다.
③ 발해는 당(唐)으로부터 '발해 국왕'이라는 칭호를 받았다.
④ 당에서는 안록산과 사사명(史思明)의 난(亂)이 일어났다.

07 (가)에 대한 설명으로 옳은 것은?

> 비로소 직관 · 산관 각 품(品)의 (가)을/를 제정하였는데 관품의 높고 낮은 것은 논하지 않고 다만 인품(人品)만 가지고 토지의 등급을 결정하였다. 자삼(紫衫) 이상은 18품(品)으로 나눈다.
>
> – 「고려사」 –

① 문종 때에 제정된 토지제도로 5품 이상의 관리에게 지급하였으며 자손에게 세습도 허용하였다.

② 문종 때에 산직은 누락하고 철저하게 실직을 대상으로 하여 지급하였으며, 무반의 대우가 이전보다 좋아졌다.

③ 광종 때에 제정된 4색 공복제도를 참작하여 직관과 산관 모두를 대상으로 하였으며, 관직과 관계(官階)도 지급 기준이 되었다.

④ 성종 때에 마련된 관료체계를 바탕으로 하여 분급기준이 단일화되었으며, 인품을 지급대상에서 제외하고 실직 중심으로 지급되었다.

08 다음 사실을 일어난 순서대로 나열한 것은?

> ㄱ. 이몽학이 농민과 자신이 조직한 회원들을 이끌고 홍산에서 난을 일으켰다.
> ㄴ. 권율이 이끄는 관군과 백성은 합심하여 행주산성에서 왜군을 물리쳤다.
> ㄷ. 조선 정부는 전란 중에 새로운 군대의 필요성을 절감하여 훈련도감을 설치하였다.
> ㄹ. 왜군이 조선 수군을 습격하여 통제사 원균(元均), 전라 수사 이억기(李億祺), 충청 수사 최호(崔湖) 등이 죽었다.

① ㄱ-ㄴ-ㄷ-ㄹ   ② ㄱ-ㄴ-ㄹ-ㄷ
③ ㄴ-ㄱ-ㄹ-ㄷ   ④ ㄴ-ㄷ-ㄱ-ㄹ

 해설
ㄴ. 행주대첩(1593.2)
ㄷ. 훈련도감 설치(1593.8)
ㄱ. 이몽학의 난(1596)
ㄹ. 칠천량 해전(1597)

답 ④

09 밑줄 친 (가)와 (나) 사이 시기의 사실로 옳지 <u>않은</u> 것은?

> 심하도다. (가) 달단이 환란을 일으킴이여! 그 잔인하고 흉포한 성품은 이미 말로 다할 수 없고, 심지어 어리석음은 또한 짐승보다 심하니, 어찌 천하에서 공경하는 바를 알겠으며, 이른바 불법(佛法)이란 것이 있겠습니까? 이 때문에 그들이 경유하는 곳마다 불상과 범서를 마구 불태워 버렸습니다. …(중략)… 옛날 현종 2년에 (나) 거란주(契丹主)가 크게 군사를 일으켜 와서 정벌하자 현종은 남쪽으로 피난하고, 거란 군사는 송악성에 주둔하고 물러가지 않았습니다. 이에 현종은 여러 신하들과 함께 더할 수 없는 큰 서원을 발하여 「대장경」 판본을 판각했습니다. 그러자 거란 군사가 스스로 물러갔습니다. 그렇다면 「대장경」도 한가지고, 전후 판각한 것도 한가지고, 군신이 함께 서원한 것도 한가지인데, 어찌 그때에만 거란 군사가 스스로 물러가고 지금의 달단은 그렇지 않겠습니까? 다만 제불다천(諸佛多天)이 어느 정도 보살펴 주느냐에 달려 있을 뿐입니다.
>
> — 이규보, 「동국이상국집」 —

① 개경에서 초조대장경판이 조성되었다.
② 개경의 교장도감에서 「교장」이 간행되었다.
③ 해인사에 장경판전을 짓고 팔만대장경판을 소장하였다.
④ 대구 부인사에 소장된 초조대장경판이 화재로 소실되었다.

제시된 사료에서 (나) 앞에 '옛날 현종 2년에'를 통해 (나)가 (가)보다 앞선 시기임을 알 수 있고, 또 (가)의 내용에 '그들이 경유하는 곳마다 불상과 범서를 마구 불태워 버렸습니다.'를 통해 '달단'은 몽골을 의미함을 알 수 있다. 그러므로 (가)~(나)보다는 (나)~(가) 시기의 문제이다. 11세기 초(1010)~13세기 몽골의 침입(1270, 개경환도)까지의 내용이다.
③ 팔만대장경을 소장하고 있는 해인사 장경판전은 15세기인 조선 초기의 건축물이다.
① 초조대장경은 1011(고려 현종)~1087(고려 선종)까지 조판되었다.
②「교장」은 1091~1101까지 개경의 흥왕사에 설치된 교장도감에서 간행되었다.
④ 대구 부인사에 보관되어 있던 초조대장경의 소실은 몽골 2차 침입 때인 1232년의 일이다. 이로 인하여 재조대장경 을 조판하게 되었다(1236~1251).

답 ③

10 (가)책에 대한 설명으로 가장 적절한 것은?

> 범례는 한결같이 「자치통감」에 의거하였고, 「강목」의 필삭한 취지에 따라 번다하고 쓸모없는 것은 삭제해 서 요령만 남겨 두려고 힘썼습니다. 삼국이 함께 대치하였을 때는 삼국기(三國紀)라 칭하였고, 신라가 통 합하였을 때는 신라기(新羅紀)라 칭하였으며, 고려 시대는 고려기(高麗紀)라 칭하였고, 삼한 이상은 외기 (外紀)라 칭하였습니다.
>
> -「(가)」 서문 -

① 단군으로부터 고려 말까지의 역사를 편년체(編年體)로 기술한 역사서이다.
② 신화와 전설을 포함하여 우리 역사를 신이사관(神異史觀)으로 서술하였다.
③ 단군 조선에서 고려 말까지의 역사를 영사체(詠史體) 형식으로 정리한 책이다.
④ 강목법(綱目法)의 입장에서 재정리하여 기전체(紀傳體)의 형식으로 서술하였다.

제시된 사료에서 「자치통감」에 의거하였고, '삼국이 함께 대치하였을 때는 삼국기(三國紀)라 칭하였고, 신라가 통합하였 을 때는 신라기(新羅紀)라 칭하였으며, 고려 시대는 고려기(高麗紀)라 칭하였고, 삼한 이상은 외기(外紀)라 칭하였습니 다.'를 통해 서거정의 「동국통감」임을 알 수 있다.
① 서거정의 「동국통감」은 15세기 후반 성종 때 편찬 완성된 편년체 통사이다.
② 일연의 「삼국유사(1281, 충렬왕)」에 관한 설명이다.
③ 권제의 「동국세년가(세종)」에 관한 설명이다.
④ 서거정의 「동국통감」은 편년체 통사로 쓴 사서이다.

답 ①

11 토지제도 (가)에 대한 설명으로 옳은 것을 〈보기〉에서 모두 고른 것은?

> 도평의사사(都評議使司)에서 왕에게 글을 올려 (가)을/를 제정할 것을 요청하니 왕이 이 제의를 좇았다. 문종 때에 정한 바에 의하여 경기 주군(京畿州郡)으로 결정된 고을들을 좌우도(左右道)로 나누어 설치한다. 1품으로부터 9품과 산직(散職)에 이르기까지 18과(科)로 나누었다.
>
> −「고려사」−

<table>
<tr><td rowspan="4">보기</td></tr>
</table>

보기

ㄱ. 전주(田主)는 전객(佃客)에게 전조(田租)로 수확량의 1/10을 징수하였다.
ㄴ. 양반 관료층의 경제적 보장을 위해 현임이나 퇴임을 막론하고 토지를 지급하였다.
ㄷ. 토지를 받았던 관리가 죽었을 경우, 수신전이라는 명목으로 사실상 세습이 가능하였다.
ㄹ. 수조권자의 직접적인 전조(田租)의 수취를 봉쇄하고 납조자(納租者)가 전조를 관리에게 납부하였다.

① ㄱ
② ㄱ, ㄴ
③ ㄱ, ㄴ, ㄷ
④ ㄱ, ㄴ, ㄷ, ㄹ

해설

제시된 사료에서 '경기 주군(京畿州郡)으로 결정된 고을들을 좌우도(左右道)로 나누어 설치한다. 1품으로부터 9품과 산직(散職)에 이르기까지 18과(科)로 나누었다.'를 통해 과전법임을 알 수 있다.

ㄱ. 과전법으로 수조권을 지급받은 수조권자(전주, 田主)인 관료는 토지 생산량(토지 1결당 300두)의 1/10인 토지 1결당 30두를 전조(田租)로써 징수하였다.
ㄴ. 고려 시대의 전시과에 이어 과전법 역시 전직과 현직 모두에게 토지를 지급하였다.
ㄷ. 과전법은 전시과와 마찬가지로 관리가 사망(순직)하거나 은퇴하는 경우 세습 불가 원칙으로 국가에 반납하는 것이 원칙이다. 이 경우 과부가 된 순직 관료 부인에게는 수신전, 유가족 자녀에게는 휼양전을 지급하였다. 수신전과 휼양전은 세습이 가능하였다.
ㄹ. 관수관급제에 관한 설명이다.

답 ③

12 (가)인물에 대한 설명으로 옳은 것은?

> (가)은/는 학교가 날로 쇠하자 이를 근심하여 양부(兩府)와 의론하기를, "재상의 직무는 인재를 교육하는 것보다 먼저 함이 없거늘 지금 양현고가 고갈되어 선비를 기를 것이 없습니다. 청컨대 6품 이상은 각각 은 1근을 내게 하고 7품 이하는 포를 차등 있게 내도록 하여 이를 양현고에 돌려 본전은 두고 이자만 취하여 섬학전으로 삼아야 합니다."라고 하였다. 양부가 이를 좇아 아뢰자, 왕이 내고(內庫)의 전곡을 내어 도왔다. …(중략)… 만년에는 항상 회암 선생의 초상을 걸고 경모(景慕)하였다.
>
> ─「고려사」─

① 송악산 아래 자하동에서 학당을 마련하여 9재로 나누고 각각 전문 강좌를 개설했으며 해동공자로 칭송받았다.

② 「주자가례」를 도입하여 집에 가묘를 세워 조상의 위패를 모시고 제사를 지냈으며 동방이학의 비조로 불렸다.

③ 원의 수도 만권당에서 중국의 문인들과 교류하면서 성리학에 대한 이해를 하였으며 「익재집」, 「역옹패설」을 저술하였다.

④ 원에서 공자 및 제자 70인의 초상을 그려오게 하고 궁궐 안의 학문 기관에서 생도들에게 경사(經史)를 가르치게 하여 성리학을 널리 전하고자 하였다.

해설 제시된 사료에서 '양현고가 고갈되어 선비를 기를 것이 없습니다.'와 '이를 양현고에 돌려 본전은 두고 이자만 취하여 섬학전으로 삼아야 합니다.', '회암(안향의 호)'을 통해 안향에 관한 글임을 알 수 있다. 따라서 안향에 관한 설명인 ④가 정답이다.
① 최충, ② 정몽주, ③ 이제현에 대한 설명이다.

답 ④

13 ㄱ~ㄹ 지역 일대와 관련된 설명으로 가장 적절한 것을 〈보기〉에서 모두 고른 것은?

보기
ㄱ. 대장도감을 설치하고 재조대장경판 조성을 시작하였다.
ㄴ. 백운경한화상이 편술한 「직지심체요절」을 간행하였다.
ㄷ. 도의선사가 선종 9산 선문 중 가지산파를 개창하였다.
ㄹ. 불교개혁을 위해 백련사에서 결사 운동을 전개하였다.

① ㄱ

② ㄱ, ㄴ

③ ㄱ, ㄴ, ㄷ

④ ㄱ, ㄴ, ㄷ, ㄹ

 해설

제시된 지도를 보면 ㄱ은 강화도, ㄴ은 청주, ㄷ은 장흥, ㄹ은 강릉에 해당한다는 것을 알 수 있다.

ㄱ. 강화도 천도 시기에 강화도에 대장도감, 경남 진주에는 분사 대장도감을 설치하였다.

ㄴ. 「직지심체요절」은 청주 흥덕사에서 제작되었다(1377, 우왕).

ㄷ. 신라 하대 선종 9산 선문 중 하나인 도의의 가지산파는 전남 장흥에서 개창되었다.

ㄹ. 요세의 백련결사 운동은 만덕사(지금의 전남 강진 만덕사)에서 제창되었다.

답 ③

14 (가), (나)의 주장을 한 인물에 대한 설명으로 옳은 것은?

> (가) 여(閭)에는 여장(閭長)을 둔다. 무릇 1여의 토지는 1여의 사람들로 하여금 공동으로 경작하게 하고, 내 땅 네 땅의 구분 없이 오직 여장의 명령만을 따르게 한다.
> (나) 국가는 마땅히 한 집의 재산을 헤아려서 토지 몇 부(負)를 한 집의 영업전으로 삼아 당(唐)의 제도처럼 한다. 땅이 많은 자라도 빼앗아 줄이지 않고 모자라는 자에게도 더 주지 않는다.

① (가) – 「우서」를 저술하여 농업 중심의 경제 구조를 개혁하고자 하였다.
② (가) – 우물 정(井)자 모양으로 토지를 골고루 나누어 주자는 정전제를 실시할 것을 주장하였다.
③ (나) – 자신의 저술에서 실옹(實翁)과 허자(虛子)의 대담 형식을 빌려 중국 중심 세계관의 허구성을 강조하였다.
④ (나) – 신분에 따라 차등을 두어 토지를 지급하되, 농민들에게 일정한 면적의 토지를 나누어 주는 균전론을 제시하였다.

해설
(가)는 정약용의 '여전제(여전론)', (나)는 이익의 '한전제(한전론)'에 대한 내용이다.
② 정약용의 '정전제(정전론)'에 대한 내용으로 '정전제'는 여전제가 현실에 맞지 않는다 하여 스스로 비판하고 수정 및 보완한 차선책이다. 정전제는 국가가 지주로부터 토지를 매입하여 그중 1/9은 공전으로 하여 조세를 충당하고, 아직 지주들로부터 사들이지 못한 지주들의 토지에 대해서는 농민들에게 병작권이라도 골고루 나누어주자는 이론이다. 정전론(井田論)을 통해 정약용은 구획이 가능한 곳은 정자(井字)로, 불가능한 곳은 계산상으로 구획한 뒤 노동력의 양과 질에 따라 토지를 차등적으로 분급할 것을 주장하였다.
① 유수원의 「우서」, ③ 홍대용의 「의산문답」, ④ 유형원의 '균전제(균전론)'에 대한 내용이다.

달 ②

15 (가)전쟁 기간 내에 있었던 사실로 옳지 않은 것은?

> 일본의 연합 함대가 인천과 뤼순에서 러시아 군함을 공격하면서 (가)전쟁이 시작되었다. 일본군은 뤼순 요새를 함락시키고 봉천에서 러시아군을 격파하여 북쪽으로 몰아내었다. 일본은 전투에서 연이어 승리하였지만 국력을 소진하였으며, 러시아는 피의 일요일 사건으로 내정이 불안한 상태였다. 마침 동아시아에 큰 관심이 있던 미국이 중재에 나서 포츠머스에서 강화 조약이 체결되었다.

① 대한제국 정부는 변화하는 국제 정세에 대응하면서 국외 중립을 선언하였다.
② 일본은 독도를 시마네 현에 편입시킬 것을 결정하는 불법적 영토 침탈 행위를 자행하였다.
③ 대한제국 정부는 「재정 및 외교 고문 용빙에 관한 한·일 각서」를 일본의 강요로 체결하였다.
④ 일본은 미국과 가쓰라·태프트 밀약을 맺어 미국으로부터 대한제국에 대한 지배권을 인정받았다.

해설

제시된 자료는 러 · 일 전쟁(1904~1905년 9월)에 관한 사료이다.

① 대한제국의 국외 중립 선포는 1904년 1월 러 · 일 전쟁 직전의 일이다.

② 일본 시마네현 고시 제40호(1905년 2월 22일) : 독도 강탈

③ 제1차 한 · 일 협약(한 · 일 협정서, 1904년 8월 22일) : 고문 정치

④ 가쓰라 · 태프트 밀약(1905년 7월) : 미국에 의한 일본의 한국 지배권 승인

답 ①

16 (가)법의 내용으로 옳은 것을 〈보기〉에서 모두 고른 것은?

(가)법

[시행 1949.6.21.]

제1장 총칙

제1조 본법은 헌법에 의거하여 농지를 농민에게 적정히 분배함으로써 농가경제의 자립과 농업생산력의 증진으로 인한 농민생활의 향상 내지 국민경제의 균형과 발전을 기함을 목적으로 한다.

…(중략)…

제29조 본법은 공포일로부터 시행한다.

보기

ㄱ. 소유권의 명의가 분명치 않은 농지는 정부에 귀속한다.

ㄴ. 농기가 아닌 자의 농지와 자경하지 않는 자의 농지는 정부가 매수한다.

ㄷ. 분배받은 농지는 분배받은 농가의 대표자 명의로 등록하고 가산으로서 상속한다.

ㄹ. 이 법에 있어 농가라 함은 가주 또는 동거가족이 농경을 주업으로 하여 독립생계를 영위하는 합법적 사회단위를 칭한다.

① ㄱ

② ㄱ, ㄴ

③ ㄱ, ㄴ, ㄷ

④ ㄱ, ㄴ, ㄷ, ㄹ

해설

제시된 사료의 (가)는 1949년 6월에 제정된 '농지개혁법'이다. 농지개혁법 제정은 전근대적인 지주제와 소작제를 폐지를 목적으로 하였다. 유상매수 · 유상분배와 경자유전의 원칙에 의거하여 3정보 크기의 토지 크기 제한으로 분배되었다.

ㄱ. 농지개혁법의 제5조에는 '법령급 조약에 의하여 몰수 또는 국유로 된 농지', '소유권의 명의가 분명치 않은 농지'는 정부에 귀속한다고 규정하고 있다.

ㄴ. 농지개혁법의 제5조에는 '농가 아닌 자의 농지', '자경하지 않는 자의 농지', '본법 규정의 한도를 초과하는 부분의 농지' 등은 적당한 보상으로 정부가 매수한다고 규정하고 있다(유상매수, 경자유전).

ㄷ. 농지개혁법의 제15조에는 '분배받은 농지는 분배받은 농가의 대표자 명의로 등록하고 가산으로서 상속한다.'고 규정하고 있다(유상분배).

ㄹ. 농지개혁법의 제3조에는 '본법에 있어 농가라 함은 가주 또는 동거가족이 농경을 주업으로 하여 독립생계를 영위하는 합법적 사회 단위를 칭한다.'고 규정하고 있다.

답 ④

17 (가)에 대한 설명으로 옳은 것을 〈보기〉에서 모두 고른 것은?

> 대황제 폐하께서 갑오년 중흥(中興)의 기회를 맞아 자주독립의 기초를 확정하시고 새로이 경장(更張)하는
> 정령(政令)을 반포하실 때에 특히 한문과 한글을 같이 사용하여 공사 문서(公私文書)를 국한문으로 섞어
> 쓰라는 칙교(勅敎)를 내리셨다. 모든 관리가 이를 받들어 근래에 관보와 각 부군(府郡)의 훈령, 지령과 각
> 군(各郡)의 청원서, 보고서가 국한문으로 쓰였다. 이제 본사에서도 신문을 확장하려는 때를 맞아 국한문을
> 함께 쓰는 것은, 무엇보다도 대황제 폐하의 성칙(聖勅)을 따르기 위해서이며, 또한 옛글과 현재의 글을 함
> 께 전하고 많은 사람들에게 읽히기 위함이다.
>
> — 「(가)」 창간사 —

보기

> ㄱ. 경술국치 이후 강제로 「한성신문」으로 바뀌어 발행되다가 폐간하였다.
> ㄴ. 천도교 기관지로 창간되었으며 인민의 교육을 강조하고 반민족적 행위 등을 규탄하였다.
> ㄷ. 1898년 8월 창간한 일간지로 개화 문명의 수용을 통해 근대 사회를 건설하고자 국민 계몽에 주력하였다.
> ㄹ. 1898년 9월에 창간되어 광무 정권이 표방한 '구본신참'의 원칙에 따라 온건하면서도 점진적인 개혁을
>   제시하였다.

① ㄱ, ㄷ   ② ㄱ, ㄹ

③ ㄴ, ㄷ   ④ ㄴ, ㄹ

해설 (가)에 해당하는 신문은 국한문 혼용체의 '황성신문(1898, 남궁억)'이다. '대황제 폐하'로 보아 대한제국 선포 직후에 창
간되었음을 알 수 있다.
ㄱ. 황성신문은 1910년 한·일 병합(국권 강탈) 이후 강제로 '한성신문'으로 이름이 바뀌어 9월 14일(제3470호)까지 발
   행되다가 결국 폐간되었다.
ㄹ. 황성신문은 1898년 9월 5일 남궁억, 나수연 등이 국민 지식의 계발과 외세 침입에 대한 항쟁을 주장하며 창간하였
   다. 황성신문은 구본신참의 점진적 개혁을 주장하였다.
ㄴ. 천도교의 기관지인 만세보에 관한 설명이다.
ㄷ. 부녀자층을 주요 구독층으로 한 순국문(순한글)체의 제국신문에 관한 설명이다.

답 ②

18 (가)~(다)에 해당하는 독립운동 단체를 바르게 짝지은 것은?

> (가) 한국독립당을 조직하고 무장 부대인 한국독립군을 산하에 두어 북만주를 중심으로 활동하였다.
> (나) 중·일 전쟁이 일어나자 조선민족혁명당을 중심으로 통합에 찬성하는 단체들에 의하여 결성되었다.
> (다) 1938년 민족혁명당을 중심으로 조직된 군사 단체이며 일부는 화북으로 이동하고 남은 병력은 한국 광복군에 합류하였다.

	(가)	(나)	(다)
①	국민부	조선독립동맹	조선의용군
②	혁신의회	조선민족전선연맹	조선의용대
③	혁신의회	조선독립동맹	조선의용군
④	국민부	조선민족전선연맹	조선의용대

(가) 혁신의회는 3부 통합 운동의 결과 1928년 북만주에서 조직되었던 독립 운동 단체이다. 이 단체는 1930년 한국독립당으로 개편되고 그 아래에 한국독립군을 결성하였다.

(나) 조선민족전선연맹은 1937년 조선민족혁명당을 중심으로 사회주의 계열의 정당이 연합해 결성한 단체이다.

(다) 조선의용대는 1938년 중국의 한커우[漢口, 당시 중국 임시 수도]에서 김원봉을 중심으로 창설된 무장 부대이다. 조선의용대는 중국 관내 최초의 한국인 무장 부대로서 일본군에 대한 심리전이나 후방 공작 활동을 전개하여 많은 성과를 올렸다. 중국 국민당 정부가 항일 투쟁에 소극적인 태도를 보이자 이에 대한 불만으로 조선의용대 일부는 중국 공산당 세력이 대일 항전을 벌이고 있는 화북 지방으로 이동하여 중국 팔로군(중국 공산당)과 연합하여 항일 투쟁을 벌였고(1942, 훗날 조선의용군), 김원봉 등 일부 대원은 한국광복군(1940, 충칭)에 합류하였다.

정답 ②

19 한자 표기가 틀린 것은?

① 牌를 잘못 돌려 破鬪가 났다.

② 假借 없이 嚴罰에 處해야 한다.

③ 公人이 物疑를 일으키는 일이 頻繁하다.

④ 注意가 散漫한 아이를 銳意 注視해야 한다.

③ • 公人(공평할 공, 사람 인) : 공적인 일에 종사하는 사람
- 物疑(물건 물, 의심할 의) → 物議(물건 물, 의논할 의) : 어떤 사람 또는 단체의 처사에 대하여 많은 사람이 이러쿵 저러쿵 논평하는 상태
- 頻繁(자주 빈, 번성할 번) : 번거로울 정도로 도수(度數)가 잦음
① • 牌(패 패) : 화투나 투전에서 각 장. 또는 그것이 나타내는 끗수 따위의 내용
- 破鬪(깨뜨릴 파, 싸울 투) : 화투 놀이에서, 잘못되어 판이 무효가 됨. 또는 그렇게 되게 함. 장수가 부족하거나 순서가 뒤바뀔 경우에 일어남
② • 假借(거짓 가, 빌릴 차) : ('있다', '없다' 따위와 함께 쓰여) 사정을 봐줌
- 嚴罰(엄할 엄, 벌할 벌) : 엄하게 벌을 줌. 또는 그 벌
- 處(곳 처) : '처하다'의 어근
④ • 注意(부을 주, 뜻 의) : 마음에 새겨 두고 조심함. 또는 어떤 한 곳이나 일에 관심을 집중하여 기울임
- 散漫(흩을 산, 흩어질 만) : 어수선하여 질서나 통일성이 없음
- 銳意(날카로울 예, 뜻 의) : 마음이 단단하고 날카로움
- 注視(부을 주, 볼 시) : 어떤 목표물에 주의를 집중하여 봄. 또는 어떤 일에 온 정신을 모아 자세히 살핌

답 ③

20 밑줄 친 단어의 한자 표기가 모두 옳은 것은?

① 취급과정을 기록하는 우편물은 정당(定當) 수령인으로부터 수령 사실의 확인, 곧 서명, 또는 날인 (捺印)을 받고 배달하여야 한다.

② 기타 예금의 소멸 원인으로는 변제공탁(辨濟供託), 상계(相計), 소멸시효의 완성 등이 있다.

③ 국제 반신우표권(返信郵票卷) 제도를 이용하면 이용자가 수취인에게 회신 요금의 부담(負膽)을 지 우지 아니하고 외국으로부터 편리하게 회답을 받을 수 있다.

④ 신주인수권부사채(新株引受權付社債)는 채권자에게 일정 기간이 경과(徑過)한 후에 일정한 가격으 로 발행 회사의 일정 수의 신주를 인수할 수 있는 권리가 부여된 사채를 말한다.

해설

② • 변제공탁(辨濟供託) : 채무 변제의 목적물을 채권자를 위해 공탁소에 맡겨서 그 채무를 면제하는 제도
   • 상계(相計) : 채무자와 채권자가 같은 종류의 채무와 채권을 가지는 경우에, 일방적 의사 표시로 서로의 채무와 채권을 같은 액수만큼 소멸함. 또는 그런 일

① • 정당(定當) → 정당(正當) : 이치에 맞아 올바르고 마땅함
   * 定 : 정할 정, 正 : 바를 정
   • 날인(捺印) → 날인(捺印) : 도장을 찍음
   * 捺 : 어찌 내, 捺 : 누를 날

③ • 반신우표권(返信郵票卷) → 반신우표권(返信郵票券)
   * 卷 : 책 권, 券 : 문서 권
   • 부담(負膽) → 부담(負擔) : 1. 어떠한 의무나 책임을 짐 2. 법률 행위의 부관(附款)의 하나. 주된 의사 표시에 덧붙여서 그 상대편에게 이에 따르는 특별한 의무를 지우는 의사 표시
   * 膽 : 쓸개 담, 擔 : 멜 담

④ • 신주인수권부사채(新株引受權付社債) → 신주인수권부사채(新株引受權附社債)
   * 付 : 줄 부, 附 : 붙을 부
   • 경과(徑過) → 경과(經過) : 1. 시간이 지나감 2. 어떤 단계나 시기, 장소를 거침 3. 일이 되어 가는 과정
   * 徑 : 지름길 경, 經 : 지날 경

目 ②

좋은 책을 만드는 길
독자님과 함께하겠습니다.

도서나 동영상에 궁금한 점, 아쉬운 점, 만족스러운 점이
있으시다면 어떤 의견이라도 말씀해 주세요.
시대고시기획은 독자님의 의견을 모아 더 좋은 책으로 보답하겠습니다.

www.sidaegosi.com

2022 우정 9급 계리직 공무원 한국사[상용한자 포함] 단원별 문제집

개정8판1쇄 발행	2022년 02월 21일 (인쇄 2022년 01월 26일)
초 판 발 행	2015년 06월 10일 (인쇄 2015년 04월 27일)

발 행 인	박영일
책 임 편 집	이해욱
저 자	SD 공무원시험연구소

편 집 진 행	정은진
표지디자인	박종우
편집디자인	김예슬 · 박서희

발 행 처	(주)시대고시기획
출 판 등 록	제 10–1521호
주 소	서울시 마포구 큰우물로 75 [도화동 538 성지 B/D] 9F
전 화	1600–3600
팩 스	02–701–8823
홈 페 이 지	www.sidaegosi.com

I S B N	979–11–383–1862–4 (14350)

정 가	18,000원

합격의 공식
온라인 강의

잠깐!

혼자 공부하기 힘드시다면 방법이 있습니다.
시대에듀의 동영상강의를 이용하시면 됩니다.
www.sdedu.co.kr → 회원가입(로그인) → 강의 살펴보기

대한민국

모든시험
일정안내

내가 꼭 필요한 자격증·시험이 무엇인지 살펴보세요!

◀ 시대에듀와 함께 대한민국 모든 시험일정 확인!

- 한국산업인력공단 국가기술자격검정
- 자격증 시험일정
- 공무원·공기업·대기업 시험일정

합격의 공식 시대에듀
SD에듀

03 _ 종합본

시험 전과목을 한 권으로 학습!

핵심만을 집중적으로 공략하는 전략 종합본

• 계리직 한권으로 다잡기

PLUS+ 제공 계리직 최신기출 무료특강 제공 / 상용한자 · 기초영어 핵심요약 PDF
다운로드 제공

04 _ 기출문제집

2008~2021년(8회) 전과목 기출을 한 권으로!

상세한 해설과 함께하는 기출문제집

• 계리직 기출이 답이다

PLUS+ 제공 계리직 최신기출 무료특강 제공 / 계리직 면접족보 수록

05 _ 모의고사

퀵 합격을 부르는 마무리 모의고사!

전과목 5회분으로 구성된 최종 모의고사

• 계리직 전과목 최종 모의고사

PLUS+ 제공 계리직 최신기출 무료특강 제공

※ 도서의 이미지 및 구성과 특징은 변경될 수 있습니다.